教育部人文社会科学研究规划项目基金

（项目编号11YJA770064）

山西省软科学研究计划项目基金

（项目编号2013041056-02）

从集体化到「集体化」

1949年以来郝庄的经济社会变革之路

岳谦厚 李卫平 著

中国社会科学出版社

图书在版编目（CIP）数据

从集体化到"集体化"：1949年以来郝庄的经济社会变革之路／岳谦厚，
李卫平著 . —北京：中国社会科学出版社，2015.12
ISBN 978 - 7 - 5161 - 7054 - 0

Ⅰ.①从… Ⅱ.①岳…②李… Ⅲ.①农村经济发展—研究—中国
②农村—社会发展—研究—中国 Ⅳ.①F32

中国版本图书馆 CIP 数据核字（2015）第 268502 号

出 版 人	赵剑英
责任编辑	孔继萍
责任校对	王 斐
责任印制	何 艳

出 版	中国社会科学出版社
社 址	北京鼓楼西大街甲 158 号
邮 编	100720
网 址	http://www.csspw.cn
发 行 部	010 - 84083685
门 市 部	010 - 84029450
经 销	新华书店及其他书店

印刷装订	北京市兴怀印刷厂
版 次	2015 年 12 月第 1 版
印 次	2015 年 12 月第 1 次印刷

开 本	710×1000 1/16
印 张	12.75
插 页	2
字 数	209 千字
定 价	49.00 元

凡购买中国社会科学出版社图书，如有质量问题请与本社营销中心联系调换
电话：010 - 84083683

目　录

绪　　论

一　课题研究的价值

近代中国的历史使命是追求国家独立与民族富强，国家独立在 1949 年就已实现，民族富强却经历了漫长的过程。其间，虽然伴随着现代化事业的不断推进，人民群众慢慢富裕起来，中国走出了一条具有自己特色的社会主义道路，但在实现这一目标过程中，中国社会再次进入了一个新旧交替的急剧转型期，而这一转型期最突出的问题是对中国式现代化发展道路的探索。具体而言，经济领域的现代化目标主要在于"求富"、"求强"，即采取何种措施才能真正使中国这个农业大国摆脱贫困并成为"大"而"强"的国家，进而使人民群众过上幸福安康的好日子。对于这些问题的解答，社会各阶层都在寻求出路。如罗荣渠与吉尔伯特·罗兹曼（Gilbert Rozman）等一批中外学者对中国现代化进行探讨时认为：中国是一个后发型现代化国家，衡量现代化的一个重要指标就是经济现代化即工业化问题，但中国是一个农业大国，农民与农业生产是中国经济的基本表现。中国要想走上工业化道路，关键是乡村经济要实现工业化，且最好能在"离土不离乡"的情境中转变乡村经济发展模式，农业劳动力得到就地转移，提高农民生活水平。此种走向工业化道路的模式早已被西方国家进行过多次试验，而且先后都获得了成功。中国自然不能"免俗"，自 1840 年以来就进入了社会转型期，即政治上由君主制向民治转变，经济上由传统农业向现代农业或工业转变。然而中国这一转型历程步履维艰，直至现在仍在蹒跚前行。那么，在这一经济工业化过程中，中国的乡村经济是如何由传统小农经济转向具有现代特征的工业经济的？换言之，中国乡村是如何实现工业化的？

承前所述，自 1840 年以来中国的小农经济逐步走向解体，家族集权政治走向衰落，而商品经济愈益发达，现代国家渐渐生成，社会秩序经历了纷繁多样的变动。在这一变化秩序中的各个政权都为适应时势变迁采取举措构建自己预设的乡村秩序。其中，清政府和国民政府对乡村的改造尽管取得了某些成绩但最终均以失败告终，效仿苏俄选择底层革命的共产党对乡村秩序的重构则取得了成功并实现了国家整合。在共产党新生政权得到初步巩固之后便开展了对国家的全方位建设，对农业和乡村继续进一步改造，但从其效果来看，前期的改造并不理想，仅仅实现了共产党对乡村的社会控制，而未实现乡村的现代化。1978 年中共中央十一届三中全会之后，国家工作重心由阶级斗争转向经济建设，经济现代化问题日益凸显，乡村经济的现代化关系着整个中国现代化的命运与进程。对于解决这一问题，共产党是采取何种措施成功实现乡村经济现代转型的且其乡村改造又是何以成功的？国家或政府在乡村经济变革进程中起了多大作用？乡村自发型的经济变革是如何展开的且又有哪些具体表现？在这一转变中乡村经历了哪些变化？国家政治与乡村社会之间的关系如何？

城市化是中国现代化进程的一个重要特征，亦是其通往现代化的必经之路。众所周知，传统中国社会的主体是农村，而仅有的少数城镇亦是借助于政治和军事功能才发展起来的，像西方那样自发型的具有现代公民意识的城市则鲜见。近代以来，在城市化浪潮驱动下，中国城市化步伐渐渐加快，尤其是在共产党建立新型政治秩序之后，其经济的发展与人民生活水平的提高进一步推动了中国的城市化进程。然而在城市化进程中，乡村为城市化付出很大代价，在某种意义上却又成为城市化发展的瓶颈。为了加快城市化步伐并实现中国的现代化，政府积极引导乡村大力转变经济发展模式，即由原来的传统农业转向现代农业工业化，在此过程中乡镇企业的发展模式给乡村城市化注入了新鲜血液，使其充满生机。以此为契机，中国许多乡村都通过举办乡镇企业实现了乡村经济转型与乡村城镇化。与此同时，由乡镇企业促动的城市化道路得到许多学者的认可，费孝通先生在《江村经济》一书中就认为乡镇企业是推动乡村城市化的一个有效途径，并且给以往贫穷的农民生活增加了稳定的收入，使乡村生产力得到解放与发展。可见，费氏笔下的开弦弓村不失为江南农村实现城市化的一个典范。从学理和实践层面观察，可以断定发展乡镇企业是乡村城市化的一种成功模式，但问题是这种模式是否具有普遍性？中国的区域差异显著，南方的乡村城市化经验是否适合于北方村落？事实证明，山西省太原市郝庄村的经济发展模式就是在乡镇企业带动下实现经济转轨的一个成功范本，同时在这一经济变革过程中实现了乡村的城市化道路。然而在这一乡村变迁中，诸多问题值得探讨与深思，如乡村是如何实现经济变革的？在经济变革过程中国家与乡村之间关系如何？为何偏偏某些村庄能够成功实现乡村经济变革且在经济转型过程中城市化又是如何发生的？这一乡村城市化的进程是完全现代式的抑或是传统与现代的联姻？乡村城市化主要表现在哪些方面？城市化对中国传统的乡村秩序有何影响？乡村经济的成功转型与城市化经验对当代的新农村建设有何启示？

结合以上社会转型期的相关问题，如要对山西乡村经济变革作一深入探讨的话，太原郝庄村在改革开放时代的经济成功变革是最具代表性和典型性的。作为一名山西人，大家或许都听说过太原的服装城而不一定知道郝庄村，事实上服装城能有今日的发展，就是郝庄村紧扣时代脉搏、快速地脱离传统农耕生产转向具有特色的服装批发与销售业经济而成功实现乡村传统社会向现代社会转型并走上城市化发展轨道的。具体言之，郝庄村是凭借独特的区位优势，在政府导向作用下，其经济从以土地生产为主的传统小农经济转变为村民"离土不离村"的服务性经济，即由第一产业转向了第三产业，昔日的乡村风貌已不复存在，处处是洋溢着现代气息的高楼大厦和服务业。它的经济改制与现有经济发展模式在山西全省首屈一指，在太原市同类乡村中亦是遥遥领先。郝庄村这种由农从商进而通过发展乡镇企业逐步城市化的发展模式在全国一些典型乡村经济转轨与城市化案例中同样别有特色。从这些方面来讲，本课题选择集体化到改革时代郝庄的经济变革为个案来探讨转型期中国乡村经济的转变轨迹、政府与乡村及乡村内生性变迁等诸多问题是富有研究价值的。而且，对这些问题的透视又是解读中国乡村经济现代化与乡村社会分化及整合的一个重要课题。

从学术价值而言，乡村因其拥有丰富的学术资源和学界对社会发展的现实关怀而凝结了研究者的诸多情结。农村改革及其引发的对农村发展和国家对乡村建设历程的反思使越来越多的国内外学者将目光投向中国农村，可以说中国农村、农业与农民问题及与之密切关联的城乡关系问题已成为国内外研究中国问题的一个热点——乡村发展的终点或最终归宿是城镇化，而城镇化或城镇化研究的起点则在于乡村。

从具体研究方法而言，"自下而上"的研究范式对本课题的研究产生了重要影响。随着社会史研究的深入和拓展，从社会史角度探讨乡村问题乃至中国乡村经济的社会转型是以一种全新视角对乡村社会变迁的历史解读，亦是一种从微观分析发现宏观历史的研究方法。由于中国区域差异显著，各地社会文化迥异，人们的生产方式和生活方式有着很大不同，由此形成的地域经济千差万别，而且国家与乡村社会之间的关系错综复杂，故有必要通过个案以深描的手法研究区域社会，进而以区域回归整体的追求来探讨国家政治作用下的乡村经济变革历程及其基本的路径选择。

从实用价值而言，通过盘点一个村庄从集体化到改革时代再"集体化"的社会历史变迁及其内在的权力运作逻辑、经济发展的联系、国家与乡村的关系、乡村内部的分化，可以展现乡村社会在这一历程中的发展图景及其所取得的可喜成就。同时，亦希望通过本课题研究探寻现实"三农"问题的历史源流，为新农村建设和中国的农村社会工作提供历史借鉴。

二　与课题相关的学术成果

本课题关注的是一个典型的城中村经过工业化和城镇化发展成功实现经济转型，从而脱离农村身份和形象并融入省会大都市的乡村变迁。它的这种变迁主要缘于国家政治指引下的工业化和城镇化，但直到现今鲜有人问津。故研究者对先前研究成果进行学术史梳理时将有选择性地检视与之存在较大关联度的学术研究，特别是乡村工业化和乡村城镇化方面的有关学术讨论。

人类共同体自诞生以来，农业问题即备受关注，而对于以农立国的传统中国更是如此。近代中国，在其自身经济演变规律和西方在华势力影响下，以农为主的经济在逐步嬗变，向着适应历史演进脉络的方向发展。时人对其关注亦越来越多，特别在辛亥革命以后，随着民族—国家的构建，社会精英或精英集团对农业乃至乡村经济不断给予重视，如国民党的"二五减租"、地方势力的村治、中间力量的各种乡村建设运动和共产党的土地革命等。当然，共产党的土地革命对农村经济的变革是最适应的，亦是影响最深远的。在具体的学术实践中，现代学者在对传统乡村社会经济问题进行不同程度探讨和分析时，其研究结果在某种意义上同样验证了由土地关系引发共产党革命的合理性。此类研究具有代表性的是海外学者黄宗智和国内知名学者费孝通等人的成果。

他们以区域史研究的角度展现了中国农村经济变迁的历程和缘由，以及乡村经济对中国政治变化的影响。如黄宗智（Philip C. C. Huang）的《华北的小农经济与社会变迁》，利用"满铁"调查资料对河北和山东西北部乡村经济的历史演变及其土地经营模式进行了分析，认为近代华北乡村小农经济受农业商品化和农村社会两极分化影响，乡村经济由租佃性农场向经营式农场转变，而且人口增长和农业经济的商品化促使社会分化日益严重和乡村文化共同体解体，进而导致乡村革命。[①] 黄氏在其类似主题的另一研究中，通过考察长江三角洲的家庭经济，认为受商品化和城市化影响，长江三角洲的农业经济在 1350—1980 年长期徘徊在糊口水平，并在此基础上进一步提出这是一种"有增长而无发展"的"过密化"经济。其理论内涵是由于人多地少的矛盾难以解决，结果导致经济边际效益低下，农民难以维持生计，从而由贫困导致革命的发生和延续。直到 20 世纪 90 年代长江三角洲的农村才发生质的改变，农民增收较快并在一定程度上已超越维持糊口的水平，而之所以产生这种质的突破是乡村工业化得到迅猛发展的结果。[②]

费孝通的《江村经济——中国农民的生活》一书详细剖析了江苏开弦弓村的民众生活，认为 20 世纪 30 年代中国农村的基本问题是农民收入低下，不足以维持最低生活水平，其原因是中国的土地政策，即在地主土地所有制下从事农耕不足以维持生计，在条件许可下必然会带动副业、手工业发展。但副业、手工业受到打击便会生活贫困，引发冲突，出现家庭、财产与继承、生活、职业分化等问题。解决这种难题的方法就是实现耕者有其田，利用土地优势大力发展副业，并采取"工业下乡"的办法发展农村工业，以带动整个经济发展。[③] 由此可见，他认为农村的问题主要是由于土地不均而导致，解决的方法是实现了耕者有其田之后发展乡村工业。

对于 1949 年以来中国乡村问题的研究，其成果可谓汗牛充栋。至于乡村经济转轨问题，国内学界更是予以高度关注。关注原因很简单，中国是一个农业大国，如将农业和农村搞好了则中国的一切事情都好办了。当然，1949 年之后中国共产党在探索社会主义的建设过程中对乡村问题亦倍加关心，试图通过各种政治运动来推动乡村经济发展，其间虽出现过种种失误并给乡村造成一些灾难，但他们一直在实践中摸索、总结经验，以寻找适宜的发展道路。如在国家政治干预下乡村经济由分散经营到集体化，

---

① 参见［美］黄宗智（Philip C. C. Huang）《华北的小农经济与社会变迁》，中华书局 2000 年版。

② 参见［美］黄宗智（Philip C. C. Huang）《长江三角洲的小农家庭与乡村发展》，中华书局 2000 年版。

③ 参见费孝通《江村经济——中国农民的生活》，上海人民出版社 2009 年版。

再到集体化的短暂破灭进而又到"集体化"的过程，就是乡村经济乃至乡村社会在实践中的一次重要转型。而这一过程中集体化经历了漫长而复杂的过程，特别是它取得的成就、出现的问题及对生产力和生产关系的阻碍乃至破坏都受到学界不同程度的关注，并且出现了一大批研究成果。[①]

---

① 据中国知网检索，截至目前学界对中国集体化研究比较深入的成果主要有：邓群刚的《集体化时代的山区建设与环境演变——以河北省邢台县西部山区为中心》，南开大学 2010 年博士学位论文；王胜的《集体化时期农村医疗卫生制度研究》，首都师范大学 2009 年博士学位论文；卢晖临的《集体化与农民平均主义心态的形成——关于房屋的故事》，《社会学研究》2006 年第 6 期；郭于华的《心灵的集体化：陕北骥村农业合作化的女性记忆》，《中国社会科学》2003 年第 4 期；梁敬明的《集体化及其困境：一种区域史的分析思路》，《浙江社会科学》2004 年第 1 期；纪能文、张步先的《从合作化到集体化：关于农业合作理论的演进及其现实考察》，《山东社会科学》2008 年第 10 期；葛玲的《集体化时期广东省农村工业的起步（1952—1984）》，《当代中国史研究》2011 年第 1 期；郑卫东的《集体化时期的分配制度与人口生育——以日照市东村为中心》，《开放时代》2010 年第 5 期；张健的《集体化时期的农民政治社会化分析》，《内蒙古农业大学学报》2010 年第 5 期；满永的《生活中的革命日常化——1950 年代乡村集体化进程中的社会政治化研究》，《江苏社会科学》2008 年第 4 期；王珏的《科学共同体的集体化模式及其伦理难题》，《学海》2004 年第 5 期；李里峰的《土改结束后的乡村社会变动——兼论从土地改革到集体化的转化机制》，《江海学刊》2009 年第 2 期；钟霞的《集体化时期基层社队农业经济效益分析——对山东日照东邵疃村的考察》，《社会科学研究》2009 年第 4 期；曹彦鹏的《现代化背景中农民与国家的关系——基于豫南陈寨集体化运动中农民政治动员的田野考察》，《社会科学辑刊》2010 年第 6 期；张雪敏、邵明辉的《从集体化到合作化：中国农民组织的演变与趋势》，《中州学刊》2009 年第 5 期；冯仕政的《国家、市场与制度变迁——1981—2000 年南街村的集体化与政治化》，《社会学研究》2007 年第 2 期；严闻广的《国有化和集体化互转的途径与方法》，《学术研究》1991 年第 6 期；游海华的《集体化时期农村人口流动剖析——以赣闽粤边区为例》，《当代中国史研究》2003 年第 3 期；李金铮的《问题意识：集体化时代中国农村社会的历史解释》，《晋阳学刊》2011 年第 1 期；何燕的《集体化时期山东淄博沈家村宅基地的演变与思考》，《史学月刊》2013 年第 6 期；项继权的《乡村集体化与民主化——若干乡村的实证分析》，《中国农村观察》1999 年第 2 期；孟庆延的《"生存伦理"与集体逻辑——农业集体化时期"倒欠户"现象的社会学考察》，《社会学研究》2012 年第 6 期；李海金的《集体化时期农民政治身份及其影响的变迁研究》，《中共党史研究》2011 年第 12 期；李金铮、刘洁的《劳力平等性别——集体化时期太行山区的男女"同工同酬"》，《中共党史研究》2012 年第 7 期；苏少之、陈春华、王军的《关于 20 世纪 50 年代农业集体化的几个问题的反思》，《中国经济史研究》2009 年第 1 期；朱金鹏的《农业合作化和集体化时期自留地制度的演变》，《当代中国史研究》2009 年第 3 期；黄英伟、李军、王秀清的《集体化末期农户劳动力投入的性别差异——一个村庄（北台子）的研究》，《中国经济史研究》2010 年第 2 期；温锐、杨丽琼的《社会心理与高潮迭起——试析农业集体化运动一哄而起的原因》，《历史教学》1994 年第 8 期；温锐的《毛泽东关于农地所有制形式变革的认识与实践的再探讨》，《江西师范大学学报》1998 年第 2 期；岳谦厚、贺蒲燕的《山西省稷山县农村公共卫生事业述评（1949—1984 年）——以太阳村为重点考察对象》，《当代中国史研究》2007 年第 5 期；岳谦厚、范艳华的《山西农业生产合作社之闹社风潮》，《中共党史研究》2010 年第 4 期；岳谦厚、杜清娥的《新中国成立初期山西农村扫盲》，《当代中国史研究》2012 年第 3 期；等等。

　　然而，20世纪80年代以前的乡村集体化都未能使绝大多数农村摆脱贫穷面貌，亦未能使农民增加收入及提高他们的生活水平。所以，进入20世纪80年代乃至80年代以后摆在国人面前的最大问题仍是探寻乡村发展的经济出路，以尽早使农民富裕起来。那么，如何才能使农村摆脱贫穷并使之富裕起来？这不仅仅是政府和农民关心的问题，同样亦是学界比较关心的重要话题之一。经过长时间的研究和探索，较为欣喜地是在国家经济体制改革和惠农政策大力推行以及知识分子实地考察和研究下，我们终于找到了农村经济的转型之路，即通过乡镇企业走工业化和城镇化道路以带动乡村经济转型。可见，乡村工业化和城镇化在一定时期是有利于乡村经济发展的。随之，学界对于农村的这种新兴发展动力都在不同程度地进行学术探讨和经验总结。

　　当然，在涉及具体问题的探讨时，目前学界还存有较大争议，主要表现为：在中国农村广泛推行家庭联产承包责任制后到底是农村工业化还是乡村城镇化更利于乡村经济成功转型？或是二者的结合更利于乡村经济现代化？针对这些问题，学界通过不同的个案研究做出了不同的解释结果，但归纳起来绝大多数赞成乡村工业化、城镇化发展模式，特别肯定以服务业为纽带的乡村城镇化模式。具体而言，可归结为以下三类。

　　（一）围绕乡村工业化与乡村经济转型问题的学术探讨

　　20世纪80年代以来中国经济增长中一个引人注目的现象是乡村工业的迅速崛起。乡村工业的发展不仅形成新的工业化动力，同时在很大程度上形成新的城镇化模式，这主要表现为工业发展和城镇建设资金来源主要是自身资金积累而不是由中央政府通过国家计划予以安排；劳动力的非农化就业及其向城镇的聚集主要是通过市场机制自发进行，并在广大城镇积淀了大量"外来人口"。与传统计划经济下城镇发展完全由国家计划推动不一样，这种新的城镇化机制被有关研究总结为"自下而上"的城镇化。而乡村工业只是"自下而上"城镇化在特有体制与发展背景下的一种实现形式，其普遍性受到多方面制约，"自下而上"城镇化的真正动力来自并取决于生产要素的市场化配置。[①]

　　胡必亮的《工业化与新农村——山西屯瓦村个案研究》以山西原平

---

　　① 参见杨云彦、陈浩、陈金永《乡村工业嬗变与"自下而上"城镇化》，《广东社会科学》2000年第1期。

市（县级市）屯瓦村为考察对象，从微观视角讲述了一个国家或地区发生急剧社会变迁过程中有些位于农村地区的"工业村"转型为当地工业中心，但亦有一些"工业村"不仅没有成功转型，相反却因企业不断地从村里迁出而导致"工业村"重返农业村。原平屯瓦村就是这样一个典型案例，其在实行家庭联产承包责任制以前队办集体企业有10多家，是当地有名的"工业村"，但后来由于社会转型的各种因素，村里的这些企业在20世纪90年代开始逐渐转移到当地县城，使屯瓦村又成为一个农业村。然而在2003年以来，伴随着我国新一轮经济增长时机的到来，加上屯瓦村在山区发现铁矿石，于是以前从屯瓦村迁出去的企业家又重新回到村里，投资建厂，开采铁矿石，进行初步加工，进而使屯瓦村在新时期又见到了工业发展的曙光。①

此外，胡必亮还以浙江省温州市苍南县项东村为个案，经过实地调查研究，发现农村发展的重要途径之一是城镇化，从总体上讲这一立论是没有问题的，但有时亦存在某些问题。如在苍南县龙港镇没有发展起来之前，像项东村等发展都不错，许多甚至直接构成20世纪80年代非常有名的"温州模式"中十大专业市场中的重要市场，钱库镇就是当时十大专业市场之一，而其所辖项东村更是全国知名的模范村。然而，在20世纪90年代龙港镇发展起来后，周围不少镇和村都没有得到很好发展，反而发展势头减缓，有些甚至出现衰退现象。出现衰退现象的原因当然是受到市场经济冲击，但关键在于地区发展战略的设计与规划必须充分考虑城乡统筹和区域协调发展，即尽可能避免出现城乡之间和区域之间分割发展和失衡发展的问题。②

张燕鞶认为农村工业化是在传统二元结构体制的历史条件下启动和发展起来的，是我国在特定历史时期的一种特殊工业化形式，与"三农"问题密切相关。农村工业化实践的不断丰富和深化，其内生型的传统发展模式发生很大变化，出现与城市工业化加速融合的趋势。随着建设社会主义新农村战略的推出和沿海地区产业升级，劳动密集型产业从东部向中西部地区规模性转移，农民工跨省区远距离大规模流动，将转向分散型省内流动或就近向小城镇转移。我国城镇化发展重心亦随之下移，从过去的以

①　参见胡必亮《工业化与新农村——山西屯瓦村个案研究》，山西经济出版社1996年版。
②　参见胡必亮《城镇化与新农村：浙江项东村个案研究》，重庆出版社2008年版。

大中城市为主逐步过渡到以小城镇为主，创造了农村工业化模式与小城镇化发展路径相协调的发展模式。①

而具有"天下第一村"美誉的华西村的经济转轨首先是通过工业化，由工业化进而带动了城市化发展，创造出了"大、新、富、美"的乡村品牌。"大"指的是经济总量大、发展变化大和对国家贡献大，村有固定资产 70 多亿元和年实现销售收入 307.8 亿元的上市公司 5 家，从 1988 年到 2005 年的 17 年间销售收入翻了 300 多倍，在 2003 年村里向国家缴税 3 亿多元，到 2011 年中心村 1500 多口人人均缴税超过 40 万元。"新"是指发展思路新、体制机制新和产业产品结构新。华西村紧随形势变化，由 20 世纪 70 年代"造田"实现农业现代化，80 年代"造厂"实现农村工业化，90 年代"造城"实现农村城市化。在体制机制方面，只要符合华西实际、有利发展的就大胆尝试，使华西村既有公有的又有私有的，还有公私合作的，创造了公私双富有，且创立了四大支柱产业即冶金、建筑、纺织和旅游业，自行研究、设计、开发制造的扁钢项目是目前国内最先进、流水线最长、技术含量最高的自动化生产线。"富"是村富民富。"美"是村容村貌美、生态环境美。②

（二）关注由乡村工业化向城镇化转变对乡村经济转轨影响的学术研究

为何由关注乡村工业化又转向城镇化呢？事实上，改革开放以来，随着乡村工业化的发展，尤其乡镇企业的大规模发展，曾一度带动了乡村经济的增长，但后来随着国家政策变化，某些乡村工业遭受倒闭的困境。对于这一转型期出现的问题，某些学者已经注意到了。如黄文华认为在 20 世纪 80 年代由于国有企业改革滞后，使乡镇企业具有得天独厚的体制优势，而成为提高农民收入的重要途径，但进入 90 年代后国有企业改革的深入使乡镇企业体制优势消失，由于乡镇企业具有明显的社区特征，在发展之初又没有考虑城乡工业的互补性，致使城乡工业出现高度同构性，面临强大的市场竞争，高度分散的乡镇企业因其资金、人才、技术等方面的不足而无法与城市国有企业及民营企业相抗衡，再加上体制原因，其发展

---

①　参见张燕鞛《农村工业化模式演变与城镇化路径选择》，《经济问题探索》2007 年第 7 期。

②　参见《聚焦华西村辉煌 50 年》，《江苏农村经济》2011 年第 11 期。

举步维艰。因此，只有立足于乡村本身，与大中城市发展协同，积极推进城镇化进程，在强调城乡工业互补的前提下促成原来分散的乡镇企业向中型城镇集中，使小型城镇成为围绕大中城市环状带和市场空间及要素集聚的载体，以此带动农村剩余劳动力转移，同时以市场为导向推动农业和农村产业结构的调整，提高比较效益，增加农民收入。[①]

对于乡村工业化是否有利于推动我国工业化、城市化进程这一问题，方辉振认为乡村工业化城镇化存在很大缺陷，其主要表现于：（1）造成土地资源巨大浪费；（2）造成生态环境严重污染；（3）严重损害聚集经济效应；（4）不利于第三产业发展，因而主张中国应走城郊工业化城市化发展道路。所谓城郊工业化和城市化是指郊区农村产业结构非农化、土地利用工业化和城市化、农业生产现代化、居民生活城市化，是扩散型、转化型、聚集型相结合的工业化城市化过程。它的主要优点表现在工业、人口、就业岗位和服务业从城区向城郊迁移的离心扩散过程，又是郊区农业调整产业结构和生活结构及发展工业和转变身份的转化过程，还是乡村人口、乡镇企业及其他生产要素从乡村向城郊迁移的离土又离乡的聚集过程。[②]

何光耀等人则认为，加快发展农村第三产业是推进城乡一体化的关节点。工业化作为城镇化的第一动力，其功能主要是实现城镇的量态扩张；在向后工业化时期转变的阶段实现城镇化的质态提高，主要应依靠加快第三产业发展的后续推动。第三产业发展有利于聚集人气，改善小城镇交通、通信条件，完善农村医疗、教育等公共服务业，便于营造良好的创业环境、生活环境，增强农民进城进镇的吸引力，同时服务业的高度发展又能使人流、物流、信息流、技术流、资金流在小城镇相对密集和高速流转，从而为繁荣小城镇创造条件。[③] 惠锡清撰文亦指出，农村工业化是农村现代化的前提条件，农业现代化是农村现代化的发展基础，乡村城镇化是农村现代化的集中表现，服务社会化是农村现代化的重要纽带，农民知识化是农村现代化的根本关键。[④]

---

① 参见黄文华《城镇化：农民增收的有效途径》，《老区建设》2002 年第 12 期。
② 参见方辉振《城郊工业化城市化与乡村工业化城镇化比较研究》，《江淮论坛》2006 年第 1 期。
③ 参见何光耀、钱洪明《服务业托起未来——苏州农村第三产业发展的调查与思考》，《江苏农村经济》2000 年第 3 期。
④ 参见惠锡清《探索独特的中国乡村城市化之路》，《农业经济问题》1999 年第 9 期。

（三）从学界现有对乡村经济成功转型案例的研究中可看出，大部分学者的研究旨趣集中在城镇化与乡村经济转型问题上，且在其研究中亦比较认同通过乡村城镇化来带动乡村经济的现代化

乡村的城镇化古已有之，最早可以追溯到中古社会的集镇。而且，对于乡村城镇化这一问题，学界在早期集镇研究中就注意到了集镇发展对农村经济的促进作用，并在一定程度上还可带动乡村经济转型。最先研究中国市镇史的是日本学者加藤繁，他在 20 世纪 30 年代就开始关注社会经济发展过程中的都市形态问题，其研究成果结集于《中国经济史考证》（吴杰译，商务印书馆 1973 年版，共 3 卷）。此后还有曾我部静雄的《唐宋以前的草市》（《东亚经济研究》第 16 卷第 4 期）、周藤吉之的《宋代乡村中小都市的发展》（《史学杂志》第 59 卷第 9 期）等。20 世纪五六十年代以来，欧美学者开始重视中国历史上的城镇化问题，其中美国学者施坚雅（G. William Skinner）在乡村集市方面的研究相当突出，其《中国农村的市场与社会结构》最初连载于《亚洲研究》（Vol. 24.1—3，1964—1965），以区域体系和中心地理论着力于探讨中国历史上的城镇化过程，在中外学术界产生了极大学术影响。①

中国本土学者从 20 世纪 50 年代以来就开始重视江南市镇等方面的研究，其代表者有傅衣凌、傅宗文、王家范、陈学文、樊树志、包伟民、蒋兆武以及台湾的刘石吉等人。他们关注的共同点是乡村的"都市化"② 问题。③ 其实，乡村都市化概念在某种意义上等同于我们现今的乡村城镇化。如傅衣凌在研究明清社会经济时就曾涉及乡村小城镇的研究并提出明清经济转轨说，认为当时江南商品经济发达到已有了资本主义萌芽的现象。④ 乡村集镇研究虽受到学界重视，但有些集镇研究往往忽视了城乡之间的良性互动。吴滔就指出这一缺憾，他认为过去有关江南市镇的研究一向将市镇本身的讨论当作优先任务，对于市镇周边农村或市镇与农村关系的探讨则显得不足，即便有之亦往往只具有作为市镇研究附属品的意味。

---

① 参见陈映芳《传统中国再认识——乡土中国、城镇中国及城乡关系》，《开放时代》2007 年第 6 期。

② 乡村"都市化"指的是农村人口转变为城市人口和农村土地转变为城市土地的过程。

③ 参见冯贤亮《明清时期中国的城乡关系——一种学术史理路的考察》，《华东师范大学学报》2005 年第 3 期。

④ 参见傅衣凌《明清社会经济变迁论》，中华书局 2007 年版。

他主张在江南市镇研究中一定要注意城乡关系的角度，只有将经济、社会、文化等静态的要素还原到流动、鲜活的历史过程中去，通过揭示这种过程中的种种复杂关系，才能超越将研究单位简单地划分成二元对立格局，避免"城乡一体"或"城乡二元"的简单理解模式。①

在近代乡村研究中，乡村城镇化更是学界极为关心的问题之一。主张"工业下乡"的费孝通亦在逐渐转变原有的认识，主张发展小城镇。他在探讨"小城镇、大问题"时就认为："如果我们的国家只有大城市、中城市没有小城镇，农村里的政治中心、经济中心、文化中心就没有腿。""要把小城镇建设成为农村的政治、经济和文化的中心，小城镇建设是发展农村经济、解决人口出路的一个大问题。""小城镇作为农村经济中心并不是一个空洞的概念，而有具体的实际内容。在半个世纪前，震泽镇作为商品集散类型的小城镇对我是有吸引力的。但那时我是单枪匹马搞调查，研究工作不能不以村为界，没有能力进入镇的这一层次去。我只是在村子里遥望到了小城镇，感觉到了小城镇这种社区的存在对于农村所发生的影响。"②

另一具有代表性的研究是方旭红和王国平关于民国时期吴江城镇化的研究。他们认为民国时期在苏南吴江乡村呈现出城镇化趋势，城镇数量、城镇人口达到一定规模，邮政、电报和电话等现代通信业陆续开办，城镇基础设施得到改善，文教卫生事业发展迅速。具体谈到城镇化的原因是得益于新型交通运输业兴起、工业化和商业化发展、国家和社会两方面合力作用以及地方报纸的思想引导等因素，但存在产业支撑上的不足，如吴江各镇商业有所繁荣的同时又暗藏着后劲不足、难以为继的隐忧，突出表现为许多市政项目难以得到地方财政支持。③

除此之外，对于 1949 年之后的乡村城镇化研究更是一浪高过一浪，成果颇丰。美国学者张元林教授通过对中西城镇化道路的对比分析，认为在中国要想顺利实现城镇化、实现城乡共同富裕，就必须走通过发展小城镇、逐步减少农业人口和增加农业资源人均占有量的道路。发展小城镇不

① 参见吴滔《明清江南市镇与农村关系史研究概说》，《中国农史》2005 年第 2 期。
② 参见费孝通《小城镇大问题》，http：//wenku. baidu. com/link? url = Nm89jyflgu9Swnvlf，2013 - 12 - 10。
③ 参见方旭红、王国平《论 20 世纪 20、30 年代吴江城镇化趋势》，《江苏社会科学》2004 年第 4 期。

仅不影响大、中城市发展，而且应大力鼓励大、中城市有序发展。重点发展小城镇，是在仅靠发展大、中城市不能解决中国城镇化的现实前提下，以较低成本、较小震荡方式解决中国城镇化的必要途径。①

诺贝尔经济学奖获得者盖尔·约翰逊（D. Gale Johnson）在《经济发展中的农业、农村、农民问题》一书中专门阐述了政府在农业和农村发展中有限而必不可少的作用，提出许多发展中国家存在把"一切交给市场"的倾向，忽视政府在提供公共物品方面的作用。政府对产品市场和要素市场的干预不能以损害农村人口的利益为代价，发展中国家的政府往往做不到这一点。OECD组织和中国发展基金会联合研究了OECD国家农村城镇化对中国的启示，认为中国农村城镇化不仅需要政府出台合理的公共政策，更需要政府自身治理能力的提升。②

国内许多学者认为中国乡村应走城镇化道路，以改变乡村面貌，切实提高和改善农民生活，实现中国的现代化。如刘学忠认为乡村城镇化是我国城市化道路的必然选择，要实现农村人口的城镇化更多要依靠乡镇企业，借助蓬勃发展的农业产业化就近进入小城镇。当然城镇化过程中存在许多问题，需要科学规划和合理布局，大力发展农村教育，提高农民素质。③ 王明黔则直接认为乡村城镇化是中国走向现代化的必然趋势。理由是从世界经验来看，工业化城市化是近代世界各国发展国民经济的重要目标；从中国国情来看，要立足当前我国工业化和城市化的发展程度，走城镇化道路，以实现中国的工业化城市化发展目标。④ 孔令平在研究苏北农村城镇化中指出，城镇化是工业化和其他非农经济发展的结果，是衡量一个国家或地区经济发展水平的重要标志。苏北地区农村城镇化低于全省平均水平。因此，加快乡村城镇化进程已成为苏北大发展过程中急需解决的一个战略问题。⑤ 刘永红等人则认为，推进乡村城镇化可以开拓农村市场，而农村市场需求不旺、城乡消费断层、农村投资和消费需求拉动乏

---

①　参见张元林《走城乡统筹发展的城镇化之路》，《城乡建设》2009年第10期。

②　参见［美］盖尔·约翰逊（D. Gale Johnson）《经济发展中的农业、农村和农民问题》，林毅夫、赵耀辉译，商务印书馆2004年版。

③　参见刘学忠《我国乡村城镇化的必然性、现实问题和对策》，《经济问题》1999年第5期。

④　参见王明黔《乡村城镇化——中国走向现代化的必然选择》，《农村经济与技术》1999年第10期。

⑤　参见孔令平《直面苏北农村城镇化》，《江苏农村经济》2002年第5期。

力，从某种意义上讲都是缘于乡村城镇化滞后，所以只有积极推进乡村城镇化、提高农民收入、促进城乡市场对接才能从根本上解决农村市场开拓问题。① 何磊和王柏杰认为乡村—城镇转型是工业化中后期必然形成的一种新型城镇化模式，具体指的是人口结构的转化、经济结构的转变、空间地域结构的转变以及基础设施的完善，实质上是人们生活方式由乡村型向城镇型转变，表现为城镇生活方式的扩散和普及、城镇文明向乡村广泛渗透的过程。② 众多学者以交流的形式在《中国特色城镇化道路》一书中亦以多篇论文探讨了中国城镇化与现代化、以乡镇企业为依托推进城镇化和关于加快推进城镇化的几个问题等，提出在当前工业化和现代化的大趋势下，农村富余劳动力向非农产业和城镇转移是增加农民收入的重要途径，而在我国要想把城镇化水平大幅度提高是不现实的，要从国情出发，坚持大中小城市和小城镇协调发展，走中国特色城镇化道路，重视发展小城镇，加快小城镇建设步伐，要以现有的县城和少数在建制的中心镇为重点，科学规划、合理布局，并把发展乡镇企业和农村服务业同发展小城镇有机结合起来，引导和鼓励乡镇企业向小城镇集中，鼓励多渠道、多形式投资兴办小城镇基础设施和公用事业，完善小城镇的功能。③

王松良经过对福建若干代表性乡村的实证调查，探讨了新时期中国"三农"问题的新动态，并指出其症结：一是长期的城乡"二元"政策造成农民数量过多，二是加入世贸组织后不加区别的农产品市场化安置，三是乡村建设和农民组织化的长期缺位。于是，其针对"三农"问题，提出应从农村城镇化、健全农村合作社构建机制以及发展生态农业等举措出发，特别以泉州市安溪县福田乡生态茶业、莆田市东桥镇汀塘村的生态城镇、连城县培田村的古民居产业合作社和福州市郊县林柄村的社区支持农业引导城乡互动为例分析了四种可能的乡村发展模式，说明在构建这些模式的过程中重估农业的多功能性价值以及推动社会参与下的乡村社会管理创新的重要意义。④

---

① 参见刘永红、郑娅《乡村城镇化：农村市场开拓的新视角》，《农业现代化研究》2000年第 3 期。

② 参见何磊、王柏杰《中国乡村——城镇转型的依据、内涵及模式》，《中共天津市委党校学报》2012 年第 3 期。

③ 参见王梦奎、冯并、谢伏瞻主编《中国特色城镇化道路》，中国发展出版社 2004 年版。

④ 参见王松良《中国"三农"问题新动态与乡村发展模式的选择——以福建乡村调研和乡村建设的实证研究为例》，《中国发展》2012 年第 3 期。

　　然而，20 世纪 50 年代以来中国的城镇化出现两种截然不同的制度变迁模式："自上而下"的城镇化和"自下而上"的城镇化。自上而下的城镇化是政府按照城市发展战略和社会经济发展规划，运用计划手段发展若干城市并安排落实城市建设投资的一种政府包办型的强制性制度变迁模式；自下而上的城镇化则是农村社区、乡镇企业、农民家庭或个人等民间力量发动的一种由市场力量诱导的自发型的诱致性制度变迁模式。① 这两种城镇化模式具代表性的有：攀枝花模式，国家主导的资源开发型城镇化模式；苏南模式，政府主导的以集体经济为主体的工业化和城镇化发展模式；温州模式，以个体经济和私营经济为主导的小城镇发展模式等。20 世纪 80 年代以来，随着中国经济体制改革逐步深入，民间发动的自下而上的发展模式在城镇化发展中显示出重要作用，并日益成为中国城镇化加速发展的基本动力。实践证明，这种新型模式顺应了中国向市场经济转轨的要求，成为转轨时期社会经济发展的基本动因。其对社会经济发展的作用显著，加速了中国城镇化进程，改善了城镇结构体系，并吸纳了大量农村剩余劳动力，缓和了农村的就业压力，打破了原有的城乡隔绝局面，成为农村由封闭走向开放的桥梁；增加了农民收入，使农民成为工业化和非农化的利益者，推动了乡村工业化发展。② 张勇认为，城郊区作为一种相对独立形态的地域，是一块比较特殊又很值得去研究探讨的地方。城郊区乡村城镇化的程度，对于提升农村城镇化水平、转移农村人口、优化城乡经济结构、实现城乡一体化、为经济发展提供广阔市场和持久动力具有重大作用。③

　　杨宏翔在探讨浙江经济成功转型的经验时指出，除乡镇企业崛起、私营经济发展、生产组织方式创新和政府对市场经济的开放态度等推动了浙江经济的发展外，另一个不容忽视的要素是"弱二元"④ 化特征，对浙江

――――――――――――

　　① 参见辜胜阻主编《中国跨世纪的改革与发展》，武汉大学出版社 1996 年版，第 308 页。

　　② 参见辜胜阻、李正友《中国自下而上城镇化的制度分析》，《中国社会科学》1998 年第 2 期。

　　③ 参见张勇《城郊区乡村城镇化问题思考》，《陕西省经济管理干部学院学报》2001 年第 3 期。

　　④ 1954 年 5 月，美国著名经济学家阿瑟·刘易斯（William Arthur Lewis）在《曼彻斯特学报》上发表《劳动无限供给下的经济发展》一文，提出二元经济理论。刘易斯认为，由于经济存在着两个部门，即传统的农业部门和现代的资本主义工业部门，因此市场化的工业部门是从传统的、维持生计的农业部门不断地吸收剩余劳动力而得以发展的。参见杨宏翔《弱二元结构与中国农村经济发展——来自浙江省的经验》，《甘肃社会科学》2008 年第 2 期。

经济的快速发展亦起到了积极的推动作用，具体表征是：浙江工业化过程中劳动力大规模转移不明显，中心城市首位度不明显，城乡差距不明显；使农村剩余劳动力离土不离乡地实现了由农业向工业的转化，带动广大乡村地区逐步实现了工业化和城镇化；没有过度拥挤的中心城市，亦无空心化了的衰落乡村，而遍布全省的是密集富庶的小城镇。[①]

但是，随着乡村城镇化在广度和深度上的大力推进，亦出现了一些负面效应，如乡村城镇化中的土地权益问题、城镇化中的乡村治理问题、乡村城镇化速度与质量问题、城镇化中的制度建设问题、城乡如何统筹发展问题、贫困山区城镇化问题和城镇化中农业人口职业转变问题等。当然，针对出现的不同问题，学者又从不同角度或选取不同考察对象做过一定反思和探讨。其具体成果主要有：

钟逢干在研究广东乡村的城市化中认为，改革开放以来广东人口的乡村——城市社会转型在中国走在前面，其特点主要表现为转变过程与国际经济和城市体系密切联系、农村中非农化现象普遍、大量流动人口流动从业以及较明显的地域差异。与之相应，这一转变过程亦存在亟待解决的矛盾和问题，如产业结构变化和生产技术进步快的要求与劳动力文化科技素质较低的矛盾、社会转型过程中农业劳动力的转移流动从业问题、农村城镇化迅速和人口流动性大大增强情况下计划生育和人口控制方面的问题、人口的职业与空间和社会变动剧烈情况下的社会管理问题，以及乡村型景观向城市型景观转变过程中出现的城乡建设无序性、资源浪费和环境污染问题。要想合理解决这些问题，必须在人的转变和景观的转变两个方面均符合可持续发展要求，既要在这个转型过程中培养、引导出高素质的人口群体，又要在这个过程中从经济、社会、环境三方面的效益着眼对利用资源环境发展生产的方式、规模、速度、强度、协调性等方面作出科学规划。[②]

对于土地权益问题，陈美球等人撰文指出，在众多乡村城镇化影响因素中，土地配置是其中最重要的基础影响之一。如何通过优化土地配置以适应乡村城镇化需要是我国乡村城镇化进程中的基本研究内容，主张应从

---

① 参见杨宏翔《弱二元结构与中国农村经济发展——来自浙江省的经验》，《甘肃社会科学》2008 年第 2 期。

② 参见钟逢干《广东乡村城市化与可持续发展》，《中山大学学报》（社会科学版）1999年第 1 期。

农村居民点用地现状及其对乡村城镇化影响分析入手，对农村居民点用地整理以实现乡村城镇化的必要性进行阐述，并提出农村居民点用地整理的具体对策：（1）明晰农村居民点土地产权，加强产权产籍管理；（2）加强村镇建设规划，合理安排村镇用地；（3）加强对村镇用地利用的管理力度；（4）搬迁与复垦相结合；（5）建立农村居民点整理专项基金。①而龙花楼则另辟蹊径，在研究土地利用转型与乡村转型发展问题中认为，耕地和农村宅基地这两种地的类型是乡村发展与土地利用转型的重要源头，并在此基础上探讨了乡村转型发展与耕地和农村宅基地利用转型之间的相互关系，提出农村土地整治成为顺利实现乡村转型发展的重要基础，同时要在乡村转型发展进程中构建依托村庄综合整治来优化乡村生产、生活与生态空间的保民生战略体系，实现农村宅基地利用的顺利转型，以适应当前快速的城镇化进程。②

对于乡村治理问题，周燕玲认为随着我国工业化、城镇化步伐加快，乡村资源日益向城市集聚，乡村治理面临一些困境，主要表现在乡村治理资源匮乏、乡村文化贫弱、乡村治理机制不合理，如民主自治机制需要进一步完善、村民自治与乡镇党政机关关系亟待加以理顺、"村两委"关系定位不清并形成权责交错的局面。③

对于乡村城镇化速度与质量问题，孔凡文、许世卫于 2006 年就提出中国在加快农村城镇化发展进程的同时应重视和提高城镇化发展质量，使城镇化发展速度与质量相协调，从而真正提高中国城镇化的发展水平。华生指出，中国城镇化的速度不是太慢而是畸形，畸形的城市化导致城市化与工业化进程的协调相脱节，促使了国民收入分配的两极化和内部消费需求不足，成为国家现代化的主要障碍。顾朝林在《我们不需要拉美模式的城市化》一文中指出，英美等西方发达国家的城市化始终与逐步的工业化和经济变化交织在一起。"二战"后的发展中国家出现了快速城市化，主要表现为人口城市化过快、工业化普遍滞后的"虚假城市化"特征。拉美和南亚地区跌入经济发展受社会问题牵制的"中等收入国家陷阱"，"贫民窟"成为"拉美城市化模式"挥之不去的阴影。因此，如何

---

① 参见陈美球、吴次芳《论乡村城镇化与农村居民点用地整理》，《经济地理》1999 年第 6 期。

② 参见龙花楼《论土地利用转型与乡村转型发展》，《地理科学进展》2012 年第 2 期。

③ 参见周燕玲《城镇化进程中乡村治理问题》，《商业经济》2012 年第 3 期。

通过经济发展转型吸纳农村剩余劳动力和提高进城农民生活水平都是我们在农村城镇化进程中避免"拉美化"必须思考的问题。①

对于城镇化中的制度建设问题，著名"三农"问题专家温铁军认为城镇化其实亦是如何使农民低成本、低风险地变成获得国民待遇的城镇人口。在推进城镇化的过程中，一定要加强配套的制度建设，特别是如何以农民为主体使农民成为城镇化的主体。② 此外，辜胜阻等人认为经过20年改革和发展，中国农业生产和农村非农化取得突破性进展，农村城镇化具备了加快发展的条件和基础。在当前中国农民收入增长乏力、国内需求不旺的形势下，加快农村城镇化进程对于启动农村市场、转移农村剩余劳动力、推动乡村工业和农业产业化进一步发展、转变农民生活方式等都具有重要战略意义。并在此基础上进一步提出加快中国农村城镇化的具体对策，即加强政府在农村城镇化中的引导作用、进行小城镇建设投资体制的改革、实行投资主体的多元化、大力发展服务于农村社会的第三产业和具有比较优势的农产品加工业、合理规划城镇用地、培植农村城镇化主体、鼓励农村"能人"和"富人"率先走农村城镇化道路并让农村"精英"成为农村城镇化的发动者，进行小城镇管理体制创新以防止出现"新城镇旧体制"现象。③

对于城乡如何统筹发展问题，于志勇认为推进农村城镇化是中国统筹城乡发展的战略举措，而中国农村城镇化进程面临城镇发展与乡村人口转移需要极不协调、城镇规模无序扩张、公共设施和公共产品阙如、农民应有主体地位的缺失等问题。中国农村城镇化要走持续发展的城镇化道路，亟须政府角色合理定位，政府应让市场充分有效地发挥作用，而政府的职能就在于运用政府的资源去从事市场无法有效完成的重要活动。④ 龙花楼等人亦认为在城镇经济持续快速发展背景下推进城乡统筹发展，必须立足于乡村内生发展能力的快速提升并实现乡村地区的高效发展。另在推进城镇化过程中，针对农业和乡村发展被剥夺的问题，应通过政策创新加强工

---

① 参见于志勇《对农村城镇化与政府职能定位的聚焦与探究》，《农村经济》2012 年第3 期。

② 参见温铁军《城镇化定要以农民为主体》，http：//news. jschina. com. cn，2013 - 12 - 10。

③ 参见辜胜阻、成德宁《农村城镇化的战略意义与战略选择》，《中国人口科学》1999 年第3 期。

④ 参见于志勇《对农村城镇化与政府职能定位的聚焦与探究》，《农村经济》2012 年第3 期。

业与城镇对农业和乡村的资金和技术支持，着力扭转农业和乡村被剥夺的状态，提升乡村地区竞争力与发展速率，以实现城乡统筹协调发展。①

对于贫困地区城镇化问题，陈波等人在其研究中认为贫困地区选择了一种新的路径"去乡村化"。其具体指的是居住在本地"乡村"区域人口外流到其他地区导致当地人口总量减少而相对提高当地城镇化水平的过程。"去乡村化"与乡村城镇化是两个截然不同的概念。乡村城镇化在统计概念上一般指农业人口转化为非农业人口并向城镇性质的区域集聚，且乡村区域转变为城镇区域的过程。而"去乡村化"不是简单地将乡村区域农民的"农业户口"改变为"非农业户口"，它是在市场机制作用下，贫困地区摆脱困境的一种自发而又被动的选择，亦是相对发达地区与相对落后地区及城乡之间经济联系不断增强的作用。"去乡村化"现象已成为影响区域城镇化率的重要因素，至少在经济发展相对落后的地区具有普遍性。②

关于农业人口职业转变问题，沈关宝认为在东部沿海地区有不少开发区建设并没有使大批失去土地的农民真正进入工业或服务业生产领域，他们只是由于户籍变更而划归城镇居民范围，事实上职业并无变化。从中西部经济欠发达地区流出的农民工面广量大，这部分流动人口所从事的生产方式是多变的，不仅随着季节更迭亦工亦农，且随着年龄的不同出现逆向流动，甚至还有相当一部分流入大中城市的郊区继续从事农副业生产。造成这种城镇化滞后的原因，一是人口流动过程中乡村、城镇之间推动力量严重失衡，即乡村对于人口的推力日益强劲而城镇对于人口的拉力相对弱小，两者之间不匹配导致流动人口规模巨大且表现出候鸟式流动的特征；二是大部分流动人口所具有的职业可逆性——所谓职业的可逆性是指这部分流动人口不但在农业从业人员与工业、服务业从业人员之间频繁转换，而且根据不同年龄段可以实现根本性逆转。③

综合以上研究成果可以看出，乡村的发展一直是学界关注的热点，其中乡村农民的生活备受关心，而这种关心农民生活的背后却是对乡村经济

① 参见龙花楼、邹健《我国快速城镇化进程中的乡村转型发展》，《苏州大学学报》2011年第4期。

② 参见陈波、何子顺《贫困化地区城镇化进程的第三条路径："去乡村化"——以甘肃省为例》，《中国统计》2011年第11期。

③ 参见沈关宝《我国人口城镇化的特点及其成因探析》，《江苏社会科学》2005年第5期。

如何才能够走向繁荣所做的思考和建议。从学人研究的角度出发，大家一致认为发展乡村工业和走乡村城镇化是乡村经济保持活力的主要动力，特别是乡村工业化城镇化对改善农村面貌和提高农民生活切实有效，而富有理想主义色彩的乡村集体化从长远来看不利于农民生活水平提高，所以它在时代发展潮流中被摒弃。当然，乡村工业化城镇化的这种发展模式并非我国首创，而是在近代以来随着中国国际化程度加深才逐渐被探索出来，其对商品经济较发达的南方影响深远，故在现今乡村工业化和城镇化问题研究中，南方区域相对是较为关注的对象，而对北方地区的关注则要略逊于南方。

那么，具体谈到对深处内陆省份的山西乡村经济社会转型及城镇化之研究可谓少之甚少。而且，在山西乡村经济社会研究中，学界更多关注的是地理地貌、资源、环境、阎锡山治理时期的山西、共产党对山西乡村社会的改造以及新中国成立后社会主义探索道路中山西乡村的社会演变，很少论及自新中国成立到现今山西乡村的经济社会转型问题，即农民生活在共产党领导下到底发生了哪些质的变化。至于对山西一个农村郝庄的研究则更处于空白，而郝庄在这一历史变迁中的变化变得连郝庄村民都感到吃惊——几乎认不得"自己"。这在一定程度上说明，研究山西乡村的当代经济社会史，郝庄不论从学术价值还是从应用价值而言，都是一个非常典型的考察样本。

三　课题研究的内容与方法

（一）研究架构与内容

近代工业革命以来，随着生产技术水平提高和社会经济发展，全球性地发生着由以农业为主的传统乡村社会向以工业和服务业为主的现代城市社会转变。这一转变的主要特点是人口由农业型转变为非农业型并向不同层次的城市型地域集中，农村型景观转变为城市型景观，与此同时带有城市气息的文化不断向农村扩散和传播。而作为一个内陆省份农村的郝庄就是受这一全球性"城市化之风"的影响，在共产党政权的改造和引领下，由一个不足百人的城市郊区农村在中国小城镇建设推进过程中，从一种在集体化环境中不能致富的境遇，通过乡村经济结构的调整又重新回到凭借"集体化"引导之经济发展的境遇，实现了乡村经济的成功转型及乡村的城镇化发展。基于此，本课题研究的基本对象及其主要内容即郝庄是如何由一种国家政治主导的集体化演变为村庄自发的"集体化"并走上现代化道路的。围绕这一线索，课题具体研究内容共分七部分，除绪论外计由六章组成。

第一章简单描述了郝庄村的基本经济与社会生态状况，以期通过了解共产党在郝庄建立政权之前村庄的内部社会结构，如乡村经济与政权及乡村文化等的运作方式，以发现该村在之后数十年发展变迁中的某些内在逻辑关联或村庄自身演变的连续性。在此，尤其关注了郝庄地理环境的独特性或有别于同时期一般村庄的异质性。因为地理环境对某个事件乃至某种现象的发生在某种程度上甚至可以起到决定性作用——就郝庄而言，其所处区位对其经济社会发展的作用表现得尤为明显。

第二章考察了1949—1953年间郝庄村的土改运动。由于郝庄是一个新解放区（亦即官方当时所谓的"新区"），此前除八年抗战期间一直由阎锡山政府统治（抗战期间为日伪政权辖区），阎的许多土地政策在该村推行过，所以共产党占领郝庄后首先要做的是将之纳入新政权系统。那么，具体如何做才能使郝庄顺利过渡到新政权？共产党采取的方法是进行阶级斗争，划分阶级，平分土地，实现耕者有其田。方法有了，但在新区做起来并不一定如我们想象得简单容易，这就需要共产党搞清楚到底怎么来划分阶级并通过什么样的土改才能实现村庄贫民对土地的渴求，从而完成对乡村社会的全面改造？共产党在乡村改造的过程中对乡村社会本身产生了何种影响，而乡村社会又发生了哪些变化？面对刚刚经历过战乱影响乃至破坏的乡村生产生活环境，如何做才能使乡村经济有所恢复并在此基础上获得快速发展？对于这些问题，共产党则选取了"老区"时期几经推广且经验相对成熟的做法——互助合作，乡村合作化由此开始并成为此后集体化的源头。

第三章梳理了1953—1956年郝庄村初级合作社的创办情形及其影响。这一时期正是国家对农业的社会主义改造之关键时期，即由新民主主义社会迈向社会主义社会之开端，或者说是社会主义经济的初步尝试阶段。乡村互助组取得一定成就后，为应对疲弱的经济环境，特别是应对有限的生产能力，国家组织农民在自愿基础上走集体化道路，开始初级合作社。然而初级合作社是如何搞起来的，其内部组织机理及其具体运作如何？初级合作社兴起后对乡村社会生活有何影响且与前相比在经济领域发生哪些质的变化？为何由互助组在短时间内又要过渡到初级合作社？

　　第四章检视了郝庄村的高级合作社创办到人民公社化运动。这一时期国家经过实施第一个五年计划，经济有所复苏，整体呈现出欣欣向荣的发展前景，然而国家领导人面对良好的经济运行环境却忽视事物的自身发展规律，对社会主义建设步伐的期望加速，极左思想迅速滋长，逐渐转移到对经济建设的干扰。于是，初级合作社转向了高级合作社。那么，这两个社之间有何区别和联系，为何要创办高级合作社，高级合作社内部是如何运作的？它是一种什么样的生产关系，社员对其态度如何？后来高级合作社为何又转向人民公社化运动？人民公社的组织结构和运作如何？公社化时期村民是如何生活的？尤其在三年自然灾害期间公社化运动是如何应对的？当公社难以应对突发事件时乡村共同体和社员又是如何渡过难关的？灾害过后，声势浩大的"文化大革命"对乡村生产生活有何影响？乡村乃至村民如何应对这场政治风暴？

　　第五章探讨的是郝庄经济的真正转轨，亦即再次回到"集体化"的问题。但这种经济转型仍然是伴随国家政治变化而发生的，并非乡村自身摆脱政治影响的内生性发展。"文化大革命"结束后，国家上层政治发生重大变化，"以阶级斗争为纲"的重点任务转移到经济建设上。特别是中共中央十一届三中全会召开，对以往的极左政治路线有所修正，开始了务实的现代化建设。随之，农村结束人民公社化运动，家庭联产承包责任制得到普遍推广，以往的集体化运动宣告结束。就郝庄来讲，这一历史巨变是如何发生的且对乡村社会有何影响？在国家一系列惠农政策推行中"去农化"是如何实现的？在经济现代化的探索中做了些什么？服装市场何以偏偏能够在此出现且其为何能够抓住历史机遇并逐步扩大？面对由计划经济向市场经济的转变及受到市场经济的冲击，其如何做才能立于不败之地？其在发展现代服务业过程中开启城镇化进程且成效显著——由一个城中村变为省会太原市的重要一部分，那么在城镇化过程中农民生活有何质的突破，为何乡村经济会再次选择"集体化"？再"集体化"过程中国家、集体与农民三者之间关系如何？具体如何划分他们之间的利益？在市场冲击和利益分配面前，国家政治与乡村社会如何实现协调、乡村内部又如何实现和谐共赢？此外，在这一乡村经济社会转型历程中，乡村精英是一种什么样的角色？面对乡村组织法的颁布和推行及村民自治的张力，乡村精英层有何变化、如何转变角色才能适应新形势发展？

　　第六章即结语，主要从理论层面讨论了郝庄为何由集体化再次走向

"集体化"，两次集体化的内涵是什么？二者有何联系和区别？而且，在集体化过程中，国家政治与乡村到底是一种什么样的关系，这种关系是否还会延续，国家如何做才能保证乡村真正得到发展？郝庄尽管在"集体化"历程中实现了城镇化且其服装市场越做越大，但它面对的城市问题及市场竞争压力也越来越大，郝庄自身如何做才能维持其经济繁荣昌盛和村民生活美满幸福？

（二）研究的思路与方法

本课题关注的是一个内陆省份的乡村——郝庄村在新中国成立之后随着国家政治变化发生经济社会变革及走向现代化的历史轨迹，而且自身还从经济变革中探寻出一条适合自己发展的城镇化道路，亦可以说是富民道路。当然，它的这种经济变革和现代化道路与国家政治变迁是密切关联的，在某种意义上受国家政治影响深远。因此，对于课题研究的总体思路是在考虑国家政治对乡村的重大作用时又关心乡村的内生性变化，研究时限从1949年始到现今，具体观照对象是郝庄在国家不同阶段政治作用下乡村社会有哪些新的变化，对乡村经济转型有何影响，而乡村又是如何应对的？特别是在1954—1979年的集体化运动①中，其集体化是如何搞起来的，乡村经济如何，农民生活得怎样？中共中央十一届三中全会后国家工作重心由政治运动转向经济建设，这对郝庄有何实质性影响，其又是如何转变的，何以在结束国家主导的集体化后重新回到"集体化"，新的"集体化"生活对其意味着什么？而且，郝庄村在由传统农业转向现代服务业过程中经历了"离土不离村"的经济转型及城镇化道路，现代服务业的兴盛和城镇化水平的日益提高又使乡村发生翻天覆地的变化，说到底农民确实富起来了；与此同时，村民身份和角色同样发生了转变，然而在市场经济的激烈竞争中仅凭房租维持城镇化的郝庄又将如何应对和发展，这不得不引起我们的省思。

具体到研究方法，本课题最基本的分析工具就是历史学的实证法，这亦是由课题本身及其研究者的学科属性所决定的。当然，谈到历史学方法，总会想起著名史学家许倬云先生的一个看法，即："历史与可以重建和复核的自然科学不同，过去是过去，即使有相似的个案出现，终究有不

---

① 对于集体化时限，学界众说纷纭，但大多学者较为认可的是从初级社创办到人民公社解体这一历史时段。

同的时空背景，不能真的重现过去。因此，历史的陈述，只能是旁观者的观察，从许多线索中寻找因与缘：'因'是直接的演变，'缘'是不断牵涉的因素，无数的因与缘于是凑成无数可能之中的'果'。"① 我们正是为了搞清楚所关注问题的因缘关系才不断搜集资料，发现线索，以尽可能地将这种关系再现。然而要弄清楚这种因缘关系就须明晰课题主旨，即在集体化过程中郝庄是如何成功实现社会经济转轨的。对于这一研究旨趣的解读，课题选取的视角是国家政治与乡村社会经济互动。毫无疑义，研究现当代中国问题无一能够撇开对政治因素的考量，尤其共产党治理下的社会问题和历史现象则无不彰显出政治的影子。所以，课题在研究过程中始终十分关注国家政治演变对郝庄经济社会转型的影响，通过这种宏观与微观相结合的分析方法，以达到宏观探析微观、微观凸显宏观的目的。事实上，这种从国家政治与乡村经济互动的视角来研究郝庄的社会变革是符合客观史实的。

社会史提倡"自下而上"的研究方法则是本课题的另一重要考察手段。当今学术界受后现代理论影响较大，其提倡研究底层社会的历史备受学人青睐并由此产生"自下而上"的研究路径更是受到学界所重视，在某种程度上得到广泛运用。笔者觉得这种研究方法在乡村史研究中值得提倡，但研究对象选取一定要有代表性，这样才能在探讨个性问题基础上反映共性现象或规律，而且利于回归整体史的学术关怀。受此方法影响，本项研究在具体选题过程中考虑到了这一要素，即研究文本在反映其个性的基础上并能反映出一定的普遍性。具体从课题考察文本讲，样本选取的是太原城郊区一个小村庄郝庄，之所以选取它就是因其很具代表性——经济社会转轨对北方农村具有示范意义和参考价值，特别是其作为城郊村在同类或相似农村城镇化道路选择中的借鉴作用。

区域史是一个不错的研究视角，社会史是一种很好的方法论，以此视角和方法去指导中国现当代史研究大有可为，对于乡村史研究尤为如此。故区域史研究方法亦是本课题运用的一个主要方法。不过，有一点值得说明，即"区域"只是观察历史现象的一个视点，问题的终结点则在于"整体"，或者说如何从"区域"出发而后回到"整体"才是历史研究的终极目标。因为，历史研究的基本价值在某种意义上讲就是寻找人类社会

---

① 许倬云：《历史大脉络》，广西师范大学出版社 2009 年版。

演变过程中"共性"的东西，这种"共性"的东西实际就是通常所言的"规律"，而"规律"不仅不以人的意志为转移且是人类无法抗拒的。若从传统史学研究的功能意义上讲，"规律"又可理解为"历史经验"，而这种"经验"正是历代统治者和历代政权用来"资治通鉴"的。① 本课题貌似选取山西一个农村作为分析对象，而实际上关注的终点在于整个山西乡村经济社会发展及其现代化的实现问题，特别是农民生活在"质"上的突变问题。

四　课题运用的主要资料

（一）村庄档案

　　档案资料是学界公认的比较客观且接近历史本相的一手资料，历来深受史家重视。在本课题选题过程中，笔者一直思考两个重要因素，一是选题的价值问题，二是选题的操作性问题——资料从哪里找、应找什么样的资料且所查到的资料是否能够反映选题的研究主旨？带着这些问题搜集资料时，首先考虑的就是能反映乡村经济社会变迁的一手资料，而这种资料无疑就是档案。所以，在查阅档案资料时具体从三方面入手，先从山西省档案馆搜集郝庄档案资料，或查阅集体化时代具有普遍性意义的档案；其次从太原市档案馆搜集郝庄资料；最后则从郝庄村委会内部查阅档案资料，或查阅郝庄在不同阶段所属辖区所藏有关郝庄的资料。前两种路线查阅资料倒是方便，而且有所收获，但档案中能够反映本课题所涉及实质性问题的资料太少。第三种路线在查阅过程中相当艰辛，由于村庄一般是不对陌生人开放档案的，虽取得村委会暂时同意，而资料查起来仍有诸多不便，许多资料受控即不予开放。后经与村委会多方沟通才将可以阅读的资料进行了翻阅和记录，并发现许多有价值的素材。写作思路亦就随着资料的丰富渐渐清晰，"久旱逢雨"的心情变得越来越舒畅。

　　具体而言，郝庄村庄档案相对丰富。1949 年之前，该村尽管是太原市郊区一个小村庄，而基本的原始资料却完好地保留下来，这些资料就其内容来说大致分为以下几类：（1）土改期间的档案，如各生产队阶级成分登记表、土地分配表和会议记录；（2）集体化时期的档案，其中账簿最多，内含不同阶段生产情况汇总表、生产大队收益分配表及人民公社时

---

① 根据著名史学家魏宏运教授与岳谦厚等人的一次学术谈话所得。

期的通告通知、生产情况汇报评比总结材料、会议通知、社员劳动简历登记表、生产大队分配方案、工作简报、生产大队四清运动结果和公共食堂基本情况等;(3)中共十一届三中全会以来郝庄副业发展情况的档案,如各个副业工厂合同任务表和兑现表、村委会日常事务记录情况、村办企业验收通报、砖厂工资表和补助表、公共基础设施建设倡议书、对村办企业回访和调查表及整顿财政或清查非农业用地总结报告等;(4)服装大楼的相关档案,如东城服装总公司年度任务及其经济工作分析汇报材料、村办企业经营状况及交税情形和东城企业各厂职工及外雇工花名表;(5)上级政府有关文件,包括政府会议精神传达文件和各级政府相关批文。

(二) 口述资料

除档案资料外,本课题研究的另一重要史料来源即是口述资料。由于搜集到的文献资料并不能反映问题的全部,特别是村庄档案大多为账簿,相对来讲是一种静态历史的呈现,在一定程度上无法反映乡村动态的历史,而且文献对于历史记录毕竟有限。为了弥补档案文献的缺陷并将乡村史描述得更生动而具体,我们对历史生成的过程或历史现象发生的当事人及与之联系的关系人进行了长久的口述史采集。然而通过什么样的口述或如何口述才能发现真实的历史,则是口述过程中必须解决的难题之一。笔者在亲身的田野调查中觉得在口述中要想做到客观公允,应注意以下几个环节。

首先,拟定口述的提纲要详细而周到且对口述的内容绝不能断章取义,不能只挑有利于自己写作的问题口述,要尽可能做到全面,对于事件或历史现象的每个细节都要周全。在口述中,本着历史学研究的方法,对事情发生的来龙去脉要详细询问和反复追踪,不懂口述对象方言的要找向导,通过向导的"原味"内容转述将口述内容认真笔录,不清楚的问题要随时提问直到真正搞懂为止。具体谈到郝庄的口述内容,在口述前笔者做了多方面的认真考虑,同时又请教了多名专家,让他们不停地给口述提纲提意见,完善口述内容,事实上在口述过程中亦在不断修改口述提纲以使口述资料更加翔实。

其次,充分考虑口述对象的选取问题。在对象选取上虽有一定的主观性,但一定不能忽视其可靠性和普遍性意义。考虑到研究时限较长,选取的口述对象大多是年纪大的老人,且尽可能将年龄最大的请来口述。此外，他们最好是事件的亲历者或事件的密切关系人。同时，选择对象的面要广，要从不同层次的人群中选择，且口述对象本人在日常生活中看待问题相对全面而主观性少、不走极端。特别是对乡村精英的评价进行口述时，从评价的正反角度出发选择合适对象，为进一步做到客观，还专门进行了群体性口述或两人式私下交流。又如在深入了解村集体创办服装大楼缘由时，为避免村里人所讲内容片面，除村里当事人口述外还专门请当时南郊区负责工商的政府要员口述，通过政府与乡村的对话来了解当时的实际情况。

最后，审慎筛选口述内容，以去伪存真。口述完毕之后，将口述的全部内容认真整理并在此过程中一边辨别口述内容真伪，一边将之与其他相关文献进行比对，核实哪种资料更准确可信，若实在无法互证或无任何文献支撑则通过多方采访以获取尽量多的信息源。如在访谈郝庄有关互助组建立情况时，文献记载与口述内容就极不一致，后经比对，确认口述材料相对较为可信。

第 一 章

郝庄村的经济社会生态

第一节　村庄概述

郝庄村位于太原市双塔寺脚下，1949 年之前地广人稀，全村 40 多户人家 98 口人就拥有可耕种土地 3800 余亩，其界限西到现在的建设路、北到双塔铁路宿舍、南到王家村、东到环城高速公路。今日郝庄村位于迎泽区朝阳街北，面积仅 0.64 平方公里（比省城迎泽公园还要略小一些），而拥有 700 余户人家 2200 多口人，且纯粹的郝庄人已没有——20 世纪 60 年代仅留的几个郝庄人如一户朱姓老人已无后代，现有居民都是从外乡迁来的，定居该村至多四代人左右或不超过五代人。郝庄人口增加的主要因素在于当时村里土地较多，若遇各种自然灾害或社会危机一般都不会危及生存，所以许多逃荒者和外乡人纷纷迁入定居，结果人口一直在快速增长。由于人口增多而土地压力日重，村民于是借改革开放之机积极寻找新的生存之道，这样昔日的良田逐渐变成了一座座高楼大厦并成为周边广大地区的一个重要商品集散地。

改革开放以来郝庄民营企业发展迅速，在郝庄工贸集团和太原服装城集团两大企业集团推动下，至 2011 年初社区已有总资产 23 亿元，城镇化水平大幅提升，并连年被评为太原市企业 50 强和太原市服务业 50 强，从而成为太原市由商贸发展而来的典型城中村暴发户。据 2011 年统计，在郝庄做生意的异乡客即有 10 万人，为本籍居民 50 倍之巨，而每天涌向郝庄的人流量则更达 20 万人。[①] 由此可见，郝庄由一个小乡村变为一个重要的商贸市场，其经历的社会变迁可谓"沧海桑田"。如此，我们不能不

---

① 参见《太原：郝庄——"城中村"改造的"样板"》，太原新闻网，2011－7－22。

设问，作为太原市一个典型城中村，其何以能够在经济转轨中独领风骚？为解答这个问题并探究郝庄经济社会转型之路——城镇化发展道路，以及城中村建设过程中的利弊得失，下文将从区位经济环境、行政沿革及村庄结构变化等方面作一概括性描述，以反映其城中村发展模式的环境基础和固有特质。

一　区位经济环境

太原是华北地区一个重要城市，地处中国东中西部的交接区，对于改革开放中的中国具有承东启西、地接南北的双向支撑和带动作用，而且亦是一座具有 2500 多年建城历史的古都。① 它既是山西省会，又是山西政治、经济及文化中心。在中古时期，太原是北方兵家必争之地，在盛世太平之时又是全国文化重镇，曾一度成为闻名世界的晋商都会。新中国成立之后，它又成为中国重要的能源和重工业基地。

郝庄正位于这一具有悠久历史且又突出商贸及重工业特征的太原之中，其南面是双塔寺，村东、北两面是黄土起伏的丘陵地带，西面是太原市境，地较平坦，南北两面土岗毗连，属丘陵地带。沙河在村中由西向东流过，昔日夏季河水上涨则可用于灌溉农田。② 然今日之沙河已成为一条干涸的水渠，在城市化的繁荣景象中显得与时代格格不入并成为太原市容建设的重点治理对象。该村（今称"社区"）现行政区划隶属于迎泽区，交通甚为便利，东临大运（即大同至运城）和太旧（即太原至旧关）高速公路，西毗邻太原火车站，距太原武宿国际机场大约 13 公里。换言之，郝庄可谓地处城乡交接地带且紧靠城区的交错区，有大片可供开发的土地。它东依罕山，西望汾水，环境条件优越。据村里人讲，在郝庄生活一般饿不着，离城市近，既可务工又可务农。村民在改革开放之前主要以种地为生，做买卖的人亦有，如卖菜或卖煤饼等。年轻人没事时便拉煤去太原市卖，卸下煤后还可通过倒煤赚钱，拿了钱后就去太原市买点饼子或买些面，两天的生活就这样解决了。③

改革开放以来，郝庄村因区位优势享受了太原的城市建设资源，使其

---

① 参见马剑东《晋阳城始建至少在 2500 年前》，《晋阳学刊》2003 年第 5 期。

② 参见郝庄人民公社郝庄生产大队编《郝庄简史初稿》，藏于山西省太原市郝庄村委会。

③ 被采访人为贾姓村民，男，被访时间 2013 年 9 月 11 日。

乡村经济挖掘出了自身特有的发展潜质，形成了以批发和销售服装为纽带的商贸市场。到 2011 年，郝庄工贸集团和太原服装城两大企业集团共有工商企业 34 个①；其中成立于 2001 年的太原服装城集团注册资金 8000 万元，现已形成总建筑面积为 25 万平方米的商贸产业聚集区，拥有太原服装东城批发市场、太原服装城、新西城服装批发市场、太原市精品服装城、太原御都名品商城、太原龙马服饰批发市场和太原市新东城服装批发市场等 9 大商城，总资产近 6 亿元，2010 年实现营业额 5 亿元，上缴税收 2000 余万元，且有来自全国 17 个省市的服装经营户驻地经营，解决就业人数 4 万余人，安置下岗职工 3000 余人。② 太原市郝庄工贸集团有限公司是郝庄社区的另一大民营经济集团，目前拥有企业 22 个，主要产业为机械制造、房地产开发和加工修理等，是城中村郝庄迅速崛起的第二大推动力量。

二　行政沿革

据现有资料记载，郝庄历史最早可追溯到清朝。清朝末年，郝庄属太原府太原县辖区，当时太原府辖 1 州 10 县。民国初年，太原区划沿用清制。③ 到 1918 年，阎锡山推行村本政治，进行编村，规定凡满百户村庄或联合数村在百户以上者划为一编村，如不满百户村庄而有特别情形不便联合他村者亦得自成一编村，并将编村编为号数，择定距离适中，户口最多之村为主村，其余联合小村皆称附村；编村之下以 25 家为 1 闾，设闾长 1 人，满 50 家者设闾长 2 人，住户多者按户增加，或可根据住户因居住团结或习惯便利在 25 家以上 50 家以下或不满 25 家者设闾长 1 人；凡一村内编有两闾以上时，其闾次应冠以编号，如某村第 1 闾第 2 闾之类，闾长受村长副指挥。④ 据此编制划定，郝庄不足百户，被划成松庄附村。1921 年，阎锡山设立太原市政公所。1923 年，又在太原设隶属于市政公所的 4 个区，其中一区署在红市牌楼、二区署在前所街、三区署在西羊市、四区署在西缉虎营，而郝庄则归四区管辖。1927 年，置太原市，辖

---

① 参见《太原：郝庄——"城中村"改造的"样板"》，太原新闻网，2011 - 7 - 22。
② 参见《太原服装城集团》，百度百科，2013 - 2 - 1。
③ 参见《山西历史：太原近现代行政区划沿革》，山西文史—太原道，2009 - 2 - 20。
④ 参见刑振基《山西村政纲要》（总论），晋新书社 1929 年版，第 1—3 页；周成《山西地方自治纲要》，上海泰冬图书局 1929 年版，第 3—5 页。

区仍延续市政公所区署划分。① 1937 年 11 月 8 日日军侵占太原，12 月在太原网罗汉奸拼凑了日伪山西省政府筹备委员会。1938 年 7 月，日伪山西省公署在太原正式成立，同时设太原市公署，并将太原市划为 5 个行政区。② 其中，一、二区主管城内 57 个主街，三、四、五区管辖市郊 52 个主村（即行政村）177 个自然村，主街下设自然街和间、邻，主村下设自然村和保、甲。然而，各村具体区划因资料缺失却不能明晰。日本战败投降之后，战时流亡人口大量回迁，太原市为适应新形势只好增加区建制数，将原有的五区划为"内八区"和"外八区"，区下仍设主街、附街、村和间、邻，继续实行间邻制；全市 16 区辖 45 条主街 367 条自然街，52 个主村辖 216 个自然村 2174 个间 10201 个邻，总面积 399 平方公里。其中，外一区辖松庄、郝庄、东五龙口、狄村、马庄、贯家峪 6 个主村 55 个自然村 53 个间 270 个邻，区公所驻王家峰。1949 年 9 月 1 日，山西省人民政府成立，太原市管辖的三个专区、19 个县由其直接管理。1950 年 2 月 8 日，太原市将 8 个区并为 4 个区。外一区、外二区合并为第四区，区政府驻桥头街，郝庄沿袭旧制隶属第四区政府。到人民公社时期，郝庄初由松庄管区管辖，后因生产扩大且生产队名为金星农业生产合作社，在此基础上自成一农村公社即郝庄公社。③

1961 年 5 月 18 日，太原市撤销柳巷、双塔、巨轮、尖草坪、向阳、和平和义井等 9 个城市人民公社，划为南城、北城、河西、晋源 4 个区。南城区辖柳巷、双塔、迎泽、庙前、新城、桥东、坞城、北营 8 个城市公社，及郝庄、亲贤、黄陵 3 个农村公社。在 1965 年，太原市区划又有所变化，辖南城、北城、河西、郊区、古交工矿区 5 个区及清徐、阳曲 2 个县、32 个城市人民公社、628 条自然街、66 个农村人民公社、1568 个自然村。1970 年 3 月 21 日，太原市撤销郊区，将其境重新划为南郊、北郊两个区。南郊区辖亲贤、黄陵、郝庄、杨家峪、孟家井、金胜、刘家堡、小店、北格、西温庄、姚村、晋祠和晋源 13 个人民公社，区革命委员会驻小店镇。④ 1979 年 1 月 1 日，全市 32 个城市人民公社全部更名为街道办事处。1984 年 5 月，撤销全市 83 个农村人民公社，以原各公社管辖范

① 参见《山西历史——太原近现代行政区划沿革》，山西文史—太原道，2009 - 2 - 20。
② 参见张纪仲《山西历史政区地理》，山西古籍出版社 2005 年版，第 247—248 页。
③ 参见《山西历史——太原近现代行政区划沿革》，山西文史—太原道，2009 - 2 - 20。
④ 参见《山西历史——太原近现代行政区划沿革》，山西文史—太原道，2009 - 2 - 20。

围划为 22 个镇、61 个乡，并在南郊区建立刘家堡、西温庄、亲贤、黄陵、郝庄、杨家峪、孟家井、金胜和姚村 9 个乡及小店、晋祠、晋源、北格 4 个镇。1996 年，全市辖南城、北城、河西、南郊、北郊 5 个区和古交 1 个市以及清徐、阳曲、娄烦 3 个县；其中南郊区区政府驻小店镇，辖 4 个镇、9 个乡、14 个居委会、239 个村委会、298 个自然村。南郊区下辖之郝庄乡乡政府驻郝庄，辖 1 个居委会、21 个村委会、42 个自然村。1997 年 5 月 8 日，国务院批准撤销太原市南城区、北城区、河西区、南郊区、北郊区五区建置，设立小店区、迎泽区、杏花岭区、尖草坪区、万柏林区、晋源区 6 个区，并重新划分区界。新成立的迎泽区辖原南城区的迎泽、桥东、文庙、柳巷、老军营、庙前 6 个街道及原南郊区的孟家井、郝庄（不含狄村）2 个乡。新的区划于 1998 年 1 月 1 日起施行。郝庄乡辖郝庄、桥上、鱼儿沟等 42 个自然村。① 至此，郝庄村的行政区划基本确定。

第二节　新中国成立前夕村庄的社会面貌

1949 年之前太原市生产总值（GDP）始终未过亿元大关，位于其东山脚下的郝庄居住着三四十户人家，总人口尚不足百人。由于整个太原社会经济发展相对缓慢，加上多年战乱，村民生活难以发生实质性改善。特别是 1937 年 11 月 8 日日军攻陷太原"七八天后，来到郝庄……全村群众躲藏在双塔寺里面，日本鬼子到了郝庄后到处抢劫，见猪捉猪，见鸡杀鸡，见粮抢粮……郝庄人民在日本的铁蹄下整整度过了八年牛马不如的艰苦岁月"。但"中国共产党领导中国人民与日寇坚决进行斗争，经过八年抗战，终于赶走了日本人，劳动人民期盼着过个好日子，可是日本人走后阎匪又卷土重来，对老百姓进行了血腥统治。""阎锡山为了巩固其反动统治，进一步搜刮人民的血汗，在一九四六年强迫推行其反动的'兵农合一'政策……一九四九年正月阎匪进行'三自传训'。全村群众都受审讯，不少人遭到严刑毒打……"村民们对这段艰难生活做了生动描述，即："万恶的地主"、"残酷的剥削"，"地主老财害人精"、"横行霸道虎狼凶"，"鱼肉百姓贪无厌"、"血债累累罪行重"。当时"土地、车辆、

---

① 参见《山西历史——太原近现代行政区划沿革》，山西文史—太原道，2009 – 2 – 20。

牲畜由地主富农霸占，贫下中农几乎一无所有。"他们除受雇主和地主剥削以及旧官吏敲诈勒索外，还受到高利贷重利盘剥，绝大多数农民倾家荡产、家破人亡。如贫农武某年幼时有几亩地和六七间房，但因借地主伍某30 吊钱，每年利钱滚利钱，滚了四五年土地和房子全被伍家拿走，武某只好带着年迈的母亲逃往外乡给地主当长工，不久母亲患病因无钱治疗病逝，武某不得已在地主家又当了 20 多年长工，直到中华人民共和国成立后才找了一个媳妇，建立了家庭，过上正常百姓生活。像武某这样的例子在郝庄很多，贫穷人的生活正印证了民歌所唱的那样："阎王债，一还三，利滚利，连连翻，卖田抵屋把债还，世世代代还不完。"①

到 1949 年太原解放时，郝庄全村拥有住户 79 家 262 人，其中本村世居户仅 98 人，其余均为外来混杂人口，土地计 3807 亩。1950 年土改时有地主 7 户、富农 3 户、上中农 4 户、中农 8 户、下中农 6 户、贫农 44 户、成分未定者 7 户；其中地主富农人口 50 人拥有土地 538 亩，占全村耕地面积 14%，贫下中农人口 116 人，占全村耕地面积 33%，平均亩产140 斤。②

就衣食住行而言，当时太原市郊农村吃的大多是杂粮、苞谷和小黄米之类，难得有一顿白米、白面，肉类只能是一年一次的"奢侈品"。一般家庭穿着大多是缝缝补补，一年之中几乎不可能做新衣。住得多是平房，住房参差不齐，有钱人家三合院、四合院、二进院、三进院，木料、砖瓦等材料好中选好，甚至讲究砖雕、石雕、木雕；室内打顶棚、砖铺地、画炕围子，摆设明箱漆柜。穷人所住房屋多为土坯泥顶，垒地基所用石头多是从沙河中拣的，用砖仅是水平砖、缠腰砖、压檐砖，木料尽量凑合，其余土坯不花钱只用人工；屋内土炕、土地，甚至连窗户都没有，摆设根本谈不上，勉强栖身而已。中等人家房屋多为四明砖柱（四角垒砖柱，其余垒土坯或灰坯），所用砖、石、木料较好，里外用白灰抹墙；室内地下铺砖，门扇简单结实，窗户多为小方格或"工"字形式样，内糊麻纸即可。经济太差的人家，房屋中臭虫、跳蚤、蚊子到处都有，老鼠窜来窜去，只是遮风蔽日的一个场所。③

---

① 参见郝庄人民公社郝庄生产大队编《郝庄简史初稿》，藏于山西省太原市郝庄村委会。

② 参见郝庄人民公社郝庄生产大队编《郝庄简史初稿》，藏于山西省太原市郝庄村委会。

③ 参见《太原市郊民居》，山西民俗—太原道，2011 - 2 - 11。

清朝末年，太原交通工具首推轿子、轿车。民国之后轿子日趋减少，至 20 世纪 30 年代中期轿子只有结婚用的喜轿和丧葬用的灵轿，其他场合则不用。当时太原市内虽出现汽车，但只是军政界要员及富商专用，尚无民用的营业性汽车通行。人们乘坐的交通工具以人力车为主，达 2000 余辆，车体由两个实心胶轮及车前两根长木柄构成，车上装圆形椅，有的车上还装有遮阳防雨篷布，车踏板两侧装有灯。这种车由日本传入，故旧时俗称"东洋车"、"洋车"。人力车可包用，车资固定，亦可零雇，车资视路途远近、难易程度、速度迟缓当面议定。至于居民、客商往返城郊，习惯上雇用"脚骡"代步。城郊附近均有骡户，多为农民兼营。经济不富裕的农民出行则凭借双腿。①

货物运输工具有骆驼、毛驴、人推独轮车。如过去东西两山煤炭多靠骆驼、毛驴驮运到市内贩卖，或贩给推独轮车的小贩沿街叫卖。商户雇用驼队往返于内蒙古和太原之间，运送茶叶、铁器、毛皮及粗笨商品。在 20 世纪 30 年代前后，骡马大车就算市内较先进的交通运输工具，这种畜力车有单套、双套、三套、四套车等，以运送粮食等重物为主。车马多集中在南海街、柴市巷、猪头巷等地。较为轻便的运输工具是独轮车，市内卖水的、送冰块的、卖烧土卖炭的、送煤糕的、运送砖瓦的、掏大粪的以及零碎物品的运输，多雇用独轮车。②

就民众婚嫁生活而言，富者和穷人在婚嫁消费上差别很大。富户娶媳妇或嫁闺女自然是绫罗绸缎、珠宝首饰，筵席数十桌（每桌 6 人）至上百桌，多是八碟八碗或十大碗，极尽排场阔气，全部花费达数百乃至上千元大洋。一般家庭娶嫁只扯些红布、花布，做两床新铺盖，添一两件家具摆设，再花彩礼数十元大洋，筵席 10—30 桌，多是四碗一火锅或八碟八碗，全部花费在 50—100 元大洋。穷者娶嫁连衣服、铺盖都置不起，仅给女方几斗粮食，简简单单地请至亲在家吃顿饺子就算办事，花费三五元至十余元不等。③ 与其他地方相比，郝庄男子很容易娶到媳妇，由于村里土地多，维持生计不成问题，所以一般家庭的男性找对象用不了多少彩礼就能找到合适的女性。④

---

① 参见《太原交通忆旧俗》，山西民俗—太原道，2011 – 2 – 11。
② 参见《太原交通忆旧俗》，山西民俗—太原道，2011 – 2 – 11。
③ 参见《太原农村的婚嫁消费》，山西民俗—太原道，2011 – 2 – 23。
④ 被采访人为王姓村民，女，被访时间 2012 年 5 月 12 日。

　　农村视春节为最隆重节日，从腊月廿三"灶神节"开始就忙于准备，所谓"闻见年气气"了，素有"廿三，打发爷爷上了天；廿四，割下对子写下字；廿五，揩抹打扫磨豆腐；廿六，馏下灌肠蒸下糕；廿七，老子剃头娘洗足；廿八，枣儿馍馍蒸下两筐箩；廿九，提上壶壶打下酒；年终（除夕的俗称）下扁食（饺子），贡献准备下"之说。① 对于郝庄村民来讲，农历六月十八日亦是一大喜庆日子，这一天是双塔寺传统庙会日。有道"人有人名，地有地名"，双塔寺古庙会就有一个名称叫做"爬塔会"，即每到农历六月十八日郝庄村都要唱戏、村民要在白云寺烧香还愿以求富求安，太原各商店或手工作坊则专门给店伙计放假一天让他们去郊游，商家更借机出售农具和土特产，从而在庙会基础上形成一个商品交易会。可见，"爬塔会"对邻近乡村影响较大。至今，郝庄邻村上下仍流传着一句古老的俗语："六月十八，爬郝庄塔。"②

---

① 参见《太原农村的春节》，山西民俗—太原道，2011 – 2 – 11。
② 《太原郝庄"爬塔会"》，山西民俗—太原道，2011 – 2 – 11。

第 二 章

集体化的前奏：
村庄土改与劳动互助

　　1949 年 4 月，在中国人民解放军攻克太原城前夕郝庄村就获得了解放。1950 年 1—3 月，郝庄进行了土改，成立了农会。当时王家峰与郝庄是一个行政村，王家峰村人赵宝任农会主任、赵胜宝任农会副主任。在土改工作组和农会领导下，发动群众进行土地改革。[①]

　　伴随着新区土改运动的浪潮，郝庄顺利完成土地改革。因该村地多人少，不存在人地矛盾，许多在村里打工的外乡人亦都借此机会分到了土地并改变了身份和地位而成为真正的村民，所以郝庄土改基本上是和平进行的，没有发生大的阶级批斗之类的事情。当然，共产党推行的土改不仅仅是简单地重新分配土地，而是需要充分的准备及完整的后续工作，以动员农民加入革命政权，从而实现党对乡村的社会控制。这样一来，土改正式发动之前的社会动员、阶级划分都是十分棘手的问题，土改工作组必须做到既不能保守亦不能贸然采取大的举动，要根据已有土改经验和乡村固有特性开展工作。此外，土改对农民生活冲击较大，特别是那些雇工和无地者纷纷经此获得了土地，发展生产的积极性提高，郝庄农作物产量有了突飞猛进的增长，村民生活水平得到了明显改善。但在面对战后秩序重建和恢复生产的艰难情况下，推动农业生产力快速发展的急切愿望促使村民自发地组成了农业互助组，而此则又成为农业生产合作社的前奏——最终走

---

① 参见郝庄人民公社郝庄生产大队编《郝庄简史初稿》，藏于山西省太原市郝庄村委会。

向集体化的前奏。① 不过，本章重点探讨郝庄是如何进行土改的？土改对郝庄乡村社会的变迁产生过哪些影响？郝庄乡村社会发生了怎样的变化？

第一节　划分阶级与"平分土地"

1950—1953 年，新区进行了大规模的土地改革运动，长期饱受压迫和剥削的农民在党和政府动员下参加了这场社会变革。这场运动的主角是农民，农民的土改则要靠党的动员，党领导积极分子发动群众、划分阶级、没收和分配土地，使农民在此过程中由被动到主动、由被引导到自发，其角色发生了根本性转变，从而使他们成为国家政治的真正参与者和实践者。

一　土改动员

受传统革命史观影响，学界长期以来一直持有一种观点，即旧中国农村土地分配极不合理，约占 10% 的地主富农占有全国 60%—80% 的土地。② 著名经济史家章有义首先对此提出质疑，认为抗战之前全国土地分配的基本轮廓为无地户占农村总户数的 30%—40%，有地户中地主富农占有土地的 50%—60%，中贫农占 40%—50%。稳妥一点说，地主富农占地 60% 左右，中贫农占 40% 左右。此后，郭德宏亦做了大体相当的估

---

① 关于"集体化"概念，学界定义不一。如吴毅认为从初级社开始了集体化的过程，由于初级社具有半社会主义性质，参见吴毅《村治变迁中的权威与秩序——20 世纪川东双村的表达》，中国社会科学出版社 2002 年版，第 17 页。行龙认为集体化时代是从抗日战争时期中国共产党在根据地建立互助组到 20 世纪 80 年代人民公社体制解体的历史阶段。由于新中国成立以后的国家政治经济体制和各项政策措施无不来源于共产党在广大农村根据地的实践经验和理论探索，乡村社会结构和顽强的农村文化网络也因劳动力组织形式和农业生产方式的改变而出现巨大变化。参见行龙《"自下而上"：当代中国农村社会研究的社会史视角》，《当代中国史研究》2009 年第 4 期。翟一达认为从新政权建立后的合作化运动一直到 70 年代中后期是集体化时代。参见翟一达《传承与嬗变——治村的嫁妆变迁》，载 ［美］黄宗智（Philip C. C. Huang）主编《中国乡村研究》2007 年第 5 辑。综合前人研究成果，结合笔者在农村的访谈和村民的历史记忆，认为从新政权建立后的合作化运动到人民公社体制的解体是集体化时期，而且是国家政治主导的集体化，而在人民公社体制结束后，郝庄村靠集体经济创造的乡村经济奇迹同样是一种"集体化"，只不过它是在现代产权意义上，受法律和市场调控的乡村"集体化"而已。

② 参见邓拓《旧中国的阶级关系与土地制度》，《社会科学战线》1982 年第 3 期。

计。① 乌廷玉则认为，在旧中国，占全国人口 6%—10% 的地主富农占有
全国土地的 28%—50%，占人口 90%—94% 的中农、贫农和雇农占有全
国土地的 50%—72%。② 学界对土地分配不均现象虽有不同研究结果，但
其结论均表明地主在土地占有方面居绝对优势，无地和少地农民亦确实存
在，只是多数农民仅有很少的土地，无地者面临的首要问题是生存问题。
就郝庄村而言，地主不但剥夺普通农民劳动果实，有时还任意打骂穷人，
甚至会出现打死穷人的现象，如贫农郭新月的二哥和四哥就是被地主活活
打死的。③

当然，在土地和资源配置极不均衡的社会中，像郭新月家这样的悲惨
境遇数不胜数。郝庄虽是中国千万个农村之一，但其还是比较幸运的，因
为土地特别多而人口又特别少。尽管乡村贫穷人的生命和生活权益在那个
时代很难得到保障，但共产党的乡村革命彻底改变了这种局面，即地主或
富人的财产由农民来支配，土地革命就是典型。共产党抓住了中国的现实
和下层社会的心理，积极利用土地进行革命动员和政权构建并取得了很大
成效，所以土地问题一直是共产党人吸纳乡村社会和解决农村问题的关键
所在。不过，受乡村既有社会思维定式影响，土改工作的开展较为艰辛。
鉴于这一实情，土改前的社会动员就变得非常必要和十分迫切，但问题是
动员庞大的农民群体去进行土地改革属于一件很棘手的事，尤其是农民的
思想观念很难在短时间内改变，由此进行思想教育即解除农民思想上的障
碍就成为土改动员的一项重要工作。

郝庄在共产党成立新政权之前已在阎锡山政府统治之下经历了漫长的
时间，旧的经济社会秩序植根很深，群众对共产党的认识较模糊，加上对
外封闭，整体生活生产水平落后，接受新事物的能力有限。像郝庄的这种
土改难题，新政权在根据地时期都曾经历过。相对而言，共产党人对土改
富有经验，他们在对村庄情况有一定的了解和掌握后，认为土改动员作为
建立社会新秩序的重要举措一定要稳扎稳打，取得实效，最终要通过土改
达到"耕者有其田"的目标，同时亦要借土改打垮乡村原有的强大旧势
力，建立符合共产党改造构想的乡村民主政权。那么，具体采取何种手段

---

① 参见李金铮、邹晓昇《二十年来中国近代乡村经济史的新探索》，《历史研究》2003 年
第 4 期。
② 参见乌廷玉《旧中国地主富农占有多少土地》，《史学集刊》1998 年第 1 期。
③ 参见郝庄人民公社郝庄生产大队编《郝庄简史初稿》，藏于山西省太原市郝庄村委会。

来达到目的，事实上共产党人对此很清楚，只有通过将群众真正地发动起来，依靠贫雇农，团结中农，限制富农，孤立地主。如此看来，土改的策略和手段都有了，但实际操作还是有难度的。而且，郝庄在土改中所担忧的操作困难确实出现了，村民在土改起初是不配合的，因为本村村民都有土地，不存在无地现象，只是外来务工者有缺地的现象。所以，在土改一开始郝庄村民就考虑地主富农成分不能划得太多，如果太多会扩大乡村目标；亦担心富农划得多会将他们村的土地分给在村里工作的外乡人，所以大家共同压低成分。这一现象说明郝庄农民不容易发动，就连土改工作组依靠的对象贫雇农亦大多处于观望状态。由此可进一步想到，在党看来革命最积极的贫雇农面临未知或盲生的土地改革时照旧顾虑重重而不敢起来斗争，这一方面说明他们对共产党土改动员的冷漠，表明动员并未将民众发动起来；另一方面说明受旧有社会秩序影响，他们和地主富农一直有着共同的利益关系，生活在同一共同体中，担心土改不力会惹来麻烦或碍于情面难以展开对地主富农的斗争，所以不积极参加土改，有些人甚至选择了和地主富农一起抵制土改的行为。①

针对这一困境，共产党派驻乡村的工作组单独召开郝庄村贫雇农会议，在贫雇农中进行阶级分析和"反封建"教育，同时动员外乡佃农或受苦群众进行诉苦，揭发地主阶级的"罪恶"，提高贫雇农的斗争意识，使贫雇农从"被压迫"的乡里乡党中分化独立出来，发挥他们在土改中应有的作用。与之配套的动员手段则是首先发现农民中的积极分子或勇敢分子，再由他们串联或组织农民，唤醒土地改革意识，增强组织力量，组建并整顿农民协会。②

通过农民协会启发村干部思想意识，然后由村干部下行传播普及土改思想和政策。同时，在宣传土改条例和政策基础上及时反映农民要求，解决农民实际问题，保证政府指示有条不紊地落实，发动广大农民积极参加农民协会。在召开农民协会时吸收村民中的贫苦知识分子、中小手工业者及其他劳动者参加，充分发挥妇女、青年学生的作用，团结农村中一切反封建分子，组成农村中广泛的反封建统一战线，孤立地主阶级。③ 为此，

① 被采访人为王姓村民，男，被访时间 2013 年 9 月 23 日。
② 参见郝庄人民公社郝庄生产大队编《郝庄简史初稿》，藏于山西省太原市郝庄村委会。
③ 参见王瑞芳《土地制度变动与中国乡村社会变革——以新中国成立初期土改运动为中心的考察》，社会科学文献出版社 2010 年版，第 173 页。

农民协会为了土改能够真正地动员起来，首先满足贫雇农的土地要求，特别是满足非郝庄籍人的土地渴求，使贫雇农从中得到实惠，在动员中逐步接受并加入土改。① 群众被发动起来，郝庄的和平土改进行得很顺利。正如他们在模糊的记忆中所回忆的那样，"郝庄本地人基本没有穷的，穷人都是河北、河南逃荒过来的，他们刚来时都是侍候本地人，遇到土改动员就积极了，一切听共产党的指示，不管村里的地主富农有没有欺负过他们，在土改诉苦时都喊的是'地主恶霸啥的'，在凑热闹，而村里人少斗不过外来户，外来户趁着土改分到土地，也就成为郝庄人了"②。

二　划分阶级

划定阶级成分是土改的另一中心环节，但成分的划定是一个难度较高的问题，如何在有现实依据的情况下确定一种标准或一个尺度相当不易。虽然，在苏区和根据地时期的几次土改中曾确立过标准，亦制定了相应的配套政策，然而在国内主要矛盾已转移的大形势下须作出适应新形势的调整。

1950 年 8 月 4 日，中央人民政府政务院第 44 次会议通过《中央人民政府政务院关于划分农村阶级成分的决定》，《决定》重新公布了 1933 年中华苏维埃政府制定的两个土地改革文件即《怎样分析农村阶级》和《关于土地改革中一些问题的决定》，并在两个文件中增加两项内容，一是有关阶级成分定义问题，如地主、富农、知识分子、革命军人及地主、富农、资本家与工人、农民、贫民相互结婚后阶级成分的确定，以政务院补充决定的形式增加了专门的解释内容；二是文件最后部分增加了 11 条新规定。这些补充决定和新规定根据新区实际社会状况又提出一些阶级成分的新标准和定义，具体如下：（1）二地主，即向地主租入大量土地，自己不劳动而转租于他人，生活水平超过中农者，视同地主。（2）将工商业兼地主或地主兼工商业的这类情况称为其他成分兼地主或地主兼其他成分，其他成分兼地主者在土改完成后即照其他成分待遇。（3）地主家庭的成员以所有土地的主要部分出租，其数量超过自耕和雇人耕种数量 3

---

① 参见郝庄人民公社郝庄生产大队编《郝庄简史初稿》，藏于山西省太原市郝庄村委会。
② 被采访人为贾姓村民，男，被访时间 2013 年 9 月 11 日。

倍以上者，虽自己常年参加主要农业生产劳动，仍应定为地主。（4）富农出租大量土地超过自耕和雇人耕种数量者，为半地主式富农。（5）知识分子的阶级成分分几种情况，受雇于机关、企业、学校等为办事人员者，为职员；受雇于机关、企业、学校为工程师、教授、专家等，为高级职员；独立营业为生之医生、教师、律师、新闻记者、作家、艺术家等，为自由职业者。（6）手工业从业人员方面分为手工工人、小手工业者、手工业资本家3种。（7）商业从业人员分为小商、小贩、商业资本家或商人。（8）革命烈士家属指辛亥革命以来历次为革命阵亡和死难的烈士，以及抗日战争、人民解放战争阵亡将士的父、母、妻（或夫）、子、女及16岁以下的弟妹。（9）18岁以下的少年儿童和在校学生一般不划定阶级成分，只划定阶级出身。（10）凡依靠或组织一种反动势力称霸一方，经常用暴力和权势欺压掠夺人民，造成其生命财产之重大损失者，为恶霸，并经举告且查有实据者由人民法庭判决处理。（11）解放前工人、农民、贫民女子嫁与富农、资本家不满3年，至解放后与其同等生活满一年后应改为富农、资本家成分；上述出身女子解放后嫁与富农、资本家过同等生活满一年后应改为富农、资本家。①

在遵循国家政策的前提下，土改工作组又结合郝庄自身情况对村民补充了阶级成分的一些其他划分办法，"首先要看你家有没有长工，长工和短工不一样，必须要有长工，几个以上的长工，常年为你家干活，短工谁家也有，活干不过来的时候就去劳务市场雇穷人。村里的许多人就是从外面雇回来的，大家一看觉得能吃苦，肯干活就把他们留下了。短工大家都雇，这批人赶上土改，也被留下来了"。② 具体言之，对于地主的划分主要根据毛泽东在1933年提出的阶级划分标准，即：占有土地、耕畜，自己不劳动，或只有附带的劳动，而靠剥削农民为生的，叫做地主。地主主要通过收取地租、放债、雇工，或兼营工商业（高利贷）来剥削农民。有些在战乱时期破产了的地主，依靠欺骗、掠夺等方法为生，其生活状况超过普通中农者，仍然算是地主。土豪、劣绅以及依附于地主剥削农民、生活水平超过普通中农的管家和伙计同样以地主看待。③ 不过，郝庄在此

---

① 参见李良玉《建国初期的土地改革运动》，《江苏大学学报》2004年第1期。
② 被采访人为贾姓村民，男，被访时间2010年3月12日。
③ 参见《毛泽东选集》第一卷，人民出版社1991年版，第127—129页。

基础上有所变通，主要是根据土地占有、其他物资占有和雇工等情况，而财产占有和雇工情况是划分成分的基本要素。由于该村在土改时"真正的本村籍人大概只有98人，土地却有3800多亩，所以村里人都有土地，只不过是所谓被划为'地主'成分的武家和刘家等会经营土地、勤快，见不得懒人，一般也不会欺负或剥削人，有时甚至还接济穷人，但党的政策是要平分土地和实现耕者有其田，所以动员穷人和雇工分了土地，还必须得划出成分。"①

为了更好地了解郝庄阶级成分划分情形，现以个案描述的方式对各阶层划分实态予以展示。如刘某，爷爷给张家磨面，父亲在阎锡山统治时期分土地时分地42亩，有1头骡子、1辆车、5间房、4孔窑，雇工赶车、种地，自己不参加劳动；1944—1946年全家6口人，无劳动力，租地40亩，土改时分出土地18亩，被定为地主。魏某1944—1946年有房18间，其中城里的3间房每月出租30元，土改时虽被没收房院一座仍定地主。②由此可知，郝庄地主成分的划定主要根据财产占有和雇工情况确定，只要财产占有数量相对较多就是划为地主的对象。

对于富农的划分条件是自己占有一部分土地并租入一部分土地，甚或包括大部分土地都是租入的。富农一般拥有比较优裕的资本及劳动力或耕畜等生产工具，自己虽然参加劳动，但剥削农民为其生活来源的大部。富农的剥削方式主要是剥削雇佣劳动，即请长工。此外，以一部分土地出租剥削地租，或利用资本放债、经营工商业。郝庄富农的划分就是采用这一标准。如刘某1944—1946年全家9口人，有两个劳动力、35亩土地、14亩租地以及车1辆、骡子1头、驴1头、窑3孔、房5间，农具齐全，1944年雇工80天，1945年雇手工5个月；土改时家产未动，但雇工现象明显，被定为富农。③

中农一般都占有土地，其中有些中农只占有一小部分土地，另租入一部分土地；有些中农实际并无土地，全部土地都是租入的。然中农都有相当的耕畜工具甚至一定的资本，生活是"自给自足"的；换句话说，中农主要靠自己劳动，一般不剥削别人，很多情况下还要受到地主盘剥，且

---

①　被采访人为贾姓村民，男，被访时间2010年3月16日。

②　参见《郝庄大队第一生产队阶级成分登记表》，太原市南郊区档案，藏于山西省太原市郝庄村委会。

③　同上。

中农不出卖劳动力。如郝庄村民吴某 1944—1946 年全家 4 个劳动力参加劳动,有 9.8 亩地、3 孔窑、半间房、1 匹马,农具齐全,另租地 21 亩,土改时分到 6.1 亩地,不雇长工,被定为中农。又如安某,原籍山西文水县南齐村人,祖父无地在郝庄以扛活为生,其父打短工、做木工为生,攒钱购地,生活自给自足;1944—1946 年安某全家 8 口人 4 个劳动力,有地 19 亩、驴 1 头、房 6 间、木工家具 1 套,另有借种地 21 亩,以种地、做木工活、打短工为生,土改时被定为中农。①

贫农只占有一小部分土地或完全不占有土地,拥有参差不齐的一些生产力低下的工具,耕种的土地绝大多数或全部是租入的,受地租、债利和劳动力剥削。与中农不同,贫农一般要出卖小部分劳动力。根据这种划分标准,如村民王某原籍山西汾阳县南花子村,祖父父亲均在太原做杂工为生,自己从小随父来太原,先在茶馆伺候人,后又在太钢、军鞋厂等地做工,16 岁时由程展金领到王毛五家当干儿子,土改后同王毛五分居且靠打工度日。1944—1946 年在南花子村有地 6 亩,家庭人口 4 人,其中 1 人劳动。土改时老家分房 4 间、土地 9 亩,郝庄又分地 3 亩,被划分为贫农。又如贫农王定某因家庭生活贫困从 18 岁开始就给商店赶骡子,成家后租种 2 亩地,以打工、扛活为生。1946 年土改翻身,过上幸福生活。1950 年又因家里人口众多无法生活来到郝庄务农定居,给朱某扛活一年半。土改时分 1 亩地,被定为贫农。贫农李某父亲靠给他人打长工为生,李某 14 岁时亦开始给别人打工,抗战期间给郝庄村刘二柱、刘三柱、刘四柱打长工,土改前无房无地,土改时分地 7.7 亩,被定为贫农。还有一些人家庭原本是地主成分,但到本人时没有土地、生活贫困而靠给别人打工为生被划为贫农。如杜某,父亲开羊杂铺,以做熟肉生意为生。1925 年杜某嫁给河西宋某,1939 年丈夫病死后回到娘家,次年又嫁给刘某,而刘某由于受高利贷剥削无房无地在郝庄以租地扛活为生。1944—1946 年全家 3 口人,一无所有,以租种地、扛活为生;土改时分得 5 亩地并被定为贫农。②

除以上个案外,有些人的成分相对复杂,他们不仅兼有土地且在工厂

---

①　参见《郝庄大队第一生产队阶级成分登记表》,太原市南郊区档案,藏于山西省太原市郝庄村委会。

②　同上。

做工，甚至有的人身份和工作亦较为特殊，难以按制定的标准划分，只好给他们量身定做，逐一确定他们的阶级成分，当然有实在难以确定者则只好置之一边。如林某祖父在时有地31亩，日军攻陷太原后买马车1辆，占有土地50多亩，雇用长工和短工，祖父不参加劳动。父亲死后，两个哥哥当兵在外，家里只剩祖父和妹妹，本人在制鞋厂工作。1944—1946年家中有5口人，祖父不劳动，有地110多亩、10间房、5孔窑、1个长工、几个短工，土改时因分出土地60余亩被划为农业劳动者。① 赵某原籍河北昌平县，父亲在天津打工，12岁时父去世，靠母亲做针线活为生，从12岁到17岁在点心铺当学徒工，后来参加奉军，到日军侵华期间投敌出任晋南某县警察所所长、晋东南长治警备队中队长。投敌期间，效忠日本人，有不少血债。1944—1946年无房无地，有5口人，无劳动力。土改时分到5亩地，将其划为"旧军官"。原籍郝庄的郭某，祖父在太原市开化市西走道煤场任账房，父亲有8亩地，以打短工、种地为生。郭从小务农、扛活，于1944年到伪政权盐局当盐警，1949年参加解放军，在榆次编入野战一纵队一营二连六排，1956年10月28日入朝鲜作战，回国后在荣校休养，1965年回到郝庄。土改时因其参军在外，家中无人，未定成分。②

总的来看，郝庄经过1950年和平土改，全村共划地主7户、富农3户、上中农4户、中农8户、下中农6户、贫农44户，另有成分未定者7户；其中地主富农总人口50人，贫下中农总人口116人，合计166人。③然此处有一点需要说明的是，前文讲到郝庄土改时全村总人口为98人，而现在突然增加到166人，这一人口变化的主要原因是土改时除本村在籍的98人外，许多在该村的零散人员及雇工都通过土改分到土地并成为郝庄籍村民，所以人口有了大幅增加。

三 "平分土地"

随着抗战胜利和各解放区减租减息、反奸清算等群众运动的深入发展，广大农民迫切要求将地主土地所有制变为农民土地所有制，实现

① 参见《郝庄大队第一生产队阶级成分登记表》，太原市南郊区档案，藏于山西省太原市郝庄村委会。
② 同上。
③ 参见郝庄人民公社郝庄生产大队编《郝庄简史初稿》，藏于山西省太原市郝庄村委会。

"耕者有其田"。中共中央顺势而为于 1946 年 5 月 4 日发布《关于土地问题的指示》（简称《五四指示》），指出："在广大群众要求下，我党不能没有坚定的方针，不能不坚决拥护广大群众这种直接实行土地改革的行动，并加以有计划的领导，使各解放区的土地改革，依据群众运动发展的规模和程度，迅速求其实现。"[1] 1947 年 8 月 29 日，新华社发表《学习晋绥日报的自我批评》社论，社论指出：人民的敌人是蒋介石反动集团，中国人民要以自己的力量战胜这个敌人，最重要的保证之一就是土地问题的彻底解决。社论传到西柏坡之后，根据"普遍实行彻底平分"土地的精神，土地会议在充分讨论的基础上制定了《中国土地法大纲》。[2]《中国土地法大纲》是《五四指示》的进一步发展，是共产党人在抗战胜利之后首次明确提出"废除封建及半封建性剥削的土地制度，实行耕者有其田的土地制度"。"废除一切地主的土地所有权。""废除一切祠堂、庙宇、寺院、学校、机关及团体的土地所有权。""土地分配，以乡或等于乡的行政村为单位。""乡村中一切地主的土地及公地，由乡村农会接收，连同乡村中其他一切土地，按乡村全部人口，不分男女老幼，统一平均分配，在土地数量上抽多补少，质量上抽肥补瘦，使全乡村人民均获得同等的土地，并归各人所有。""分配给人民的土地，由政府发给土地所有证，并承认其自由经营、买卖及在特定条件下出租的权利。土地制度改革以前的土地契约及债约，一律缴销。""保护工商业者的财产及其合法的营业，不受侵犯。"[3] 轰轰烈烈的土地改革运动由此在各解放区迅速掀起。

　　太原解放后，郝庄立即着手进行土改，首先建立了由穷人组成的农会组织，长工出身的李生贵担任村长并兼任农会副主席。农会由 11 人组成，设一名主席和两名副主席，主席由土改工作队队长兼任，以和平土改为主，暴力土改为辅。[4] 在分土地时，每人可分 4 亩左右。经过土改，郝庄土地进行了再分配，农民基本按照《中国土地法大纲》的要求得到了土地，特别是在本村的打工者和迁移来的外乡人都拥有了自己的土地并成为郝庄村的一员，郝庄人口亦由 98 人迅速增加到 166 人。土改之后，全村

　　① 《刘少奇选集》上卷，人民出版社 1981 年版，第 377 页。
　　② 参见于风政、郑毅主编《中国共产党九十年历程》，吉林人民出版社 2011 年版，第312—313 页。
　　③ 中共中央委员会：《中国土地法大纲》，出版机构不祥，1948 年版，第 3—8 页。
　　④ 被采访人为王姓村民，男，被访时间 2013 年 9 月 23 日。

土地变成农民个体所有制，村里现存的《地契及房契》资料就是对乡村社会这一重大变革的具体反映。如郝庄村村民"李罗吉共计地一六点八亩，大西南坡地三点七亩，东儿坡坡地一〇点〇亩，大西南槽子三点一亩。王根宝共计二七点五六亩，槐树地一四点六亩，沙滩子坡地一二点九六亩"①。另从1950年的土地、房屋花名簿亦可看出村民不仅拥有了耕地的所有权且屋地亦归个人所有，如"王家峰行政村郝庄自然村村民郭天琪、兰二桃依据中国土地法大纲之规定确定所有土地耕地一段陆亩陆分捌厘，五房产共计房屋七间，地基一段，共计陆亩捌分，均作为本户全家私有产业，有耕种居住典卖转让赠与等完全自由，任何人不得侵犯，特给此证"②。

第二节　土改与乡村经济社会变迁

经过土改，郝庄发生了翻天覆地的变化，其乡村权力结构、经济结构和民众生活水平等各个领域都呈现出不同以往的发展趋向。

一　社会结构变化

近代以来，郝庄村的发展极其缓慢，一直徘徊在传统的轨道上，自给自足的自然经济所赋予的封闭性、固定性以及农民对土地的依附性始终未曾发生改变。村庄的运行机制是乡绅管理体制，乡绅和农民精英基于对乡村的了解在国家与乡村之间起着一种桥梁作用，他们既是国家管理乡村的基层代言人又是倡导乡村自治的合法性组织。自治的主要依据是传统规则即"礼"，社会秩序主要靠乡里教化以及约定成俗的规范维持。然而，在共产党"强国家"意识的长期渗透中，诚如黄宗智（Philip C. C. Huang）在其研究中所讲的那样，乡村权力结构有所变化，掌控乡村社会的传统宗族、士绅、乡保甲体制逐渐被废除，取而代之的是以贫农为核心的阶层走向权力中心，建立起农协、乡、镇人民委员会，逐步完成乡村政权建设，使得旧的国家政权——绅士或地主——农民的三角关系被新的国家政权与

---

① 《（太原市）土地房产所有证》，藏于山西省太原市郝庄村委会。
② 《郝庄公社郝庄生产大队土地、房屋花名簿》，太原市南郊区档案，藏于山西省太原市郝庄村委会。

农民的双边关系取代了。①

对于郝庄而言，亦是如此，以往处于乡村权力中心的地主或乡绅逐渐退到权力边缘，而那些不识字甚或"根正苗红"的穷人则走向权力中心，村民郭文广和王敬孝就是两个典型例子。据村里的人讲，郭文广"人很面善，善于为村民举办各种活动，土改前担任村长，土改时被划为地主，之后又被定为'四类分子'，戴上帽子打扫马路，干了许多年，特别是在'文化大革命'时期虽没受到批斗，但除和大家下地干活外还要扫马路、侍候五保户、担水……一批乡间的原有社会精英受到打压后，村里有知识的人就不能或不敢担任村领导了，因为在那个时代他们或多或少都是有'污点'的，在旧社会干过一些事情"。对于先天出生环境很差的王敬孝就不同了，他从年少时的一个放羊娃一跃成为郝庄村的生产队队长，其身份和地位发生了剧变，即从"人下人"变成了"人上人"、从乡村边缘进入了乡村中心。② 至于村里原有的开明绅士、土改时被划为地主的武胜奎，其生活处境自然不能与王敬孝同日而语，甚至比郭文广还要凄惨。"武在村里的土地较多，为人不霸道，有时还有善举。解放前有人在一个晚上偷他家的粮食，并赶上他家的马车拉走粮食，结果粮食袋子破了一个口子，粮食一直往外漏，留下了去向的痕迹。第二天早上，武家顺着粮食印子找到了盗贼，盗贼被武家带回去打死了。土改时武家打死人的命案被翻了出来，当时政府并未对武家怎么样，只是没收了武家的土地和一部分房子。然而，有一个老党员分了武家对面的枣园，这个老党员原来是地下党员，分了武家的枣园后，武跟他商量要用南坡最好的地跟他换枣园，但老党员认为武家是反攻倒算，所以在 1958 年'反封建补课'时报复武家，借给武家'补课'就将武枪毙了。"③

与此同时，共产党在基层政权重建与巩固的过程中，国家权力亦迅速渗透到乡村社会生活的各个领域，个体与国家之间的距离越来越近，分散的农村社会被整合到国家体系中，从而把乡村社会的全部逐渐纳入国家宏观管理体系，扩大了新生国家的管理范围和行政领域，上下级的行政关系取代了血缘、地缘关系并成为主要的社会关系，农村治理秩序由"礼治"

---

① 参见［美］黄宗智（Philip C. C. Huang）《长江三角洲小农家庭与乡村发展》，中华书局1992 年版，第 173 页。

② 被采访人为贾姓村民，男，被访时间 2013 年 9 月 11 日。

③ 同上。

变为"理治",即依靠国家理论进行治理。与全国其他地方一样,对郝庄影响深远的土地改革使乡村原有的耕地等生产资料重新得到分配,地主阶级被打倒,结束了其在乡村社会的统治地位,而原来处于社会底层的农民不仅分到了田地翻了身且掌了权,乡村原有阶级结构发生改变。不过,乡村阶级结构变动的基本特征是"中农化"而非"两极分化"。地主已成为耻辱的代名词,"你是地主!"等于说"你是王八蛋!""农民一想到地主,就想到蒋匪帮,就想到日本赤佬(鬼子),就想到美国赤佬。"① 原贫农的经济地位迅速上升,多数成为中农;中农阶层迅速扩大,占据了村中户口和人数的绝大多数,并和一些贫农成为国家治理乡村的代言人。新中农既具政治优势(因其出身贫民),又因土改中获得的土地财产和土改后经济的发展而获得经济优势,故在乡村社会中居于重要地位。曾经一度绝迹的土地买卖现象重新出现,但总体来看数量不大且多发生在中农、贫农阶层内部,亦很少有雇用长工者,租佃关系受到严重削弱,在许多地方甚至完全消失;借贷有所反弹,因扩大生产、婚丧嫁娶、生病受灾等影响,农户之间季节性、临时性的借贷在所难免,成为小农经济自发调节、自我保护的一种重要机制。②

村民分到土地之后产生了许多单家独户的小农,村民不仅仅是生产单位,最重要的是他们变成了土地的所有者,提高了他们的生产积极性,生活水平在逐步改善。如单从这些乡村社会变化来看,土地改革不仅仅是一场改造农村经济的革命,更是一个重新确立国家与乡村社会和乡村农民关系、实现国家对农村农民有效治理的政治过程。正如美国学者费正清(John King Fairbank)所言,土地改革的"目的不仅是经济上的,而且也是社会和政治上的"。③ 在土改中,农民第一次大规模地参与国家基层政治活动,共产党开始在乡(镇)一级建立了国家基层政权组织,国家直接统治农村社会,一种新型的"强国家弱社会"④ 的关系模式初见端倪。

在乡村社会文化方面,经历了分配和获得土地的村民,他们非依附性

---

① 潘光旦、全祖慰:《苏南土地改革访问记》,三联书店1952年版,第100页。

② 参见李里峰《土改结束后的乡村社会变动——兼论从土地改革到集体化的转化机制》,《江海学刊》2009年第2期。

③ 参见费正清(John King Fairbank)《美国与中国》第四版,张理京译,世界知识出版社2000年版,第356页。

④ 李伟:《关于20世纪50年代中国乡村社会变迁的若干思考》,《社会主义研究》2009年第2期。

的个体意识在接受国家观念的过程中渐渐生成，并由此产生摆脱宗法家族组织的控制而进行独立发展的诉求，虽然这种诉求是朦胧的，但对村民公民意识的塑造和培养具有推动作用。再加上共产党主流思想文化的渲染，乡村的传统文化尤其生活习俗和民间信仰中的专制文化受到削弱，农村的家族文化和家族力量正在走向衰落，农民的思想逐步被牵引到社会主义主流意识形态之中。

二　农民生活水平短暂提高

解决农民土地问题是中国民主革命的中心问题，亦是中国共产党在民主革命时期的基本任务。从 20 世纪 40 年代后期至 20 世纪 50 年代初期，中国共产党通过大规模的土地改革运动最终实现了"耕者有其田"的历史任务。由于土地归各个农户私有，彻底调动了农民的生产积极性，其经济收入逐步增加、生活水平渐渐好转。如全国粮食产量 1952 年是 16392 万吨，比 1949 年增长 44.8%，比历史最高水平增加 9.3%；棉花产量 1952 年达到 130.4 万吨，比 1949 年增加 193.7%，比历史最高水平增加 53%。从单位面积产量看，粮食亩产量由 1949 年的 137 斤增加到 1952 年的 176 斤，棉花亩产量由 1949 年的 21 斤增加到 1952 年的 31 斤。[①] 在生产发展的基础上，广大农民收入普遍增加，生活明显改善。以土改基本完成的 1953 年为例，农民净货币收入比 1949 年增长 123.6%，人均增长 111.5%；农民消费品购买力比 1949 年增加 111%，人均增长一倍；农民留用粮食比 1949 年增长 28.2%，其中生活用粮增长 33.6%。[②] 不少农民开始盖新房并添置新的生产资料，连过去不能问津的搪瓷脸盘、暖水瓶等日用消费品都普遍进入农民家庭，广大农民开始过上过去连想都不敢想的生活。[③]

郝庄村民在土改后亦发出了自己的"肺腑之音"："土地改革摧毁了地主阶级几千年来对农民的封建统治，结束了他们对贫下中农的残酷剥削和压迫；土地改革使贫下中农翻了身，获得了土地；土地改革冲断了封建

---

① 参见董辅礽主编《中华人民共和国经济史》上卷，经济科学出版社 1999 年版，第 95 页。

② 参见庞松《毛泽东时代的中国》第一卷，中共党史出版社 2003 年版，第 119 页。

③ 参见董辅礽主编《中华人民共和国经济史》上卷，经济科学出版社 1999 年版，第 111—112 页。

枷锁，解放了劳动生产力。劳动人民站起来了，他们……永远不忘共产党，永远不忘伟大领袖毛主席。"① 确实经过土改，郝庄村民生活水平改善了，贫下中农翻身了，很多人从房无一间、地无一分到土改后都分到了土地、占用了地主的房屋，不少贫雇农找了媳妇并成立了家庭。像郭万月就是一个典型例子，他当了 20 多年长工却苦于无钱而没有姑娘愿意嫁给他，直到 1951 年才结了婚，先后生了两个儿子，过上了幸福生活。② 土改对下层民众社会生活的影响由此知之。

第三节　互助组的组织与困局

土地改革是新民主主义革命的重要内容，经此贫下中农翻了身，但并不能保证每个劳动者都能过上好生活。土改后不久即再次出现不善于劳动的人私下将土地转给勤劳致富的人的情形，土地开始悄悄流转，劳动能人的土地趋多而懒汉的土地日益减少，两极分化现象在重演。此种情势在耕地较多的郝庄相对严重，就像毛主席在《关于农业合作化问题》一文中所指出的那样："在最近几年中间，农村中的资本主义自发势力一天天地在发展，新富农已经到处出现，许多富裕中农力求把自己变成富农，许多贫农，则因为生产资料不足，仍然处于贫困地位，有些人欠了债，有些人出卖土地，或者出租土地。这种情况如果让它发展下去，农村中向两极分化的现象必然一天一天地严重起来。"要想改变这种现状，使农民真正过上幸福生活，只有搞互助合作，平衡生产资源，实现农业集体化。③ 互助合作是一种调整生产关系的合作形式，有利于农民摆脱生产困境，其特点是土地私有、家庭经营、调剂劳力、等价交换。山西农村互助合作早在抗日战争时期或更早之前就曾出现过。土改之后，广大农村特别是老解放区一些贫苦的农民就开始组织起来走互助合作的道路。

一　互助组织的出现与困境

山西省发展互助组的方针在 1950 年正式提上日程，到 1956 年大致完

---

① 参见郝庄人民公社郝庄生产大队编《郝庄简史初稿》，藏于山西省太原市郝庄村委会。

② 同上。

③ 同上。

成并转入农业合作化运动,且农业合作化运动的组织方式基本上是按中共中央关于农村改造和发展战略展开的,它实现了农村生产关系的又一次重大转变,特别是土地逐渐由个人流转到集体手中,其对乡村的社会、政治和经济变迁产生了深远影响。

1950年1月召开的山西省第一次党代会提出:"努力提高农业生产技术,努力组织起来,发展互助生产,克服劳畜力困难,引导农民走上集体发展的方向。"[①] 5月28日,中共山西省委在第一次全体扩大会议上再次提出:"要把农业生产提高一步,必须端正农业生产,要组织起来,提倡在自愿等价的基础上组织起来,以克服劳力、畜力不足的困难,恢复发展生产,并养成农民集体耕作的习惯,同时使互助合作运动与新的耕作技术日益密切结合起来,作为互助合作运动新的发展方向。"[②] 在一系列会议政策的促动下,山西互助组基本有了发展的方向和目标,到1950年底全省互助组已发展到15.67万个,入组农民84.67万户,占全省农户总数的27.7%。[③]

郝庄村积极贯彻中共中央和省委省政府政策,1952年成立了互助组。首先响应党的号召组织起互助组并准备走集体化道路的是贫下中农曹福宝、郭万月、张秀、韩腾、郝王贤、何正华等人,曹福宝任互助组组长,积极领导变工互助,发展农业生产。[④] 互助的方式实际上就是搭伙,"如果你地多、劳动力多,却缺乏生产工具,而我地也多并有牛和驴,却缺少劳动力,于是就互相结合成变工队。我有牛有犁,我给你耕地,我耕一天,给你耕一天。你得给我到地里干三天,割庄稼、薅苗子,就是用人工还我的这个工,这就是变工,也叫互助。当时是自由组合,几家成一个组,整个村里就是几个,也不是全自发,有领导给做工作,就是这么合作起来的"。[⑤] 到1954年冬天,郝庄有27户贫苦农民响应国家组织起来的号召,拿出自己的土地、马车、大型农具等生产资料组织起金星农业合作社,开始了农业合作化运动。[⑥] 但在动员社员时入社中贫农多、地富少,

① 山西省史志研究院编:《当代山西重要会议》上,中央文献出版社2002年版,第4页。
② 同上书,第63页。
③ 参见山西农业合作史编辑委员会编《山西农业合作史互助组卷》,山西人民出版社1996年版,第627页。
④ 参见郝庄人民公社郝庄生产大队编《郝庄简史初稿》,藏于山西省太原市郝庄村委会。
⑤ 被采访人为贾姓村民,男,被访时间2013年9月11日。
⑥ 同上。

且在社员进行投资自己财产过程中贫农较主动却投资额较小，远远落后于
中农和富农，而富农对社投资是在被迫下进行的且其被没收财产是贫农、
中农入社投资总和的 1.5 倍。表 2—1 就是对金星农业合作社创建初期除
没收地富财产归社外还动员村民积极投资这一现象的具体反映。

表 2—1　　　　　金星农业社没收地富财产及动员社员投资登记

户名	成分	品名	数量	金额（元）	处理办法	修改
贾来成	贫农	小柜	1	2.5		收
贾来成	贫农	磁人	1	0.5		收
张攀奎	贫农	磁人	1	0.5		收
常来福	贫农	挂镜	2	4		收
苗庆璐	贫农	皮箱	1	5		收
丁献礼	中农	洋箱	1	10		收
王金叶	贫农	坐镜	1	4		收
王成福	贫农	小柜	1	13		收
王继业	贫农	磁人	1	0.5		收
刘玉明	贫农	小柜	1	13		收
吴桂芳	中农	皮箱	1	4		收
李金方	贫农	小桌	1	8		收
赵振方	富农	毡子	1	103.4		收

　　资料来源：《金星农业社没收地富财产及动员社员投资登记簿》，藏于山西省太原市郝庄村
委会。

　　然而，全省的互助运动发展速度较快，存在冒进趋向。在 1952 年，
为适应山西省委发展农业合作社的部署和要求并与农业合作化速度加快步
伐相吻合，山西省互助组的规模进一步扩大、公共积累日益增加、互助内
容趋于多样。实际上，互助组已朝着农业合作化方向迈进，因为组的形式
（农户数量）逐渐扩大、公共财产大量增加、合作的形式有了新的发展。①
到 1953 年，互助运动出现困难。由于互助运动所产生的积极效果使大批
农民参加互助组，而大批人加入的组正是 1952 年互助搞得不错的那些组，

─────────────

　　①　参见《关于 1952 年农业生产基本总结及今后任务、总结报告》，山西省档案馆馆藏档
案，档案号 C29—1—13。

这样好的互助组就因受到"一窝蜂"影响开始由"好"向"坏"的方向发展。本来搞得较有成就的互助运动在片面追求速度的干扰下搞起了形式主义,开会、填表、写汇报等在领导干部的生活中占用多数时间。① 1954年是郝庄村互助组冒进的一年,这一年随着全省农业生产合作社从试办到全面推广,村里出现不考虑互助组承受力盲目扩大互助组以及急于建社的严重倾向。为给建社打基础,盲目地提倡"并大组搞联组","甚至也有的组把牲口、农具作价归组,在这种重社轻组、重大组轻小组,甚至为了赶时髦,在抢先思想支配下,不惜采用强迫命令的方法去发展农业生产合作社与互助组"②。这一系列的激进措施严重侵犯了村民的私有财产,打击了农民的生产积极性,违反了农业生产合作社与互助组的原则,不但未能使农业生产合作社与互助组发挥其优越性,相反严重影响了其巩固与发展。

二 互助与单干的博弈

互助合作中的问题绝非郝庄特例,其他许多地方都存在。1950年11月14日,中共长治地委在给山西省委的《关于组织起来的情况与问题的报告》中指出:由于农业生产的迅速恢复与发展,农民生活日渐富裕,新的阶级分化开始,在农民群众及农村党员和农村基层干部中伴随着这一变化产生了一些新的问题和要求。这些新的问题和要求是什么呢?就是在农民群众中特别是在经济上升比较迅速的农民中产生了愿意自由地发展生产,产生了不愿意或对组织起来兴趣不大的"单干"思想。这是老区互助组呈现涣散、萎缩以至部分陷于解体的基本原因。③

1951年2月,中共山西省委书记赖若愚在山西省第二次党代会的总结报告中明确表示:1949年特别是1950年以来老区农业生产水平已达到这样的程度,即战争时期的劳力、畜力困难已不再是严重的问题,一部分农民已达到富裕中农的水平(这部分人虽然只占老区农民的15%左右,但影响很大),加以和平环境及经济活动范围比较广泛,很多农民(特别是达到富裕中农的一部分)认为"单干"比互助更有利更自由,所以互

① 参见山西省史志研究院编《山西农业合作化》,山西人民出版社2001年版,第115页。
② 郝庄公社郝庄生产大队编:《郝庄简史初稿》,藏于山西省太原市郝庄村委会。
③ 参见山西省史志研究院编《山西农业合作化》,山西人民出版社2001年版,第40页。

助组织发生了涣散的情形。[①] 如一些经济上升比较快的村要求买马栓车，要"单干"，认为"单干"才能发财。出现这种想法的直接原因是农村互助组生产恢复、生产条件具备、生产困难减少，互助运动在指导上没有及时提出新的内容与进一步提高生产的方向，故互助组的农民普遍呈现出消沉的倾向。互助组的形式尽管仍旧存在，但思想已涣散，劲头不大，甚至各干各的情形成为比较普遍的现象，以致许多农民认为近几年是"生产一年比一年好，组织起来却一年不如一年"。[②] 还有一些农民的经济能力虽有所提高，但还不足以允许买马栓车，他们中有不少人希望在短时间内使自己发展起来，然后再买马栓车进行"单干"。就郝庄而言，当时"单干风"亦是存在的，只不过没有前文所讲的那么严重。互助组本来就是自愿的，有人入有人不入，有人进来又退出，有人退出又进来。郝庄一户朱姓人家就是这样，一开始积极参加互助组，当经济发生好转之后就觉得在互助组中自己利益受损，即将马车卖掉"单干"了。入组的村民觉得他没有集体观，当知识青年插队的时候，其子弟想回村插队，有村民就提出他家在互助组时入了社又退社，现在又想回村插队是绝对不行的。后来变通了一下办法，将其子弟过继给自己兄长，因为他兄长入了社，这样就可回村插队了。[③]

---

① 参见山西省史志研究院编《山西农业合作化》，山西人民出版社 2001 年版，第 63 页。
② 同上书，第 366 页。
③ 被采访人为贾姓村民，男，被访时间 2010 年 6 月 12 日。

第 三 章

集体化的启动：村庄初级合作社的创办

为了解决互助组涣散和"单干"的问题，1951年12月中共中央召开全国第一次互助合作会议，颁发了《关于农业生产互助合作决议草案》，肯定了农村以土地入股、集体经营、按劳力和土地分红的初级合作社，认为它是从互助组向更高级的社会主义集体农庄过渡的一种形式，能够解决互助组集体劳动和分散经营的矛盾，而且由于实现了统一经营还可逐步克服小农经济的弱点。① 农业生产合作社是劳动农民的集体经济组织，使农民在党和政府领导下按照自愿互利的原则组织起来；其统一使用社员土地、耕畜、农具等主要生产资料，并逐步将这些生产资料公有化，以组织社员进行共同劳动、统一分配社员共同的劳动成果。②

初级农业生产合作社是在互助组基础上发展起来的一种生产组织，是一种半社会主义性质的农业生产合作社。在这个阶段，合作社已有一部分公有的生产资料，对于社员交来统一使用的土地和别的生产资料在一定期间内保留社员的所有权，并且给予社员一定的报酬。③ 其劳动组织的基本形式是生产队，生产队之下按生产需要再划分为临时性的生产组。规模很小的合作社只分生产组，不设生产队。生产队的组织是常年固定的，除劳动力相对稳定外，牲畜、农具和土地一般亦逐步地做到常年固定。④ 郝庄响应国家号召并结合全国农村发展形势于1954年成立了初级农业生产合

---

① 参见刘方健、史继刚主编《中国经济发展史简明教程》，西南财经大学出版社2010年版，第210页。

② 《农业生产合作社示范章程草案》，载中国社会科学院、中央档案馆编《中华人民共和国经济档案资料选编》农业卷，中国物价出版社1998年版，第227页。

③ 同上书，第228页。

④ 同上书，第241—242页。

作社，在互助组中老贫农的带领下有 27 户参加了初级农业生产合作社——金星农业生产合作社，其中 26 户是贫下中农。[①] 客观言之，郝庄具有集体化性质的初级合作社的创立是在国家政治诱导下村民的一种被政治化的积极应对，实际上村民对集体化根本没有多少认知，只是被集体化的一种从众选择而已。

第一节　农民生产资料入股分红

一　土地和劳动工具集体化

土地改革是将土地分配给农民，而集体化则是将土地归还于集体。土改和集体化是中国农村制度变迁史上前后相继的两个重要环节，但二者性质截然不同，前者是要确立平等基础上的农民土地私有制，后者是要将土地收归国家和集体所有，否定土地归个人私有。个人对国家这一做法并无抵触心理，因为个人是通过土改无偿获得土地而并非通过市场买入，所以对国家意志的集体化不予干涉。国家以为集体土地所有制是计划体制和重工业导向战略的制度基础，目的就是将农业剩余尽可能多和快地转化为重工业投资，然其在 20 世纪 50 年代初却无法控制农村合作组织及其产出，因为这种组织是基于个人之间的合约，故有意地将最初源于底层的合作化（如互助组）导入大规模的集体化运动，而土地集体化则是其中最根本的内容。[②]

基于此，集体化首先要求社员土地必须交给农业生产合作社，归集体共同支配；同时为照顾社员种植蔬菜或别的园艺作物的需要，则允许每家存在小块自留地。社员入股土地主要包括耕地、经过户主同意可入社的特殊土地（如菜地）、社员同意交社开垦的私有荒地（开垦以后的两三年内不给土地报酬）。至于土地报酬，按照社员入社土地在平常年成可能达到的产量计算。评定社员入社土地产量一方面要根据土地质量，照顾许多贫苦社员的土地原来不能达到应有产量而入社后产量能够提高的情形；另一方面要根据土地实际产量，使入社前改善了土地质量的社员得到应得的报

---

① 参见郝庄人民公社郝庄生产大队编《郝庄简史初稿》，藏于山西省太原市郝庄村委会。

② 参见裴小林《集体土地制——中国乡村工业发展和渐进转轨的根源》，《经济研究》1999 年第 6 期。

酬。当然,合作社的收入是由社员的劳动所创造而非由社员的土地所有权创造,故土地报酬必须低于农业劳动报酬,以便鼓励全体社员积极参加劳动。但土地报酬不宜过低,需根据各地实际情况合理解决土地报酬和农业劳动报酬之间的关系。①

社员的其他生产资料,如役畜(耕种用的马、牛、骡、驴等)、大型农具(犁、新式犁、马拉农具、水车、风车、抽水机等)、农业运输工具、成片林木、成群牧畜等,一般都交由合作社统一使用或经营。② 谈到郝庄,成片林木是不存在的,只有数量相对较多的土地和生产工具,而村民将自己手中生产工具上交合作社的情形如表3—1所示。

表3—1　　　　　　　　郝庄两个生产队入社工具汇总

科目	数量
一、运输工具	
皮车	25
二、副业设备	
油布	77
皮具	105
雨衣	97
三、农具	
木犁	68
喷雾剂	12
铁锹	80
四、家具用具	
铁锅	85
水桶	95
黑板	5
麻袋	100

资料来源:《郝庄两个生产队各种工具表》,藏于山西省太原市郝庄村委会。

① 参见《农业生产合作社示范章程草案》,载中国社会科学院、中央档案馆编《中华人民共和国经济档案资料选编》农业卷,中国物价出版社1998年版,第232—234页。
② 同上书,第235页。

由表3—1可知，村民入社的东西都是最基本的生产资料，其中运输工具皮车有25辆，且农具用具和副业设备的数量都相对较多。如单从运输工具讲，与当时山西规模较小乡村的运输工具相比，郝庄的数量算是多的，这说明郝庄具有从事运输的传统和潜力。此外，除土地入社外，社员的耕畜、成群的牧畜、大型副业工具和副业设备如合作社想使用或经营则须征得社员本人同意并给予一定报酬，使其逐步公有化，但公私之间的这些问题要按生产资料的性质分别处理，一般采取三种办法：一是耕畜、大型农具等生产资料是农业生产必不可少的，应尽先由合作社统一使用；二是成群的牧畜等生产资料同农业有着密切的关系，应逐步由合作社统一使用；三是大型副业工具和副业设备同农业关系不固定，合作社只需要使用其中的一部分。① 由此可见，在初级合作社时期社员对某些生产资料是有自主权的而非完全归社所有，且在某种意义上反映出发展副业是不受鼓励的。

二　农民经济收益

农业生产合作社是劳动农民共同劳动、共同受益的联合组织。从理论上讲，其最重要的受益群体应该是贫农和中农，只有让农民获益，他们才会积极加入合作社。合作社每年的收入根据"按劳计酬、多劳多得"的原则实行统一分配，在扣除当年生产费用外还要提取一定比例的公积金和公益金等，并对社员入股土地和尚未公有化的其他生产资料付给报酬。具体分配次序为：（1）缴纳农业税；（2）扣除生产费；（3）提取公积金、公益金和土地报酬；（4）扣除前三项支出后的剩余部分用全社全年劳动日总数除，所得数就是一个劳动日应得的报酬。②

对于郝庄而言，根据《太原市南城区郝庄乡郝庄村金星农业社分摊股份基金说明》，其具体收益分配办法如下：男劳力底分一年1012分，女劳力底分一年539分，女劳力按5%分摊，男女共有底分12815分。固定财产总值13371.34元，扣除2%的公积金2674.22元，实分摊10696.65元，每分应摊8.347元，费用总值6500元，每分应摊5.072元，固费两

---

① 参见《农业生产合作社示范章程草案》，载中国社会科学院、中央档案馆编《中华人民共和国经济档案资料选编》农业卷，中国物价出版社1998年版，第235页。

② 同上书，第243—244页。

项共摊 13.419 元。① 至于每个劳动日所挣工分，据时人回忆，与山西其他地方折算办法一样。②

又据韩丁（William Hinton）研究，一个劳动日所赚工分对于劳动者的价值是根据全社全年收入来决定的。"一般地说，全社全年在生产中得到的实物和现金，在扣除生产费、公积金、公益金和土地报酬以后，用全社全年劳动日的总数去除，除出来的就是每个劳动日所应该分到的。""这样，全社全年收入越多，一个劳动日分到的也越多；全社全年的收入少了，一个劳动日分到的也就少了。因此，每一个社员为了多得收入，既要自己积极劳动，以便多得劳动日，又要努力促进全社的整个收入增加，使每一个劳动日所能够分到的东西跟着增加，这样，就使社员的个人利益和合作社的集体利益得到了正确的结合。"还有一点值得注意的是，推行农业生产合作社，实行土地等生产资料统一使用、统一分配，既非要合作社社员放弃自己及家人利益，亦非要社员吃一锅饭、盖一条被，而是从其创办开始各级政府就规定合作化运动须严格执行"按劳分配、多劳多得"原则，对优秀社员、超额劳动给予奖励，评议、记分、奖励等各项工作从未在理论上背离"多劳多得"原则，尽管在具体实践中确实存在许多不同形式的"平均主义"和"大锅饭"现象。③ 由此可见，合作社在分配上一直考虑到了多方利益，既要照顾社员突出贡献的劳动报酬又要兼顾一般社员的利益需求，还要避免"一刀切"的分配办法。

第二节　乡村社会交换

一　自由市场的消失

1953—1956 年，随着农业生产合作社发展，中国经济体制迅速推进并基本完成了双重体制因素并存向单一计划经济体制的过渡。其基本运动过程是，计划体制因素作用范围急剧扩大，作用力度急剧增强，迅速成为经济体制中的支配因素。与此相应，市场体制因素迅速退却，到 1956 年

① 参见《太原市南城区郝庄乡郝庄村金星农业社分摊股份基金说明》，藏于山西省太原市郝庄村委会。
② 被采访人为王姓村民，男，被访时间 2013 年 9 月 23 日。
③ 参见［美］威廉·韩丁（William Hinton）《深翻：中国一个村庄的继续革命纪实》，《深翻》校译组译，香港中国国际文化出版社 2008 年版，第 110 页。

基本退出了经济体制领域。自由市场的中断首先表现为独立的市场主体主要是私营资本主义工商业、个体手工业者、个体农民的消失，所存在的只剩国营企业，但国营企业由国家掌控，不具有自身经济利益，不能算是市场主体。经过三大改造，个体手工业者和个体农民基本走上合作化道路，被纳入初级生产合作社这类合作经济性质的经济单位，而资本主义工商业企业则通过全行业公私合营成为高级形态的国家资本主义企业，严重缺乏经营自主权和利润支配权，成为指令性计划的执行者。到 1956 年社会经济中市场因素已不再是一个独立的要素而是作为计划经济的附庸存在。①

二　统购统销的实施

1952 年底，中共中央提出了过渡时期总路线和总任务，即要在一个相当长的时期内逐步实现国家的社会主义工业化以及对农业、手工业和资本主义工商业的社会主义改造。在社会主义改造之前，我国粮食领域的经营主体有国营粮食公司、供销合作社、私营粮商。11 月，中共中央发布指示，决定对工商业进行调整，其中对粮食商业的调整大致如下：合作社要对粮食主要是经济作物与若干种主要出口物资进行收购。可以看出，国家对粮食的收购在 1953 年之前就已初步开始。

1953 年春，因不少地区发生霜灾而造成全国性粮食减产并引发粮食抢购之风，私营经商者乘机哄抬粮价，从而导致全国性粮价波动，许多省份都出现私营粮商及粮贩投机、囤积现象。在此情况下，粮食统购统销政策不仅仅作为一项解决当时粮食供求困难的应急措施来施行，更重要的是成为个体农业改造的重要环节，因为"实行粮食统购统销可以促进农业合作化的发展；农业合作化的实现，又有利于粮食统购工作的进行"②。为了保证农业合作化顺利进行，中共中央于 1953 年 10 月 16 日通过《关于实行粮食的计划收购与计划供应的决议》，接着政务院于 11 月 19 日第194 次政务会议上通过《关于实行粮食的计划收购和计划供应的命令》，

---

① 参见赵凌云《1949—1956 年间中国经济体制中市场因素消亡过程的历史考察与启示》，《中国经济史研究》1994 年第 2 期。

② 逄先知、金冲及：《毛泽东传（1949—1976）》上卷，中央文献出版社 2003 年版，第462 页。

11 月 23 日予以发布。① 除西藏和台湾外，全国其他各省、自治区、直辖市均据此贯彻执行，粮食统购统销政策至此正式出台。其主要内容如下：第一，在农村向余粮户实行粮食计划收购（简称"统购"）政策，统购价格及统购粮种均由中央统一规定；第二，对城市居民和农村缺粮户实行粮食计划供应（简称"统销"）政策；第三，由国家严格控制粮食市场，对私营粮食工商业进行严格管制并严禁私商自由经营粮食；第四，在中央统一管理之下，由中央与地方分工负责，除拨给各大区的粮食以外，其他粮食包括各大区间的调剂粮、出口粮、储备粮、全国机动粮、全国救灾粮等统归中央统筹安排。② 除粮食层面的统购统销外，统购统销范围实际几乎涵盖了整个农副业，包括粮、棉、油三种最重要的农产品，另烤烟、猪、羊、牛、鸡蛋、糖料、桑丝、蚕茧及部分水产品、中药材、铜、锡、钢等几十种产品都被纳入统购统销范围。对于农民自己留用的部分产品，命令规定必须卖给国家委托的收购商店而不得在市场上私自出售。统购统销政策的实施，在抑制投机行为、稳定物价总水平、缓和粮食危机、为国家取得巨额资金积累、保证城镇供给以满足工业化对农产品的需要方面作出了巨大贡献。③ 同时，它亦中止了市场体制对粮、棉、油等主要农产品生产的调节作用，割断了农业经济活动同市场的联系。正如薄一波所指出的那样："统购统销割断了农民同市场的联系：土地种什么，信息不是来自市场；农民对自己的产品，处理无自主权；即使有余粮，也不能拿到市场上出卖，这就排除了价值规律对农业生产的刺激作用。"④ 农民失去了市场导向，更无权对自己生产的产品进行处理，由此严重打击了农民的生产积极性，决定了新中国成立初期长期物资短缺的经济状况，而国家亦在此情势下亏损浩大、包袱沉重并造成不仅仅是农民还有城市居民皆有怨言的局面。

对于人口相对较少的郝庄而言，统购统销政策对村民生产生活的影响同样很大。国家对每村的统购统销都有任务，村里的粮食必须卖。如郝庄

① 参见田锡全《1953 年粮食危机与统购统销政策的出台》，《华东师范大学学报》2007 年第 5 期。
② 参见中共中央文献研究室编《建国以来重要文献选编》第 4 册，中央文献出版社 1993 年版，第 477 页。
③ 参见王丹莉《统购统销研究述评》，载朱佳木主编《国史研究撷英——纪念当代中国研究所建所 20 周年论文集》，当代中国出版社 2010 年版，第 193 页。
④ 薄一波：《若干重大决策与事件的回顾（修订本）》上卷，人民出版社 1997 年版，第 267 页。

有 1 户本不是地主，但在 1958 年的"反封建补课"中补了一个地主成分。具体原因是，户主当过解放军，去过朝鲜战场且在战争中还当了一个小官，后退役回村担任村支部书记。期间，他在公粮已经交完的情况下将剩余的秕谷分给了社员，结果被一个河北籍的党员村民揭发到公社，说他私分产粮，支部书记职务马上被撤销。不巧的是因他妈被划成地主，他也就戴上了地主的帽子。实际上，他分秕谷是给老百姓办好事，本来秕谷交公粮，政府也不要，而分了则是村民人人有份，并非支部书记个人独吞，况且河北籍村民同样是受益者。然河北籍村民之所以告发村支书的原因是他作为外乡人见不得郝庄本村人执政。①

村民的生活日用品自然也受到国家严格限制。盐可以在供销社买到，相对受约束较少。油是受控的，村庄虽生产蓖麻油，但不能食用而只能提供给工业用且被通过其他渠道收购，然后村民再自己换油吃，国家亦不供应食用油。做衣服的布是国家供应，按人头分，一年一丈三。做衣服或缝补衣服的棉线要通过购物本买，一旦买过，购物本被盖章后就不能再买了。红糖同样是通过购物本买。到了年底，供销社给每位男性提供半斤竹叶青，在中秋节每人发两块月饼。至于肉，供销社没有，村里亦无集体养猪场，都是个人养猪。村里人自己养的猪舍不得杀，卖给肉联厂，肉联厂给养猪户发猪饲料，一般是一斤猪肉给几两猪饲料，一头猪能给五六十斤猪饲料票，再给二十几张肉票，肉票的量大概相当于二十几斤肉。村民凭肉票去肉联厂买十几斤猪肉就凑合着过春节了。当然，不喂猪者就吃不到肉，如果想吃肉就需拿其他东西和养猪户私下交换肉票，或偷偷地喂鸡杀鸡。② 由此可以看出，统购统销政策对村民生活的影响程度及其范围——村民生活日用品极度匮乏，物质生活相当不自由，商品自由流通和交换中断，市场空间萎缩。

第三节　集体化的动因

一　互助组试验的成功

土改实现了"耕者有其田"，农民获得了土地所有权，使得小农经济得以再现。然而，面临的突出问题是小农经济到底能有多大发展潜力？能

---

① 被采访人为贾姓村民，男，被访时间 2011 年 5 月 25 日。
② 被采访人为王姓村民，男，被访时间 2011 年 5 月 26 日。

否改变中国落后的经济面貌？不可否认，小农经济经过土改运动创造的收益在短时间内得到快速发展，极大地提高了农民生产积极性和农业产量，促进了全国经济的恢复和发展。但当农业经济发展到一个瓶颈的时候，其是继续走小农经济道路还是让农民参加互助合作？土改运动之后建立的以土地个体所有为主要内容的小农经济是否已阻碍了生产力的发展，或者说土改运动中建立的这种小农经济制度在土地所有权相对稳定的形势下能否保证持续促进农业生产的发展？

对此，绝大多数学者认为"土改后农村生产力的水平还是很低的，缺乏耕畜、农具和生产资金是普遍现象，农民在生产上困难很大，不仅不能扩大再生产，甚至简单再生产也很难维持"。可见"建立在劳动农民的生产资料私有制基础上的小农经济，限制着农业生产力的发展，不能满足人民和工业化事业对粮食和原料作物日益增长的需要……"① 关于这一难题的解决办法是，只有通过参加互助合作才能克服困难，完成小农经济不能完成的发展生产、适应工业化发展需要的任务。这样，一些缺乏土地、劳动力特别是农具和资金短缺的农民为克服个体经营中的困难，沿袭"变工合作"的传统，自发组织起来建立互助组。互助组的好处或优势在抗日根据地时期就曾体现，如发展农业中各个生产要素的短缺可以通过互助解决，在无情的自然灾害面前可通过互助使民众渡过难关，而且互助这一自愿合作的生产方式从社会交往角度看亦是推动生产力及人际交往发展的一种有力杠杆。

二 均分思想的影响

"不患贫而患不均"的思想在国人心中根深蒂固。共产党革命与平均主义息息相关，从其发动的土地革命到社会革命都一直强调对农民要实行公平正义，特别是其领导的土改运动达到了打倒地主阶级、实现耕者有其田的目标，使人人都拥有一份大致相等的土地，满足了广大农民对"均田地"的渴求，初步实现了千百年来平均主义的理想。而农业集体化又正好符合农民的意愿，即在自愿互利的原则下，农民将私有土地、耕畜、农具等主要生产资料集中，统一管理和使用，按照土地质量和数量给予适

---

① 黄道霞等主编：《建国以来农业合作化史料汇编》，中共党史出版社 1992 年版，第165 页。

当土地分红，其他入社的生产资料亦付给一定报酬。初级社在社员分工和协作的基础上统一组织集体劳动，社员根据按劳分配的原则取得劳动报酬，产品由合作社统一支配。[①] 这样一种共同劳动共同受益的集体生活正是农民所梦想的平均社会；政府则在农民支持下通过互助组改造了自给自足的小农经济，从而使集体化成为可能。

三 计划经济的效应

随着土地改革运动的开展，中国存在的两种经济体制即计划经济体制和市场经济体制在国家政策严格管制市场的作用下难以协调发展，计划经济的弹力越来越大，市场作用范围逐渐缩小。正如前文所述，在1953—1956年社会主义改造期间计划经济体制逐步建立并成为国民经济发展的支配要素，市场作用逐渐弱化。尤其是政府对粮、棉、油等生活品实行统购统销的同时禁止私营工商者进入粮、棉、油市场，这些商品的自由交换基本上被杜绝并在合法的市场上消失，从而纳入了国家计划范围。1954年，国营和公私合营工业遇到了原材料方面的困难，私营工业困难更大。由于原材料已由国家控制，有关部门在原料分配使用方面优先照顾国营企业，其次是公私合营企业，而很少被分配到私营企业，导致部分私营企业停工、停薪、停火甚至关门。[②] 结果农民的基本生活用品无法得到正常供应，日常生活得不到保障，农村商品的自由交换处于停滞状态，农村经济失去活力，农民生活千篇一律。面对这样的生活环境，农民积极呼吁国家统一供应日常用品，此为集体化的生活创造了条件。

四 国家政策的倾斜

土改运动的发动及其在全国范围内的成功推行，废除了地主土地所有制，确立了农民土地所有制。但由于现实中土地流转现象的出现和工业化建设的紧迫性，国家决定通过合作化来收回土地，实现这一目标的方针是先进行经济的计划性，采取的具体举措是：（1）逐步增强经济计划性（首先在国营经济中实行经济计划性）；（2）这种计划性在很大程度上是

---

① 参见徐勇《阶级、集体、社区：国家对乡村的社会整合》，《中国政治》（人大复印报刊资料）2012年第5期。

② 参见秦兴洪《中国的道路——从毛泽东到邓小平》，广东教育出版社1993年版，第174页。

为了避免因多种经济成分特别是商人资本主义的存在而可能出现的混乱性。这里虽没有直接提出逐步收缩市场经济的作用，但其用意在于增强计划经济，限制和缩小市场机制在国民经济中的作用。① 此外，经过土改、"三反""五反"运动及抗美援朝战争，国家在短短三年时间内实现了国内政治和经济稳定，国际影响和威望亦进一步提高，这些成就的取得增强了中国共产党人加速建设社会主义的信心。再结合苏联集体农庄经验、国内自身"以农为本"的传统和新民主主义的发展体验，国家决定采取集体化的道路以带动工业化的步伐。

---

① 参见赵凌云《市场力论——一个新的理论框架及其在中国经济体制分析中的应用》，湖南出版社 1996 年版，第 251 页。

第四章

集体化的高潮：从高级合作社到人民公社化运动

高级农业生产合作社是社会主义性质的农业合作社，是以土地等主要生产资料集体所有制为基础的农民合作经济组织。它的组织呈二级制，基本组织单位是生产队，与初级合作社最大的区别是其对农民私有化的土地、耕畜和大型农具等主要生产资料实行无偿地集体所有，统一经营，集体劳动，实行"各尽所能、按劳分配"，而且社员亦必须无条件地入社。社员之间的合作办法是按当时当地正常价格定价，分期偿还。社员土地附属的塘、井等水利设施随土地转为集体所有，如水利设施是新修的，所有者还没有得到收益，合作社则适当地偿付主人所费工本。社员私有的耕畜、大型农具和社员经营家庭副业所不需要而为合作社所需要的副业工具转为合作社集体所有，要按当地正常价格议定价款数目付给占有者。此外，农业生产合作社还应抽出一定数量土地分给社员种植蔬菜，分给社员的土地按照每户社员人口多少决定，每人使用的土地一般不超过当地每人平均土地数的5%。[1]

然而，国家为什么要迅速由初级社过渡到高级社呢？究其原因，主要在于初级合作社取得一定社会效益后立即引起了具有"民粹"思想的毛泽东的高度认可。为此，中国共产党内部曾于1955年围绕农业合作化速度问题展开一场争论。其间，毛泽东作了题为《关于农业合作化问题》和《农业合作化的一场辩论和当前的阶级斗争》的报告，回顾了农业合作化的历程、基本经验以及农业合作化引发的各种思想斗争，批评了在社

---

① 《高级农业生产合作社示范章程》，载中国社会科学院、中央档案馆编《中华人民共和国经济档案资料选编》农业卷，中国物价出版社1998年版，第277—278页。

会主义群众运动高潮到来过程中"某些同志却像小脚女人走路，东摇西摆地在那里走路，老是埋怨旁人说：走快了，走快了"的做法。随后又在出版的《中国农村的社会主义高潮》一书中两次亲写序言并给其中多篇材料加注按语，如《中国农村的社会主义高潮》的按语、《所谓落后乡村并非一切都落后》的按语、《机会主义的邪气垮下去，社会主义的正气升上来》的按语和《合作社的政治工作》的按语，以表示自己主张和支持发展高级农业生产合作社的立场和态度。① 在毛泽东的提倡和鼓励下，大办高级社之风迅速在全国范围内掀起。

1956 年，社会主义革命风暴席卷全国，集体化走向高潮。就在这一年，郝庄与全国各地农村一样成立了高级农业生产合作社，实现了合作化。革命促生产，高级农业生产合作社成立第一年，郝庄就取得了好成绩，农业获得大丰收，粮食亩产量平均 200 多斤，比初级农业生产合作社时增加 40 斤，比土改之前增加 60 多斤。② 不过，对于当年参加这场运动的亲历者来讲，郝庄是被迫集体化的，即被迫走向高级社的。正如该村村民所言："共产党有这个号召，你就不敢想不入社，必须入。互助组和初级社是自愿入的，有人入，有人不入，还有人入进来又退了的，赶上马车入社随后又退社的。"经过集体化的这些亲历者将高级社入社风潮称为"大风暴"，可见其来势迅猛，非常人能够抵抗。"到 1957 年大风暴的时候，人家是一刮风，所有的人，不管你是谁，不留一个，全部入社。这时候就叫高级社。再后来，由高级社转成人民公社。毛主席说'人民公社好'，最后就闹成个人民公社，名字是从毛主席说了个人民公社好，不是还有个题词吗？大家就都改成人民公社了。原来叫合作社，实际上是合作社。"③

第一节　农民生产资料公有化

一　生产要素归公

在初级农业生产合作社阶段，合作社对于社员交来统一使用的土地及

① 参见《毛泽东选集》第五卷，人民出版社 1977 年版，第 168—259 页。
② 参见郝庄人民公社郝庄生产大队编《郝庄简史初稿》，藏于山西省太原市郝庄村委会。
③ 被采访人为贾姓村民，男，被访时间 2012 年 3 月 6 日。

其他生产资料的处理办法是除统一生产使用外在一定的期间内还保留社员的所有权并给予社员一定的报酬。随着生产的快速发展和国民"社会主义觉悟"的提高,合作社对于社员统一交上来的土地则取消报酬;对于社员统一交上来的其他生产资料按照社会主义国家合作社的生产需要并在得到社员同意基础上用付给有偿代价的办法或是别的互利办法陆续地转为全社公有,亦就是全体社员集体所有。经过这样的资源占有和分配,初级农业生产合作社就逐步过渡到高级农业生产合作社。在此阶段,社员土地和合作社所需的其他生产资料、生产要素都归公所有。[1]

虽然进入了高级农业生产合作社,但主要的问题仍是土地如何归社问题。众所周知,土地入社是合作化的前提,只有社员将土地归集体支配,社员才有共同劳作的对象。然土地可以入社,但入社不是简单地将土地聚到一起而是要制定合理的股份制度和劳动报酬制度。由于不同的社员拥有的土地数量不同,因此在土地入社时既应考虑量的差别又要考虑质的差别,同时还要考虑劳动的差别。在平衡各种差别的利益关系之后,议定以土地和劳动力作为获得报酬的首选因素。具体分配方案是,先留出一定比例的年收入作为社员土地入股收益,接着在土地获得一定收入基础上劳动报酬亦可获得相应收入。不过,社员所得土地股息报酬应低于所得劳动报酬,由于社里的土地是一定的,而劳动却是无限的,由劳动带来的生产效益同样是无限的,即收益主要由劳动获得而非由社员土地创造,所以劳动应该获得更多收益,但土地股息不能太低,太低会使较多土地入社的社员失去信心。因此,在合作社总收入的分配中既要考虑土地股息又要考虑劳动报酬,尽量使两者平衡。郝庄自己定的标准是土地股息占总收入的60%—80%,其余支付劳动。[2] 但在高级社发展到一定阶段之后土地就完全统一归公所有,不存在土地股息。除土地外,耕畜、大型农具等主要生产资料为合作社集体所有,只有社员私有的生活资料和零星的树木、家禽、家畜、小农具、经营家庭副业所需要的工具仍属社员私有,都不入社。[3]

---

① 参见陈小君等《田野、实证与法理——中国农村土地制度体系构建》,北京大学出版社2012年版,第192页。

② 被采访人为贾姓村民,男,被访时间2013年9月11日。

③ 参见《高级农业生产合作社示范章程》,载中国社会科学院、中央档案馆编《中华人民共和国经济档案资料选编》农业卷,中国物价出版社1998年版,第277页。

二　农业产品"按劳分配"

农业合作化时期劳动产品分配的方法是"死定活评",遵循的基本原则是"按劳分配,多劳多得",即农业合作社社员根据每人所挣工分数参与合作社总收入的分红。合作社要求社员以工分计算劳动量的多少,一个普通劳动力一天的工作量划定为"死分",完完整整干完一天的工作量能挣 10 分,有些劳动力的工作效率比较高,能够在完成 10 分工作量的基础上再多完成一些工作量可挣 11 分或 12 分,没有按规定时间完成任务量的以及干得不太好的劳动者相应地就要扣去工分。"活评"就是根据每天民众所完成的工作量来评议,评议组成员一般是队长,有时加上委员会的几个成员,由他们商议决定加分还是减分;评议标准是队长及委员会委员所看到的劳动者的实际劳动成果。①

当然,合作社必须正确地评定完成每一项工作一个社员所需的劳动日。由于完成各项工作所需的劳动日存在差别,故对应的工分亦有差别。但这一差别既不能太小又不能太大,在防止平均主义的同时不使担任繁重工作的社员吃亏。此外,既不能使一部分工作报酬过高而大家抢着做,也不能使另一部分工作报酬太低而无人愿意做。一般情况下,大多数社员认同这些标准且对之感到满意,同时也有一些比较懒惰的社员总会抱怨标准定得太高,要他们在一天之内完成规定的任务量是不可能的。因此,这些人经常找队长、委员会讲理、吵闹,找记分员闹。不过,最后还是说服不了解释明细的委员。事实上,某些懒惰的群体在饭量上不比他人小,有时吃得甚至比他人还要多得多,而完成的工作量却远远不如一些勤快的人。对于这种现象,懒汉们不高兴,勤快的人则更不高兴,这就为后来的"单干风"埋下了伏笔。

而且,按劳分配、多劳多得的分配方式亦有多种实现形式。合作社虽一再努力建立公平的分配制度,但不合理的成分或现象仍不可避免。如合作社领导在每个社员正常劳动能力的基础上又根据劳动者的劳动能力差别——不同的劳动者不能自始至终都采用相同的计量标准,就是同一个劳动者不同时间的单位劳动量也不是一成不变的——给社员的劳动量做了一个复杂的计算标准,先按劳动者的劳动能力强弱和技术水平高低评定工

---

① 被采访人为王姓村民,男,被访时间 2012 年 5 月 21 日。

分，再根据每天劳动的实际状况进行评议，好的加分，不好的减分，作为其当天劳动所得的工分。①

这些具体的分配办法只是专门针对社员的，领导干部则又有其他的分配办法。对于那些虽不能经常或每天同合作社社员一起参加生产劳动而合作社的正常运转却始终离不开其热情组织、辛勤劳动的工作人员，可每年由社员大会议定，根据其所负担工作之多少和工作成绩之好坏补贴适当数目的劳动日。如合作社主任，若自己参加生产劳动则自然会获得一定的工分，同时还可获得社员大会给予的额外补贴，这两项加起来一般会高于全社中等劳动力所得的平均数。如合作社不像郝庄这样的一个小社，而是规模很大的合作社，其领导干部必须脱离生产劳动，他们应得的报酬由社员大会决定，这种报酬一般会相当于或高于中等劳动力所得的劳动日的平均数。② 对于超额完成农业生产合作社计划任务的领导和经常负责社务的工作人员亦能得到适当奖励。郝庄村干部大多数参加生产劳动，劳动数不足的要进行补工，因补工数较多，合作社一般都会给予一定的工分补贴或奖励。③ 目前我们尽管找不到高级社时期郝庄村村干部工分补贴或奖励的具体统计数据，但仍可以根据一些具有密切关联性的后续资料测之。如表4—1所示，1964年人民公社时期该村受补贴工干部人数较多，约占总干部人数的76.2%，且他们参加田间劳动记工数比非田间劳动记工数要多得多。

表4—1　　　　郝庄大队 1964 年干部补贴工参加夏收分配情况表

序列	项目	数目（个）
1	干部总数	21
2	受补贴工干部数	16
3	共补贴工数	985
4	每人平均补工数	61

---

① 参见中华人民共和国国家农业委员会办公厅编《农业集体化重要文件汇编（1949—1957）》上册，中共中央党校出版社 1981 年版，第 494 页。

② 同上。

③ 被采访人为王姓村民，男，被访时间 2012 年 5 月 21 日。

续表

序列	项目		数目（个）
5	全年总用工数		50500
6	补工占总用工数的百分比（%）		12.25
7	参加夏收分配的补工数		′590
8	补工干部实际参加田间劳动工数		2304
9	补工干部非田间劳动记工数		214
10	其中大队一级	干部总数	14
11		受补工干部数	9
12		共补工数	850
13		参加夏收分配的补工数	510
14		补工干部实际参加田间劳动工数	1103
15		补工干部非田间劳动记工数	175

资料来源:《（郝庄公社）一九六四年干部补贴工参加夏收分配情况表》,藏于山西省太原市郝庄村委会。

第二节　高级社的组建与运作

一　社的组织

从人类文化的概念言之,"社"是土神,土地神叫"社",稷神即粮食神。而且,"社"和"稷"两字要组合起来。为什么要叫社稷呢?传统中国以农立国,祭祀土地神就是大家弄个土堆,弄个平台成为这个祭祀的点,全村的人都来这里聚会,弄些祭品,一般是三牲大祭,猪、牛、羊平时就养好了,选肥肥的准备好,到祭祀时宰杀进行祭祀,祭祀完了大家来聚会,将祭祀的东西都切割了之后拿个大锅一煮,每人分一份。在祭祀土神的集会中,大家亦交流一些事情,比如种地的经验、今年的收成等。所以就把这个"社"祭祀土神的仪式和"会"集会组合起来并慢慢产生了"社会"这一组织,后来的"公社"亦是从最早的这个意思衍生出来的。

至于农业生产合作社的组织则遵循自愿的原则,凡年满16岁的劳动农民,不限男女,在自愿申请的基础上经过社员大会审查通过即可成为社员,但实际上社员大多数是在畏惧政治风暴的情形下被迫加入。而郝庄村民加入高级社的具体情况可以根据《太原市南城区郝庄乡郝庄村金星农业社分摊股份基金说明》所提供的信息进行梳理，即郝庄村金星农业社全社共有 116 户 355 口人，男 189 口、女 166 口，贫农 34 户、新上中农 9 户、老下中农 17 户、老中农 2 户、老上中农 8 户、富农 8 户、地主 7 户，男性全劳动力 63 个、男性半劳动力 23 个、女性全劳动力 69 个、女性半劳动力 15 个，骡子 18 头、马 10 匹、驴 4 头、牛 7 头，大农具 51 件折价 341.49 元，皮车 21 辆，土地 2208 亩（内有麦地 495.61 亩）。[①]

　　由于国家规定合作社的发展原则是依靠贫农，巩固地联合中农。[②] 既不允许限制贫农入社，也不准排斥中农入社。这充分反映了"依靠贫农"、"团结中农"的政治色彩，也就是说要所有的贫农入社，同时又要向所有愿意入社的中农敞开大门。[③] 对于复员后的军人、军人家属、烈士家属、国家机关工作人员家属要采取积极吸收态度，并要有计划地吸收老弱孤寡入社。对于地主分子和富农分子，在初级农业合作社刚刚起步的时候是不予接受的。地主和富农代表中国农村的乡绅政治，他们长期处于统治地位，居于教育、文化、权力机构的主导地位，甚至对工商业都具有一定支配作用，所以已经加入合作社的农民跟他们相比则处于劣势：相对于地主和富农，入社农民文化水平低、社会经验和组织管理能力明显不足。地主和富农虽已退出乡村的统治地位，但他们发家致富的想法一直没有破灭，一旦有适当的机会就会进入新的合作社组织，进入村级政府，为自己牟取私利，或利用自己的便利条件以及在合作社的权力和地位扩大影响。但国家觉得这并不意味着地主和富农无法改造，在限制地主和富农权力的条件下，他们是完全能够被改造的。随着合作社的发展及其规模的不断扩大，之前不接受地主和富农的做法逐步改变，已按照上级规定改变了成分的地主和富农开始被允许入社。在合作社得到巩固且本县本乡的劳动人民已有 3/4 以上参加了合作社的时候，对于已依照法律改变了成分的过去的地主分子和已多年放弃剥削的富农分子可经过社员大会审查通过、县级人民委员会审查批准，个别地接受入社。但地主和富农分子触犯法律而被剥

---

　　① 参见《太原市南城区郝庄乡郝庄村金星农业社分摊股份基金说明》，太原市南城区档案，藏于山西省太原市郝庄村委会。

　　② 参见《农业生产合作社示范章程草案》，载中国社会科学院、中央档案馆编《中华人民共和国经济档案资料选编》农业卷，中国物价出版社 1998 年版，第 228 页。

　　③ 同上书，第 230 页。

夺政治权利的人是不能接受入社的。[①]

合作社全体社员大会是最高管理机构，是管理合作社社员和组织劳动生产的机构。社员大会的主要职权如下：（1）通过和修改社章；（2）选举和罢免合作社主任、各委员会委员；（3）决定生产资料入社的报酬、股份基金的征集、全年收入的分配；（4）审查并批准生产计划、预算各种工作的定额和应得的工分，对外签订重要合同；（5）接受新社员入社，决定对社员的重大奖励和重大处分。社员大会一年选举一次管理委员会，委员一般情况下5—15人。此外，还设监察委员会，一般由3—9名委员和1个主任构成。[②]

参加了合作社的农民都有参加社内劳动、遵守合作社劳动纪律、执行社员大会和管理委员会决定并按时完成合作社分配任务的义务，亦有取得自己应得报酬的权利；对于社内存在的问题都有建议和批评之权，巩固合作社的团结，同一切破坏合作社的行为作斗争，并享有监督权、选举合作社领导人的权利，如能力突出的可担任社内职务，但地主分子和富农分子在入社后的一定时期内不可担任社内任何重要职务；参加了合作社的农民还可在自己的家庭经营副业，但前提是不能妨碍合作社的工作；社员还可享受合作社举办的各种公共事业的利益和权利。[③]

二 合作社运作机制

农业生产合作社的任务是发展生产、提高农业生产水平、充分发挥社员的生产能力、提高农作物的单位面积产量，并在统一使用生产资料和共同劳动的前提下不断地根据实际需要改进农业生产技术。为了支付每一季度农业生产的开支，获得如种子、肥料、草料、大型农具、车辆和耕畜等生产资料，出台了两种股份基金，一是生产费股份基金，二是公有化股份基金。股份基金一般由社员按照入社的土地分摊，只合并了少量或根本没有土地入社交付股份基金的社员，部分或全部地用劳动预付。贫困的社员确实交不起股份基金的可向银行申请国家贷款，这种款项叫做贫农合作基

---

① 参见《农业生产合作社示范章程草案》，载中国社会科学院、中央档案馆编《中华人民共和国经济档案资料选编》农业卷，中国物价出版社1998年版，第231页。

② 同上书，第250—252页。

③ 参见中华人民共和国国家农业委员会办公厅编《农业集体化重要文件汇编（1949—1957）》上册，中共中央党校出版社1981年版，第482—483页。

金。社员缴纳的股份基金分记在个人名下，不计利息，只在社员退社时才能抽回。社员应缴的生产费股份基金，大致相当于当地普通农民一年内在同样的土地上生产所用的种子、肥料、草料等价款。社员应缴的公有化股份基金，原则上相当于合作社所收买的社员的牲畜、农具等生产资料的价款。如果这笔价款数目过大，许多社员负担不起，公有化股份基金就不能按照这笔价款的数目来规定，而只能够相当于价款的大部分或者一部分。在这种情况下，其余部分的价款应由合作社以公积金付清。向合作社出卖耕畜、农具等生产资料的社员，可以用合作社所应付给他的价款抵交所应交的公有化股份基金，多退少补；抵交以后多余的部分由合作社补付给社员，不足的部分由社员补交合作社。一般情况下，合作社付清生产资料、社员补齐在公有化股份基金的期限都是 3 年，至多不超过 5 年。如果不能按时付清，可以按照当地习惯议定，或比现金投资的利息低一些或不计利息。①

郝庄合作社的股份基金与长治张庄的合作社没有多大区别，入社农民同样要缴生产费股份基金和公有化股份基金，缴不起股份基金的社员则向银行申请国家贷款，借助于贫农合作基金，以支持合作社发展。郝庄金星农业社缴费的基金按社员家庭情形分两年或 3 年缴清费用，当季缴清者有 32 户，计 1778.85 元，秋后缴清者有 60 户，计 3755 元，申请贷款者 23 户，其中贫农 13 户，有补贷款不足者 1 户 11 元，新下中农 9 户和老下中农 1 户共计贷款 966 元，1955 年贷款超额 3 户，计 115.91 元。② 其申请贷款者情形略见表 4—2。

表 4—2　　　　　　　　　　郝庄村社员申请贷款统计表

姓名	申请贷款额（元）	盖章	备考
贾来成	37		
刘土河	60		
傅溶江	36		

---

① 参见《农业生产合作社示范章程草案》，载中国社会科学院、中央档案馆编《中华人民共和国经济档案资料选编》农业卷，中国物价出版社 1998 年版，第 238—239 页。

② 参见《太原市南城区郝庄乡郝庄村金星农业社分摊股份基金说明》，太原市南城区档案，藏于山西省太原市郝庄村委会。

续表

姓名	申请贷款额（元）	盖章	备考
朱凡文	53		
贾根康	21		
朱德胜	40		
文杰	51		
吴正治	40		
卢成秀	60		
……	……		
合计	966		

资料来源：《郝庄村社员申请贷款统计表》，太原市南城区档案，藏于山西省太原市郝庄村委会。

　　"社"组织除在宏观上把握生产发展方向外，首先要做的就是鼓励和要求每一位社员积极劳动，努力创造更多的社会财产，并号召合作社及其社员通过以下办法发展生产：合理使用耕地和灌溉工程、改进农具、饲养照料好耕畜、改良作物品种、积肥、深耕细作、控制水土流失、开垦荒地、植树造林，发展水产，所有这些应和副业合理地联合起来，合作社应动员所有社员参加劳动，帮助他们克服困难和伤病，鼓励他们学习知识和掌握技巧，最后还应计划生产，订出每季、每年和长期的计划。① 此外，农业生产合作社还要采取各种办法，充分发挥有组织的共同劳动的生产优势，展开生产竞赛。有的还对生产队实行包工、包产和超产奖励的责任制，有的则将包投资作为生产责任制的重要内容之一，形成了高级农业生产合作社时期实行的包工、包产、包成本和超产奖励制度，再加上劳动力、土地、耕畜、农具固定给生产队使用的制度，统称为"三包一奖四固定"制度。其中，郝庄村的"三包一奖"制度贯彻得应该比较好。例如，到人民公社时期的1964年，太原市南城区共有4个队实行此制度，郝庄村就占了2个队，而且有1个队还超产了粮食。具体情形参见表4—3。

---

　　① 参见［美］威廉·韩丁（William Hinton）：《深翻：中国一个村庄的继续革命纪实》，《深翻》校译组译，香港中国国际文化出版社2008年版，第108页。

表 4—3   郝庄大队 1964 年夏收三包结算情况表

项目	执行三包一奖的生产队数	超产队				
		队数	超产粮食	占原包产的百分比（%）	上交大队数	队留奖励粮数
甲	1	2	3	4	5	6
郝庄大队	2	1	1.261	0.33	1.261	
一队						
二队	1	1	1.261	0.33	1.261	

注：原资料有关粮食数目未标注计量单位。

资料来源：《一九六四年夏收三包结算情况表》，太原市南郊区档案，藏于山西省太原市郝庄村委会。

农业生产合作社内部贯彻民主管理原则。这个原则包括民主、团结和不断进步。合作社的一切工作人员应同社员密切结合，遇事充分协商，依靠群众办好合作社，不能滥用职权，压制民主。对于封建主义、资本主义性质即含有任何剥削性质的劳动形式在农业生产合作社内都不允许存在，如雇用长工、出租土地、放高利贷、商业剥削等。对于富农和别的剥削分子，农业合作社要积极展开同这些人或这些群体的斗争，使农村中的封建主义、资本主义剥削程度逐步降低，直至消灭。同时，还要在社员中不断进行社会主义和爱国主义思想教育，提高社员的政治觉悟，通过采取各种有效办法保证社员遵守国家法律、拥护共产党、响应党和人民政府的号召，领导社员向社会主义社会前进。[①] 合作社应积极地动员、组织和帮助社员扫除文盲及学习科学文化知识，应有计划地开展文化娱乐和体育活动，提高社员的文化生活水平，同时要随着生产的发展逐步地发展福利事业。[②]

发展农业生产合作社的同时，还需建立与其他农业生产合作社的密切联系，如信用合作社、供销合作社、手工业合作社等。农业合作社要向更高一级的层次发展须同这些合作社组织或农村的国营经济机关联系，这样才能保证实现各自的经济计划任务，共同实现国家经济集体化和完成国家

① 参见《农业生产合作社示范章程草案》，载中国社会科学院、中央档案馆编《中华人民共和国经济档案资料选编》农业卷，中国物价出版社 1998 年版，第 230 页。

② 同上书，第 250 页。

经济任务，早日实现社会主义。农业生产合作社还要努力团结那些没有加入合作社的劳动农民（单干的农民），认真地帮助他们发展生产、了解合作社的好处，最终使他们走向合作化的道路。①

三　合作化困境中的单干风

随着高级农业生产合作社的快速发展，农村灌溉工程、农具水平、耕畜饲养、作物品种改良、充分利用田地深耕细作、控制水土流失、开垦荒地、植树造林、发展水产等方面所取得的成就都是土改之后农村土地私有制望尘莫及的。合作起来，就有可能把男和女、全劳动力和半劳动力及能做轻微劳动的人们充分地利用起来发展农、林、牧、副、渔业生产，实行多种经营，同时亦有可能统一经营、因地种植，能够用更多的劳动力进行土地加工、精耕细作，进一步改进栽培方法、改善耕作制度、提高单位面积产量。②确实，合作给农业发展带来许多积极因素，尤其一些大型农业活动须充分调动集体的力量才能够顺利完成，而且合作社对此有过充分表现，所以说合作的结果是合作社对农民的吸引力越来越大，农民对其的期望亦在不断增加。这样，合作社与农民之间实现了利益双赢，有利于生产力的发展并在客观上肯定了政府的办社初衷，亦为国家的工业化建设提供了物质保障，但在合作化逐步向深度和广度迈进的过程中受到了"左"倾政策的影响和诱导。如1956年社会主义改造的完成和1957年整风运动及反右派斗争又使中共中央认为中国的社会主义革命在经济、政治和思想方面都已取得成功，距世界大国的差距仅仅在于工业生产。在以毛泽东为首的党中央看来，我国建设社会主义的方法存在问题，主要是生产速度太慢。毛泽东认为，中国近几年的经济发展并不存在像《人民日报》指出的有那么严重的失误。③1956年经济工作中的缺点不到一个指头，尽管周恩来等人主张经济发展应"慢一点、稳当一点，1957年预算应该压低一

---

① 参见《农业生产合作社示范章程草案》，载中国社会科学院、中央档案馆编《中华人民共和国经济档案资料选编》农业卷，中国物价出版社1998年版，第230页。

② 参见廖鲁言《关于1956—1967年全国农业发展纲要的说明》，载中国人民解放军政治学院党史教研室编《中共党史参考资料》第22册，中国人民解放军政治学院党史教研室1979年编印，第320页。

③ "严重的失误"具体是指中国经济建设中存在急躁冒进的倾向。参见《要反对保守主义，也要反对急躁情绪》，《人民日报》1956年6月20日社论。

点",但却抑制不住某些领导人单纯追求建设速度的狂热心理。①

　　1958年,杭州会议、南宁会议先后召开,毛泽东重新批评1956年的反冒进。在随后召开的重庆会议上,毛泽东指出社会主义建设有两条路线,"一条是多、快、好、省,另一条是少、慢、差、费";相对应的有两种办法,"一种是干劲十足、轰轰烈烈、坚持群众路线,另一种是冷冷清清、凄凄惨惨"。1958年5月,中共八届二中全会在北京召开,由毛泽东提议的"鼓足干劲、力争上游、多快好省地建设社会主义"的总路线被大会正式通过,肯定了经济建设中的急躁冒进之风,综合平稳、有序稳步的发展不被认可,并把建设速度问题提到十分重要的地位,制定了不切实际的计划指标。党中央在经济建设指导方针上的"左"倾错误有了明显的发展。②

　　伴随着高指标和浮夸风的泛滥,1958年夏收期间各地虚报农业生产量,放"卫星"。如广西环江县红旗农业社水稻亩产130434斤;青海柴达木塞什克农场小麦亩产8585斤。其间,报刊亦对此大肆宣传,如《人民日报》6月14日社论指出"只要发挥主观能动性,就能产生呼风唤雨的神奇力量",7月23日又发表"人有多大胆,地有多大产"的宣传报道。在普遍存在浮夸风的情况下,农业部公布1958年夏收粮食产量达到1010亿斤,比上年增产413亿斤,增幅为69%。③浮夸风带来的后果非常严重,"全民炼钢,全民写诗,全民积肥"的口号已成为当时合作社社员的主旋律,之后又是"千斤稻、万斤薯,赶美国、超英国"的口号一个接一个。"大跃进"开始时,社员群众鼓足干劲,起早贪黑,热情十分高涨。国家看到这一高涨的热情,号召各合作社办各自的公共食堂。④郝庄积极响应,社员进了公共食堂,各自家里的东西都充了公,各户的桌椅板凳、锅碗瓢盆都充公了,吃饭不要钱。公共食堂刚开办时,中央指示全国:"粮食大丰收,放开肚皮吃",餐餐大鱼大肉。⑤

---

①　参见何沁主编《中华人民共和国史》第三版,高等教育出版社2009年版,第190页。

②　参见何沁主编《中华人民共和国史》第二版,高等教育出版社1997年版,第135—137页。

③　参见郭大钧主编《中华人民共和国史(1949—1993)》,北京师范大学出版社1995年版,第119页。

④　参见刘期贵、刘树松《"大跃进"后湖南农民瞒天过海分田单干》,《文史博览》2010年第10期。

⑤　被采访人为贾姓村民,男,被访时间2013年9月11日。

社员为了响应中央号召的"赶英超美"，实现社会主义国家的工业化，经常熬夜战，搞得社员精疲力竭。但时间不久社员发现干与不干一个样，干多干少一个样，干劲慢慢变淡了。大家渐渐地把时间用于观望而不是发展农业生产了。就这样坐吃山空，慢慢地猪吃完了，鱼塘干涸了，干饭变成了稀饭，变成了小米粥，最后连一天两餐都难以为继。"社会主义"的美好生活出现了危机，人均主粮仅剩120多斤，连半年的口粮都不够。开始时人们还能用自己家中"留下"的大米拌些烂南瓜、菜叶吃，到后来连稀粥亦喝不上了，最后饥不择食，只好以野菜、树皮充饥，有的甚至连草根、死耗子都吃。很多社员得了黄肿病和水肿病，几乎丧失劳动能力。①

由以上材料可知，全国的高级社办得越来越差。具体谈到郝庄，其高级社同样存在许多问题。"郝庄土地多，是养穷人的地方，土地有的是，来郝庄就可以干活可以吃饭。郝庄村自古以来饿不着，因为离太原市近，只要勤快肯干有体力，生存就没有问题，伺候人也能吃饭，租土地也可以。就算是什么都干不了，卖烧土也可以。过去用煤火做饭，煤面本身不能烧，必须和成泥弄成块，烧土是黏合剂，烧土就是红土，它和煤以一定的配比和泥，再拿模子弄成块晒干，就和蜂窝煤一样，家家户户都需要。地主武胜奎家就在太原市开了煤糕厂，常年雇人弄煤糕。当时有个叫郭万月的工人，给武家干了一辈子，到新中国成立后分了地，1962年的时候吃不饱，他说还不如伺候武胜奎，跟着人家还能吃肉。在郝庄村基本没有穷人，穷得都是河北、河南等地逃荒过来的，他们一开始都是伺候人，遇上土改就分到地在村里定居，随之外来户越来越多。"② 这说明郝庄并非受高级社影响小而是由于自身的资源和地理优势才使村民在困难面前仍能够维持基本生计。

承前所述，在全国普遍挨饿时郝庄的日常生活仍能照旧，而且"当高级社的大风暴席卷到郝庄后，人们感觉不到是对还是错，是好还是坏。一开始人们觉得挺好，觉得不错，大家入社的积极性很高，第一年入社时粮食大丰收，1957年和1958年粮食堆得到处都是，村民挺高兴，分粮只

① 参见刘期贵、刘树松《"大跃进"后湖南农民瞒天过海分田单干》，《文史博览》2010年第10期。
② 被采访人为贾姓村民，男，被访时间2013年9月11日。

分细粮，只分小麦。粗粮全部交了公粮，卖了公粮还可以分钱。高级社的第一年，村民感觉挺不错，但逐渐到了后头，吃大锅饭，养得懒了，干活也偷懒了，干啥也是一窝蜂，没有那么积极。原来一家一户有一头牛还有一些农具的话，可以种 30 亩地，而在入社后 300 个人种 30 亩地也种不过来，这怎么能有效益呢？再后来土地逐渐少了，村民数量在一直增加，人多地少的矛盾逐渐显现出来，地里打下的粮食维持不了那么多人的生活，即将面临挨饿时开始想怎么办呢？仅靠土地是不行了，只能从副业或工业方面想办法，但政府还不让搞其他的经济。家庭养殖业也不让搞，养猪只能养一头，养羊不让，上规模了更不行，要割资本主义尾巴"。① 在生活无着落的困境面前，只能"穷则思变"，他们想从副业上得到解救办法，然限于国家政治的干涉，只能暂时安于现状，但我们能够隐约感觉到有一股想发展副业的潜流在酝酿或生成。

同时，我们还可从郝庄村民刘向挺的口述中了解到当时民众生活窘迫的情形。刘是从部队转业回到郝庄的。1957 年刘转业回乡亲眼看到社员饥不择食的惨状，他流泪了，暗下决心一定要改变乡亲们的处境，便苦苦思索，总结了大家没有干活的积极性、青黄不接的原因在于农业生产合作社，尤其是"大锅饭"使得社员产生了懒惰思想："反正我干不干活最后都能吃饱，既然不干活也能吃饱，我为啥要干活，另外一些人看到了，他们不干活也能吃上饭，而且跟我吃的还一样，我也不干活了。"② 发现这样一个深层原因后，刘想到了别人不敢想的策略——"分田单干"。他认为，要想使乡亲们走出眼前困境，让父老乡亲过上好日子，唯一的办法就是解散公共食堂，把合作社的土地重新分配给社员。然而，这种办法在现在人们的眼中看来轻而易举，但在当时真正要实现土地重新归社员所有几乎不可能。如果在实施过程中被人发现将会受到批斗，甚至有可能坐牢。当他的这个想法刚一传出就有几个胆小怕事的社员议论纷纷，冷言冷语："自己瞎搞，政府知道了非得闹他们，到时候可别把我们连累了。"刘坚持自己的想法，在其带领下有 7 户社员暗中尝试了这一大胆举措，在这 7 户当中那种混工分、磨洋工的懒惰思想一扫而光，大家把闲谈的工夫用在了生产劳动上。当时全国各地因饥饿死了不少人，可刘带领的 7 户却家家

---

① 被采访人为贾姓村民，男，被访时间 2013 年 9 月 11 日。

② 参见《郝庄大队四清果实》，藏于山西省太原市郝庄村委会。

有余粮，其他吃不饱的社员晚上都偷偷去"借粮食"，去的迟了借不上的
则都急红了眼，向上级揭发这7户，说他们搞"分田单干"、"破坏农业
合作社，破坏集体化，影响农业生产，拖社会主义国家工业化的后腿"。
于是，上级派干部调查，几次向组织揭露刘的"单干风"，找刘谈话，劝
他悬崖勒马，紧跟中央指示，坚持走农业合作社的道路，坚持集体化道
路。但刘以生活实际为借口，向上级反驳道："我们7户分田后，户户五
谷丰登，丰衣足食，又率先超额完成征购任务，我们做到了合作社社员做
不到的成绩。"上级领导听了刘的辩解后未对其采取任何行动，而是默认
了他的做法。①

第三节　人民公社化运动

　　合作社的弊端尽管已一一暴露，但为实现"赶英超美"目标并早日
实现共产主义，集体化时期的"大跃进"被逐步推向高潮。全国都在放
卫星、造数字，瞒天过海，而中央看到全国多数省份的农民都已加入高级
农业生产合作社就以为农民找到了一种优越的生产组织，只要有组织的力
量就没有干不成的事情。在这种思想支配下，某些中央领导人的设想越来
越大胆，认为如合作社再迈进一步即走向比高级农业生产合作社更高一级
的合作社，则社会生产力的发展将会再上一个新台阶。至于这个更高一级
的合作社如何组织？其实很简单，毛泽东说"组织起来好"、"人民公社
好"，于是全国各地紧跟潮流纷纷建立起由几个高级社组成的人民公社，
有的地方甚至将县里所有合作社合并在一起，把所有土地、牲畜、水利设
施和生产农具等都合起来组建人民公社。

　　1958年，全国大部分省份的"大跃进"和人民公社运动有机结合
在一起。在各级政府带领下，各地纷纷合并合作社并成立人民公社，继
续为生产"大跃进"推波助澜。其时郝庄与全国一样，在总路线指导
下实现着人民公社化。在村民的朴素理解中，毛主席说"人民公社
好"，高级合作社就由此转变为人民公社了，就变了一个名字，其他什
么都没变。合作社本身就是股份制，初级社是股份制，高级社和人民公
社同样亦是股份制，由大家劳动，劳动给记工，记工跟股份一样，按股

_____

　　① 参见《郝庄大队四清果实》，藏于山西省太原市郝庄村委会。

份分配，多出力就多分钱多分粮，少出力就少分，那是一样的股份。车马一样折股，有的是折成钱，按钱入股，没有车马的按钱入股，没有钱的可以贷款。信用社给你贷款，贷上款入股，分了红再还款，慢慢还给信用社。有的还不起款，后来信用社给免了。像郝庄有一家条件很差，家中父亲早早去世，家里没有积蓄，只好贷款入社，后来一直还不了，信用社就给免了。① 由此可见，在郝庄村民眼中，高级社和人民公社的区别只不过是由高级社刚转为人民公社时社员响应毛主席号召生产热情较高，以至于 1958 年粮食亩产量由 1956 年的 200 多斤提高到 300 多斤，实现了空前"大跃进"，且人民公社时期开始了公共食堂生活，其他没有什么大的变化。② 尽管人们觉得高级社和人民公社并无多少本质区别，但实际上还是存在一定的不同，特别是对于村民的入社是强制性的，村民的家庭生活同样发生很大变化。

一 入社动员

人民公社化运动掀起后，不甘于"思想和政治上落后"的郝庄合作社开始动员社员加入人民公社。首先，在党员干部学习及认识提高的基础上多次召开大会，组织群众学习党的政策，引导农民理解并加入人民公社。其次，通过广播、板报反复宣传和开会动员，并分别根据生产单位进行讨论，学习中央指示，追忆存在的不合理生产。而广大贫下中农越学越感到："党中央的政策给我们送来了希望，农业发展有了方向。""我们党的政策，不光使领导知道，干部知道，还要使广大的群众知道。"③ 正是借助于充分的宣传动员，如文字宣传动员、语音动员和形象宣传动员等，郝庄仅仅一个月左右的时间就完成了农村的公社化过程。

就其动员方式而言，主要是语音动员。语音动员亦可称作口头宣传，即宣传者在直接接触的情况下用生动的口语对受众进行说服的一种宣传形式，其优势是在传递信息过程中能够有效地实现反馈，宣传者亦可很容易地直接观察到听众的反应和情绪状态以便随时调节传递的速度、信息量和

---

① 被采访人为贾姓村民，男，被访时间 2013 年 9 月 11 日。

② 参见郝庄人民公社郝庄生产大队编《郝庄简史初稿》，藏于山西省太原市郝庄村委会。

③ 《郝庄大队一部分底稿材料（〈落实党的政策〉）》，太原市南郊区档案，藏于山西省太原市郝庄村委会。

方式，从而积极地影响感知过程。①

　　比起文字和形象动员，语音宣传动员更简便快捷，更能适应于大范围的宣传动员，凡爱听广播的人都可轻松地理解宣传内容。而文字的动员相对要差一些，即便是简单的白话文，其针对的对象也必须是识字的人群。语音宣传方式大体可分两种，一种是通过各级政府组织领导人报告会、座谈会及与个人的个别谈话或讲座、领导人公开场合的演讲等形式进行的语音宣传，可认为是直接性语音宣传；另一种是间接性语音宣传，即通过各村各社的广播进行间接性语音宣传——宣传者和宣传对象都凭借现代化传播工具、在异时异地间接地完成语音的传送和接受，如广播、录音、电话等。② 郝庄人民公社化运动的动员是直接性语音宣传，其表现为以毛泽东等热衷于人民公社的中央领导人通过演讲、座谈会等形式宣传人民公社的好处，宣传中央关于发展人民公社的方针、政策措施。领导人的讲话对动员发挥着至关重要的作用。尤其是对当时处于生活物资极其短缺条件下的广大群众来讲，公社化的那种诱惑力是今人难以理解的，在群众心中共产主义是天堂，而人民公社则是桥梁。

　　为了使动员工作能够真正发挥作用，郝庄公社党员干部和宣传队党员负责人16名组成宣讲团分赴各大队，并抽调35名干部深入各生产队，抓革命促生产，搞好骨干培训，集中两天时间培训骨干，先给党团员传达，然后又通过小学教员宣讲，使分散居民随队听取传达并组织他们讨论。③此外，还通过对各种文件的宣读，如《冬季秋播工作中病虫防治措施》、《中共郝庄公社委员会关于下达清理超支拖欠任务的通知》等，使社员对公社化运动所带来的利益和实惠产生切身的理解。④

　　实际上，郝庄在开始办公社时就对合作社社员进行了全面普查，发现100多户社员中积极拥护办社者68户，约占68%；基本拥护但略有顾虑者20户，约占20%；顾虑较多甚至存在抵触情绪者12户，约占12%。通过调查发现，影响社员参加人民公社化的主要原因是"公社办公共食

　　① 参见蒋云根编著《组织行为的心理分析》，东华大学出版社2009年版，第206页。
　　② 参见向在仁《宣传学概论》，四川省社会科学院出版社1998年版，第118页。
　　③ 参见《郝庄公社委员会关于传达中央会议的安排》，太原市南郊区档案，藏于山西省太原市郝庄村委会。
　　④ 参见《中共郝庄公社委员会关于贯彻落实学习中央42号文件进行整党整风的安排意见》，太原市南郊区档案，藏于山西省太原市郝庄村委会。

堂吃大锅饭能吃饱吗?"有的社员听说要办公社,要办公共食堂吃"大锅饭",赶紧跑回家将余粮分散地藏起来,这些人担心公社会没收其全部财产;有的社员觉得"我们加入公社,不就等于把自己卖了嘛,每天给公社干活,还不知道能不能有休息的时间,我的劳动成果都被别人享受了,我的人身自由怕都得不到保障!"① 村民头脑中对人民公社根本就没有什么概念,只是上级领导说应该怎么建立,大家就觉得公社应该是个什么样子。② 这些想法或这种心理尽管非常幼稚,但真实地反映出当时某些村民的内心世界以及对入社的诸多顾虑。针对这一情况,各级领导为了尽快消除人们的担忧,加快创办人民公社的步伐,决定充分利用大字报宣传公社的好处,同时批判群众中存在的"狭隘"思想。如郝庄公社为应对群众这一心理,特制作大字报对其反击,大字报写道,"战胜自然灾害,击退阶级敌人的疯狂进攻。劳动人民把身翻,阶级敌人心不甘。阴谋诡计想复辟,腐蚀干部耍手段。投机倒把卖公章,贪污盗窃罪滔天。软硬兼施放毒箭,企图篡夺领导权"③。然而,到了饿肚子的时候,大家对公社才有所认识,觉得公社并非政府或某些人宣传得那么好。④

　　毫无疑问,农民是非常理性的,在他们朴实的世界观中有着自己对社会的深刻感悟和认识。正如前文所述,当他们面临生存危机时才发现人民公社是有缺陷的,只不过在政治和宣传的作用下仍坚守着农民的本分,即继续支持公社化运动。客观地讲,农民在人民公社化运动中是被动的主角,但他们所持的社会心态却对怎样去发展公社化运动有着一定的影响。

二　人民公社的组织结构及其运行

　　由于人民公社时间跨度较长,故在研究这段历史时会将之分成若干时段,但截至目前学界对这一体制演变的划分尚未形成定论,分歧较大。其中代表性的观点有:"二阶段说",这种分法是较传统的一种方法,即将人民公社分"大公社"和"小公社"两个时期,"大公社"起止时间是1958 年 4 月至 1962 年 2 月 (以中共中央《关于改变农村人民公社基本核

---

① 郝庄人民公社郝庄生产大队编:《郝庄简史初稿》,藏于山西省太原市郝庄村委会。
② 被采访人为贾姓村民,男,被访时间 2013 年 9 月 11 日。
③ 郝庄人民公社郝庄生产大队编:《郝庄简史初稿》,藏于山西省太原市郝庄村委会。
④ 被采访人为王姓村民,女,被访时间 2013 年 9 月 12 日。

算单位问题的指示》所确立的"三级所有、队为基础"公社新体制为界），"小公社"起止时间是 1962 年 2 月至 1983 年 10 月，而"大公社"时期又可分为时段不等的几个小阶段；"三阶段说"，这种分法主要以中央政策为主线、以农村管理体制调整为辅线，即将人民公社划分为建立和调整阶段、管理体制混乱阶段、管理体制改革阶段，时限分别为 1958 年至 1966 年"文化大革命"开始、1967 年至 1978 年中共中央十一届三中全会召开、1979 年至 1985 年人民公社彻底解体；"四阶段说"，这种分法将人民公社划分为制度创设期、制度调整期、制度稳定期、制度终结期，时间分别是 1958 年、1958—1962 年、1962—1978 年、1979—1984 年；"五阶段说"，这种分法实际上是对"三阶段说"的拓展，即将人民公社的建立单独划出来作为一个阶段，时间是 1958 年，然后将"三阶段说"的 1958—1966 年划分成两个阶段并以 1961 年 5 月中央农村工作会议通过的《农村人民公社工作条例（修正草案）》为界。[1] 上述几种划分方法尽管在理论上存在一定的乃至较大的歧义，但其对于理解人民公社的组织结构及其运行机理均具有或多或少的借鉴价值。本节主要讨论人民公社的组织结构及其运行机制，这是一个连续性的发展过程，故将重点阐释其内部组织结构并对其生活方式有所呈现。

1. 户、队与社

农村人民公社是中国农村的自治组织与国家基层政权机构相结合产生的社会主义集体所有制的经济组织，这种组织既是经济组织又是农村社会的基层单位。其 1958 年开始出现在中国大地上，它是由农业生产合作社联合而成，一般情况下一个乡组成一个公社，郝庄乡组成郝庄公社。经济基础是生产资料公社所有制，组织基础是政社合一。之后，生产资料所有制发生一些变化，从 1962 年起生产资料所有制由公社所有改为以生产队的集体所有制为基础，由公社、生产大队和生产队三级组织所有，生产队是基本单位，进行独立核算。社员通过参加集体劳动获得工分并参加公共食堂生活，而且社员拥有一定的自由，在完成公社任务的同时可种植少量自留地，经营少量家庭副业。

郝庄公社松庄管理区组织机构是管理委员会，其由 11 人组成，下设主任 1 名、副主任 4 名、委员 6 人，其中秘书 1 人；财务制度中，财务组

---

① 参见姬文波《人民公社化运动初期的体制与制度特点探析》，《学理论》2010 年第31 期。

下设会计 1 名、副会计 1 名、出纳 1 人、保管 1 人、采购 1 人；审批制度中，对于全年预算开支必须经管委会主任或委托人签字，对于较大开支必须经管委会通过。① 郝庄生产大队有 112 户 351 人、劳动力 127 人、土地 959.64 亩，其中基本农田 660 亩。② 生产大队是农村地区在人民公社时期存在的基层组织，是由民国时期的"行政村"过渡而来，实行人民公社制度以后"村"即过渡至大队。大队既是公社直接管辖的行政编组（行政区）又是生产预算单位，其下划分为生产队，生产队直接管理农户。具体到郝庄生产大队，其是配合人民公社的三级组织设立的，推行公社—大队—生产队的三级管理制。③ 除郝庄这种最普遍的三级管理组织外，亦有少数实行两级管理制，具体模式是公社—生产队；对于那些比较大的公社（一县一社的大社）则实行四级管理制，即公社—分社（办事处、基层社）—作业区—生产队。

郝庄生产大队有大队长和书记，下设第一、第二、第三生产小队，各队设小队长。不论干部或社员都一起干活，一块分红。队长不脱产，脱产的只有会计，其余都要到地里干活。老队长长工出身且是个老光棍，人挺好，后来找了个武家的寡妇，每天穿着皮袄，拿着镰子，爱干活。会计农忙时亦下地干活。但领导均有补助工，大队长一年补助 500 个、小队长补助 300 个、会计补助 50 个。所有领导只要有机会就下地干活赚工分，干多少算多少，剩下的补助。队里有些工作可拿回家晚上做，小队记分员补贴 30 工分。④ 另外，我们还可通过郝庄 1961 年生产大队收益分配表略窥其内部机构设置及其分工，具体参见表 4—4。

---

① 参见《郝庄公社松庄管理区民主管理制度草案》，藏于山西省太原市郝庄村委会。

② 参见《郝庄公社郝庄生产大队 1959 年收益分配表》、《太原市南城区人民公社基本情况调查表》，藏于山西省太原市郝庄村委会。

③ 参见《郝庄大队一部分底稿材料（〈现将公社组织施工用的开支和劳动汇总如下〉）》，太原市南郊区档案，藏于山西省太原市郝庄村委会。

④ 被采访人为贾姓村民，男，被访时间 2013 年 9 月 11 日。

表4—4　　　　　　　郝庄生产大队收益分配表（1961 年 1 月）

项目	数量（元）	
收入总计	83099.19	
农业收入	38274.7	
林业收入		汇报本表的生产大队 1 个、
牧业收入	2166.08	生产队 3 个
副业收入	41100.49	
渔业收入		
其他收入	1557.92	

资料来源:《郝庄公社郝庄生产大队年收益分配表》, 藏于山西省太原市郝庄村委会。

由表4—4 可知, 郝庄公社的生产涵盖了农、牧、副等领域。当公社规模扩大后, 在"既要组织精干, 又要把公社各项事业管好"原则的指导下, 在社务委员会下增设若干分工负责的部门, 除设农、牧、副等负责部门外又增加了财贸、文教、公安武装等部门, 将各个部门所负责的任务具体化。这种设置更容易把各项事业管理好。但在其他一些地方, 公社增设部门过于繁杂、分工过于细化, 如有的人民公社除工业、农业水利、林牧外又设立文教卫生、武装、政法等部门, 有的人民公社在此基础上又增设财贸、劳动工资、计划委员会、科学研究等部门, 这些部门大部分与原有的部门交叉。这种交叉设置易导致有些事没人管, 互相之间推卸责任的现象增多, 还造成了机构庞大、干部过多的现象。[1]

一般一个公社设置农林、水利、工业、财贸、文教卫生、武装保卫、计划统计、工资福利、科学研究等部门较为合适。在各部门职权上, 有的社只起参谋作用, 即协助社务委员会制订工作计划、提出工作建议并经社务委员会批准后去执行, 不直接指挥作业区的工作; 有的社各部门则起着指挥部的作用, 直接召开会议, 直接布置工作。从实际效果看, 前一种做法较好, 它能够保持社务委员会的统一领导, 减少作业区的工作负担。[2]为清晰地反映社内各部门的有机协作, 特以《太原市南郊区人民公社

---

[1]　参见姬文波《人民公社化运动初期的体制与制度特点探析》,《学理论》2010 年第 31 期。

[2]　参见《公社的体制和机构——辽宁省人民公社体制和机构问题的研究》,《人民日报》1958 年 12 月 2 日, 第 3 版。

1958 年收益分配表》为例进行考察，从中可以看到郝庄公社在 1958 年总收入中农业收入占主体，投资部分中生产投资占总收入 27% 左右，尤其用于生产投资的部分远高于管理投资，这表明郝庄公社的管理部门配置较合理，部门设置过于繁杂的现象未在郝庄公社出现。社员消费占总收入的 57%，没有发生被生产投资以及公共积累挤占的情形，这在一定程度上保证了人民生活水平的提高（参见表 4—5）。

表 4—5 　　　　　太原市南郊区人民公社 1958 年收益分配表　　　　单位：元

	总收入			上缴国家财政收入			管理费用			
	金额	农业收入	农业税	商业税	合计	占总收入百分比（%）	生产投资	行政费	合计	占总收入百分比（%）
郝庄生产队	87087.01	46102.85	3664.84		3664.84	42.07	23100.55	406.63	23507.18	26.98
	公共积累		社员消费				其他支出			
	金额	占总收入百分比（%）	工资	供给	合计	占总收入百分比（%）	金额	占总收入百分比（%）		
	10056.83	11.55	33712.16	16146	49858.16	57.25				

资料来源：《郝庄大队一部分底稿材料（1979 年 1 月〈落实党的政策，搞好定额管理〉）》，太原市南郊区档案，藏于山西省太原市郝庄村委会。

　　具体谈到公社各单位之间的分配，据毛泽东 1971 年签发的《中共中央关于农村人民公社分配问题的指示》，坚持"各尽所能，按劳分配"的社会主义原则，搞好劳动计酬是按劳分配的依据；在社员劳动计酬上坚持无产阶级政治挂帅，不断提高社员为革命种田的觉悟，不断同资本主义倾向斗争，并注意克服平均主义，按照社员劳动质量和数量付给合理报酬；实行男女同工同酬。[①] 此外，公社还实行定额管理，以避免因性别不同造成分配不公问题并充分调动农民的生产积极性。定额管理是人民公社必须贯彻的制度，华国锋在五届人大政府工作报告中指出：要认真执行定额管理，评工记分制度。郝庄支部书记梁书文同样认为："定额管理能够比较

----

① 参见《中共中央关于农村人民公社分配问题的指示》（1971 年），藏于山西省太原市郝庄村委会。

准确地计算社员的劳动数量和质量，更好地体现多劳多得、少劳少得、不劳动者不得食的社会主义原则。去掉了平均主义的一拉平，调动了广大社员群众大干社会主义的积极性，提高了出勤率和生产率。"生产队支委王亚义亦认为："定额管理能够教育社员群众提高生产责任性，保质保量地完成生产任务，还能鼓励社员学习和掌握生产技术。"生产队一队队长王成保在讨论中积极肯定了定额管理的好处，他说："定额管理好就好在多劳多得，少劳少得，还能促进团结，过去由于定额不合理，所以所取得的报酬也不合理，干部社员意见纷纷，形成了上地一条龙，回家一窝蜂，生产任务完不成。"①

人民公社时期旧社会那种对女性的歧视逐渐淡化，妇女群众在社会生产中的地位逐步提高。郝庄公社妇联主任付大花说："定额管理能真正地体现男女同工同酬的原则，克服男人和女人干的一样的活，工分却有高有低，定额管理能充分调动妇女生产劳动的积极性。"② 而且，孕产妇在产前1—3个月可不参加体力劳动，妇女在经期内可准3—5日休息，尽可能不参加体力劳动。③ 同时，又在会议中将重视女性形成制度，规定必须坚决执行男女同工同酬、按劳分配、多劳多得、不劳不得的原则，实行好的奖励、错的惩罚和教育的政策。④ 不过，追求绝对平等的"同工同酬"则在一定程度上导致一些妇女超负荷的强体力劳动，身心健康受到了伤害。⑤

2. 村民公社化生活

人民公社时期，村民日常生活基本上是组织军事化、行动战斗化、生活集体化。公社对生产队的劳力、财物往往无偿调拨，甚至对社员财物无偿占有，对社员生产生活严加限制。据郝庄会议记录：为了高速度地发展农业，对于违反劳动制度者，如无故不请假不出勤的轻者批评教育、重者

---

① 《郝庄大队一部分底稿材料（1979年1月〈落实党的政策，搞好定额管理〉）》，太原市南郊区档案，藏于山西省太原市郝庄村委会。

② 同上。

③ 参见《郝庄公社松庄管理区民主管理制度草案》，藏于山西省太原市郝庄村委会。

④ 参见《郝庄大队一部分底稿材料〈今后工作中的几点意见〉》，太原市南郊区档案，藏于山西省太原市郝庄村委会。

⑤ 参见李金铮、刘洁《劳力·平等·性别——集体化时期太行山区的男女"同工同酬"》，《中共党史研究》2012年第7期。

给予罚工 1—3 个以补偿生产中的损失，特别严重的要开大会进行批判。①
同时，为了使党的方针政策能够家喻户晓，人人明白，凡郝庄大队召开的
党员干部大会必须执行签到和请假制度，无故不到者轻者批评教育、重者
罚工 1 个，以维护政治纪律。如有无理取闹者加重处理，以维护社会主义
建设秩序。② 这就是所谓的"组织军事化"，即人民公社的劳动组织应像
军队一样有组织有纪律。在人民公社的各级生产组织中都建立相应的民兵
组织，编制方法完全采用军队编制，有团、营、连、排、班，这样做的好
处是人民更容易管理更容易调动指挥，再一点就是加强了国防力量。"行
动战斗化"是指在人民公社经济生产中要打破公社界限、打破乡镇甚至
县之间的界限，像打仗一样实行大兵团作战。③ "生活集体化"就是各个
人民公社内部普遍兴办公共食堂、托儿所、幼儿园、理发室、公共浴室、
敬老院等，以此来培养社员的集体主义观念和共产主义精神。④

　　公共食堂是人民公社时期的典型产物。郝庄生产大队实现人民公社化
后，随着人民公社化的发展于 1958 年 8 月 25 日正式成立公共食堂，参加
者计 120 余人，10 日之后由劳力食堂改为公共大食堂，全村应参加者 348
人，实际除年老、慢性病患者 47 人外其余 301 人全部参加了食堂，共计
101 户，占总户数 92%，占总人数 86.5%。公共食堂刚成立时很得人心，
主要原因第一是方便，第二是免费。全年 12 个月分农忙和农闲，即 11 月到
次年 2 月为农闲时，每日每人平均吃粮 0.75 斤；6 月和 9 月为农忙时，每
日每人平均吃粮 1.02 斤；3 月、4 月、5 月、7 月、8 月、10 月 6 个月为不
忙不闲时，每日每人平均吃粮 0.84 斤；农闲时多吃薯类和劣粮，农忙时多
吃好粮。这样根据农事季节安排吃粮，就可保证粮食的正常供应。⑤

　　食堂初办时很重视节约用粮，即从 1959 年 5 月就实现以人定成的用
粮计划，如按原计划不实行以人定量节约用粮，那么全村将缺一个月的粮
食，实行以人定量后由于大家对粮食都有了主人翁的意识，人人注意了节

① 参见《郝庄大队一部分底稿材料〈今后工作中的几点意见〉》，太原市南郊区档案，藏于山西省太原市郝庄村委会。
② 同上。
③ 参见何沁主编《中华人民共和国史》第二版，高等教育出版社 1997 年版，第 143 页。
④ 郝庄公社郝庄生产队《太原市五好职工登记卡片》中有"五好科室条件"、"五好食堂条件"、"五好医疗部门条件"、"五好幼儿园、托儿所、乳室条件"等。
⑤ 参见《郝庄人民公社郝庄生产队关于公共食堂工作的介绍》，藏于山西省太原市郝庄村委会。

约,不仅没有缺粮,还多吃了13天,总计节约粮食15440斤。1959年国家给村里的口粮标准为365斤原粮,比1958年减少115斤,在这种情况下节约粮食就显得更加重要。因此,村里本着多劳多得、以成定量的粮食分配原则,在全村粮食127020斤的总数中抽出10%计12228斤以劳动日分配,即全村实际劳动日为4万个,每个劳动日为0.28斤。这样,90%的社员以人定量进行分配,根据小孩年龄段及大人老年、普通劳动、单身汉、食量大、重体力劳动等情况进行,即1—3岁为三成,4—6岁为四成,7—12岁为五成,老年不能参加田间劳动者及13岁以上的小孩为六成,普通劳动者食量较小为七成,食量大及单身汉为八成,赶车的、修水库的劳动者为九成,这样分成,再经民主评定,核实成数,全村共分2115成,每成可得原粮52斤,每人计算如表4—6所示。①

表4—6 郝庄公共食堂口粮定量分配办法

成别	标准	原粮数	原粮折成粮标准	折成粮	每月平均	每日平均
3成	52斤	156斤	84%	131斤	10.9斤	0.361斤
4成	52斤	208斤	84%	175斤	14.5斤	0.48斤
5成	52斤	260斤	84%	218斤	18.5斤	0.61斤
6成	52斤	312斤	84%	262斤	22斤	0.93斤
7成	52斤	364斤	84%	306斤	25.5斤	0.85斤
8成	52斤	416斤	84%	349斤	29斤	0.96斤
9成	52斤	468斤	84%	393斤	32.7斤	1.09斤

资料来源:《郝庄人民公社郝庄生产队关于公共食堂工作的介绍》,藏于山西省太原市郝庄村委会。

这就是以人定级、以级定成、以成用粮、以粮定种、发给粮票个人掌握使用、节约归己的办法。这样定成的结果使得粮食够吃,如加上劳动日粮,就保证了劳动多多吃粮,刺激了社员参加劳动的积极性。②

同时,根据过年过节需要并结合实际情况改善社员生活。在细粮少粗粮多的情况下,全体炊事人员动脑筋想办法进行粗粮细作,增加花样,改

---

① 参见《郝庄人民公社郝庄生产队关于公共食堂工作的介绍》,藏于山西省太原市郝庄村委会。

② 同上。

善营养。如玉茭子可做不烂子、圪垛饭、面条、掺面粥、窝窝头等 12 种花样，高粱面可做河捞面条、和子饭、蒸饭、花卷、不烂子等 10 多种，麦子可做削面、面条、圪垛儿等。一般每顿饭都加一半菜，农闲时每日两稀一干，就是在粮食较少情况下亦要保证大家吃好喝好，安心生产。农忙季节必须在地里吃饭，最能体现公共食堂方便的优越性。这时，厨师可为各个生产队的社员提供热的饭菜，社员只要派人去食堂取就行。如没有这样的集体食堂，队里就派一个人挑着扁担一路摇着铃铛到各家去收饭，因为那么多户人家同时把饭做好是不可能的，派去取饭的人总要等着还没做好的人家做成才行，这样等他们把饭挑到地里时先做好的饭肯定凉了。如大家的饭一起做，不仅省时省力且大伙还能吃上拿到地里都是热的饭菜。①

郝庄村 101 户如分散在各家吃饭，每户需一个人专门做饭，每顿以 1 小时计算，一日三餐全村共需 303 小时，若计算为劳动力，每个劳动力以 10 小时计就合 33 个劳动日。也就是说，过去每天需要 33 个人留在家里做饭，不能参加田间劳动。公共食堂建成之后，每日食堂做饭只需 6 人，一个炊事员可承担 50 人的做饭任务，较原来节省 27 个劳动力，可投入田间或其他方面的劳动中。同时，在碾米磨面等方面基本实现电气化，用电磨加工。过去，全村每天需 10 头牲畜碾米磨面，并需 10 个人参与此项工作，但入社后仅需 3 个人，再用几度电就可以了，共节省 10 个畜力、7 个劳力。如将做饭、粮食加工节省出来的 34 个劳动力用在夏天可间苗 24 亩，用在秋收可割高粱、谷子 65 亩。如把 17 个畜力用于耕地，可耕地 20 亩。由上可知，办起食堂大大省了劳力，有力地支援了生产，给生产输送了可靠的有生力量。此外，即使农闲季节，许多家庭还是觉得公共食堂方便，他们可派一个人去食堂把饭取回家吃，对单身汉和人口多的家户尤其方便。②

公共食堂创办初期，郝庄村民对之评价很高，认为其解放了劳动力，解决了单身汉的困难问题。③尤其是将 90% 的妇女彻底解放出来，过去妇女出勤率只有 20%—30%，自办起食堂和幼儿园、托儿所后妇女则纷纷

---

① 参见《郝庄公社郝庄生产大队资料》，藏于山西省太原市郝庄村委会。
② 同上。
③ 参见《郝庄人民公社郝庄生产队关于公共食堂工作的介绍》，藏于山西省太原市郝庄村委会。

从炉台、碾台、磨台旁边走出来直接参加了田间劳动，出勤率达到90%
以上，除一些因流产或疾病不能参加劳动外其余全部参加了劳动，相应地
增加了个人收入并支援了生产。同时，亦解决了单身汉因做饭带来的负
担，使之放下烦琐家务，集中精力投入生产。例如，单身汉渠丁西过去历
年平均劳动日300个，自食堂开办后则达到410个，增加收入100元左
右。不过，那些强调饭菜花样、个人口味、病号饭、随时可吃到饭菜或还
有其他特殊要求的人就不易满足了。此外，食堂还特为幼儿园、托儿所设
立了幼儿伙食并在粮食上予以调剂，食用营养高、易消化的食物；给老年
人做软饭软菜；给生病及残废者送饭；对因公外出不能按时吃饭者，留值
班人员，保证所有食堂上灶人员吃到热饭。①

　　食堂管理是一个非常重要的问题，没有好的管理制度就不能保证食堂
的发展及其巩固。郝庄生产队干部十分重视食堂管理工作，选出了伙食委
员会，组成人员有炊事员、管理员、妇幼、青年、老年等生产队代表性人
物，广泛吸收群众意见改进伙食工作，专门负责食堂民主管理及领导，每
半月开会一次，审查财务收支情况、讨论伙食改善问题、研究群众的反映
和要求、答复他们的意见。管理人员及炊事人员都是经过群众酝酿、社员
大会公开民主选出的，选择时注意由勤俭、卫生、公平、正义、态度和
蔼、做事耐心的人担负，并每两天组织学习一次、每周召开生活检讨会一
次，以使他们提高思想觉悟和进一步改进工作。②

　　为防止疾病和增强社员体质，公共食堂十分注意卫生工作，炊事人员
的卫生制度是每周洗澡一次、每半月理发一次、指甲常剪及工作服、帽、
袖套、围裙常洗，饭前便后要洗手，做到个人整洁。炊具保持干净、用毕
消毒，菜案面案严格区分，熟食和生食分库保存。灶房内设有下水道以排
污水，烟囱设在外面以防灰尘进入灶房，饭厅每顿饭前清扫一次，灶房内
保持干净。夏日配有竹帘、纱窗等防蝇设备，冬季饭厅灶房装有棉帘等防
寒设备。由于卫生搞得好，一年之内根本没有肠胃病及其他传染病发生，
保证了生产任务的顺利完成。③

　　公共食堂的一切收入开支等财务事宜、用粮情况，每月需经伙食委员

----

① 参见《郝庄公社郝庄生产大队资料》，藏于山西省太原市郝庄村委会。
② 同上。
③ 同上。

会审查并列表公布，以供社员监督。在饭食处理上需事先报饭，交粮票后领取饭票，凭票吃饭。① 然而看似制度化的食堂管理却因操办背后的利益关系而使食堂许多干部的官僚主义作风滋长，破坏了干群关系，给群众生活带来不便，造成人力物力浪费，一度成为干部多吃多占并严重损伤社员积极性的焦点问题之一。如表4—7所示，烟酒茶的开支就不是一个小数目，要比吃鱼花费多得多，而1974年打井时仅猪就吃了13头，在当时物资短缺的情况下确实是奢侈了些。

表4—7   1974年郝庄生产队食堂开支

1974年打井吃猪13头	折1685.01元
烟酒茶	288.46元
鱼	135.86元
饭费菜调味开支	2300.60元
粮食（小麦）	12082斤折1370元
合计	5779.95元

资料来源：《郝庄大队一部分底稿材料〈我队近几年来在几项工作中付出的粮食、资金等如下〉》，太原市南郊区档案，藏于山西省太原市郝庄村委会。

公共食堂对村民的公社化生活在一定时期是有积极作用的，但亦存在不少问题。其积极作用主要表现在以下几方面：（1）节省煤炭。自办起食堂后基本上已不存在一家一灶，可以节省煤炭。开办食堂之前每家做饭起码生一个火，全村需生110个火，每灶需煤炭15斤，全村每日需1650斤，每月需48500斤，一年需594000斤合297吨，每吨成本价5.5元计需1633.5元；而食堂连茶炉在内每日只需煤炭150斤，每日较前节省1500斤，全村共开支煤炭费224元，节省人民币1409.5元。这样，就减轻了大家负担，省下的钱可用于改善生活。（2）紧密地服务于生产。由于食堂吃饭是统一时间，所以上地生产亦是统一的。从食堂吃饭后休息一会儿全体相随上地，从而使生产和劳动步调统一、生活完全服务于生产。如一旦有重要任务，社员不能回村吃饭，食堂就可将饭送到地里，使任务及时完成。社员在生产和生活上完全集体化有力推动了生产任务的顺利进

---

① 参见《郝庄公社郝庄生产大队资料》，藏于山西省太原市郝庄村委会。

行。（3）一堂多灶，送饭上门。食堂为托儿所、幼儿园的儿童固定了炊事员，设立了幼儿灶，并在粮食上尽量给予调剂，大部分供给白面、豆面、小米等营养高的食物，使孩子们得到容易消化且可口的饭菜，保证了其健康发育。为照顾病号，食堂给他们单独做饭且送到家里，使之早日恢复健康并投入生产。对无人照顾的残废老人给予优待，送饭到家，日日如此，月月如此。如吴贵芳母亲因双目失明出门吃饭极不方便，食堂就每日给她送饭，她则感激地说："要不是毛主席，早就把我给饿死了！"公共食堂的负面效应在于过度干扰了社员正常的家庭生活，特别是夫妻及子女间的感情，影响了社员对伙食和生活时间的自由支配权。① 诚如时任生产队队长王某在回忆中所讲到的那样："公共食堂成立之后大炼钢铁之风迅速席卷而来，但大炼钢铁毫无效率，村民将家中凡带些铁的东西都砸破带到东山的炼铁基地进行炼钢，炼了好长时间总是感觉离生产出500万吨钢铁的目标相距甚远，只是在炼钢铁时可以免费坐公交车、免费吃饭，但很累，身体已到极限。随之，国家在经历大灾难后对一些过'左'政策进行调整，炼铁的生活就结束了。"② 又如村民贾某回忆说："炼铁耽误了不少正常的农时生产，如大家都去东山炼铁了，地里庄稼没人收割，即使收回来也没人打，粮食发霉都烂了，最后只得扔了。1960年大旱来临，颗粒无收，老百姓都说是'造孽了，老天惩罚呢，给你大丰收你都不要，就该饿着你。'"③

3. 产品分配

农业生产能不能迅速发展决定于干部社员的积极性，而这种积极性的大小决定于按劳分配的原则贯彻得好不好。④ 在分配上，郝庄生产队采用定人员、定任务、定质量、定报酬、定支出、定奖罚的"六定"制度。如砖厂实行定额记工，由大队定人员，下达任务，根据人员、任务，合理安排工分。在1976年前后砖厂定员85名，下达任务是年产成品砖350万块，大队付给报酬30050个工。此外，大队还规定如能超额完成任务就按比例给予奖励，使原来未搞定额管理时月生产砖坯2.5万块增加到4.5万块。⑤

① 参见《郝庄公社郝庄生产大队资料》，藏于山西省太原市郝庄村委会。
② 被采访人为王姓村民，男，被访时间2013年9月23日。
③ 被采访人为贾姓村民，男，被访时间2013年9月11日。
④ 参见《郝庄大队一部分底稿材料（1979年1月〈落实党的政策，搞好定额管理〉）》，太原市南郊区档案，藏于山西省太原市郝庄村委会。
⑤ 参见《落实党的政策，搞好定额管理》，载《郝庄大队部分底稿材料》，藏于山西省太原市郝庄村委会。

总体来看，全国农村人民公社分配工作基本符合国家规定，最初几年国家、集体、个人三者关系处理得令人满意，各地公社都积极完成和超额完成了国家征购任务。社员收入迅速增加，同时壮大了集体经济在国民经济中的比重。但有些地方公社由于受极"左"思潮干扰，局部地区出现过"平均主义"、"一平二调"的现象。①

具体到郝庄，人民公社的产品分配与高级社和初级社并没有多少区别，只是规模大了，按工分取酬，想挣工分就须出来干活，不想挣亦不勉强，挣多少算多少。一个男劳力一天1个工，一个女劳力一天6分工；或一个男劳力是壮劳力，大家觉得你行就得10分，体力不行就得9分，每天不到1个工的要看计分积累，如歇一天就没有工，多干一天就多9分。有些女性在劳动中不亚于男劳力，劳动强度特别大，所以挣到的工分要高于女性工分平均数。据郝庄社区民生办现任主任贾骏回忆，他妈是女性中工分最高的，比别人都能干，她敢和男人比劳动，但因受性别和身体影响挣得工分要比男劳力少。到分红时按工分多少除口粮外还可以额外分到钱。②

1967年，郝庄生产队的收入情况大致是经济收入27万元，平均每个工0.85元；粮食收入26万斤。当时该队农副业全部是评工记分，不管劳动好坏男的不能超过400个工分，女的不准超过350个工分，凡超过的工分一律扣掉。这样做的后果是干活好坏、数量多少、质量高低只要有出勤就能记工分，再干也是10分工，如此则严重挫伤了社员的劳动积极性，造成1967年歉收减产。而且，公社把原来几十个条件不同、贫富各异的合作社合并到一起，财产全部上缴并由公社统一核算、统一分配，实行供给制和工资制相结合的分配制度。供给制主要是按人口供给口粮，在公共食堂吃饭不要钱。这在当时被理解为"按需分配"。③

口粮分配一般采取基本口粮和按劳动工分分配粮食相结合的办法，这两种分配方法之所以要互相配合是因为这样做既能充分调动大多数社员的劳动积极性又能确保烈属、军属、职工家属和困难户能够吃到一般标准的口粮。社员口粮分发到户，由社员自己管理。公社、大队一般不从生产队

---

① 参见《强国社区深入讨论》，载《〈认识公社4〉人民公社分配问题》，http://bbs1.people.com.cn/postDetail.do? id＝90408721。

② 被采访人为贾姓村民，男，被访时间2013年9月11日。

③ 参见《郝庄公社郝庄生产大队资料》，藏于山西省太原市郝庄村委会。

提取公共积累，如举办企业、购买农业机械等，在不影响生产队扩大再生产前提下经过社员大会讨论同意，可从生产队适当提取一部分公共积累。由于新中国成立初期千疮百孔的国家经受不起任何大规模战争以及干旱洪涝和流行病等自然灾害，各人民公社要积极准备用于备战备荒的粮食。因此，在具体粮食分配上，生产队要根据生产力实际发展情况在充分考虑社员吃饭问题基础上须留下足够的种子和饲料粮，社员须勤俭持家、计划用粮。储备粮要年年储一点，逐年增多，这些粮食的使用须经社员大会讨论同意。① 不过，不从生产队提取公共积累的惯例不是绝对的。如 1961 年的分配工作既要照顾各农业社原有基本情况又要照顾以后人民公社建设的需要，就必须正确处理积累与消费的关系。要在苦战三年期间尽量多积累一些，以利于迅速发展生产，同时在生产发展基础上使社员生活得到适当改善，并将分配中应解决的几个具体问题确定如下：（1）社员收入部分可分不同情况做不同处理；（2）公共积累部分在总收入中应扣除社员分配部分当年生产投资，农业税、到期贷款等开支之后即为社的全部积累并转交人民公社；（3）粮食分配及储备。② 由此可见，郝庄公社的分配方式并非一成不变而是一直处于变化之中。但大体上分为农民消费、公共积累、粮食储备三大类，如表4—8 所示。

表4—8　　　　　郝庄生产大队收益分配表（1961 年 1 月）

项目	数值	项目	数值
公积金（元）	6652.37	占总收入%	8
		其中上缴公社	
公益金（元）	2485.94	占总收入%	3
社员分配（元）	55680	占总收入%	67
干部工分补贴（元）	1572.5		

资料来源：《郝庄公社郝庄生产大队年收益分配表》，藏于山西省太原市郝庄村委会。

各个公社从分配资金中扣除足够的粮食资金即占总收入的 20% 供食

① 参见中山大学经济系编《我国社会主义经济问题文件选编》农业部分，中山大学经济系 1974 年印，第236—237 页。
② 参见《太原市郊区人民委员会关于人民公社 1958 年分配方案》，藏于山西省太原市郝庄村委会。

堂半年使用，然后各户再从每年分配的粮食中拿出一部分粮食和钱供给食堂另外半年使用。1958—1959 年公社食堂的供应准确地说不是按需分配，除公社无偿供给一部分外另一半还得各家各户自己付给。供给食堂的粮食和资金越多则每户分到的粮食和现金就越少，宣传的免费供应意味着人们所需口粮是按需分配而不是按劳分配。郝庄口粮起初是部分、后来是全部按共产主义"按需分配"的原则进行分配，实际上是一种平均形式，即每个人都分到同样数量的粮食而不考虑性别、健康状况、力气等其他因素。除口粮外，其余的粮食要交公，交公可以变成钱。当然，"口粮虽然分，但要通过工分扣粮钱，有的人挣的工分不够粮钱就不给按工分分红了，挣得工分等于买粮了。"①

在 1959 年之后的三年中，"大队扣除足够的粮食和资金支持公共食堂全年运转，公社每个社员年底能剩余 300 多斤粮食。村里的口粮主要按人头分，只有大人和小孩有区别，小孩少些。一人能分 300 斤或 500 斤，然后折算高粱、谷子等，最后集中起来看够 300 斤没有，不够的话用红薯补，5 斤红薯相当于 1 斤粮进行折算。再后来就不能按此分配了，地里打下的粮食不够分就得吃救济粮"②。因此，这并不像人民公社创办之初宣传的那样"免费吃公社"，郝庄人越来越觉得他们吃的不是别人劳动所生产的现成粮食而是自己劳动所得的粮食。当然有些人欢迎这种分配形式，更欢迎粮食大丰收的年景，因为这时粮食不成问题，不像在灾荒之年农民的口粮不能维持生活。遇上灾荒年，那些勤劳的村民、贡献大的人对于缺少劳力的家庭和个人如与他们共享劳动果实就感到不满，于是就懒得劳动了。③

人民公社从其性质来讲仍是集体所有制经济，但它已逐渐增加了全民所有制的因素，譬如把分红制改为工资制。④ 工资制实际也属于一种按劳分配，1959 年 1 月中央农村工作会议建议人民公社分配收入供给部分与工资部分各占一半，然而在当时生产力低下的环境中绝大多数公社除能保障社员填饱肚子外是发不起工资的。而郝庄随着人多地少矛盾的显现出现

---

① 被采访人为贾姓村民，男，被访时间 2013 年 9 月 11 日。
② 被采访人为贾姓村民，男，被访时间 2013 年 9 月 11 日。
③ 参见［美］威廉·韩丁（William Hinton）《深翻：中国一个村庄的继续革命纪实》，《深翻》校译组译，香港中国国际文化出版社 2008 年版，第 211 页。
④ 参见《关于 1958 年人民公社分配方案的说明》，藏于山西省太原市郝庄村委会。

了工分不兑现现象，"一般情况下吃和子饭较多，平均主义严重"①。因此，人民公社就基本上只能完成"吃大锅饭"这一低级目标。到1958年底，全国农村建立"吃饭不要钱"的公共食堂达340多万个。② 加之，在一些中央领导人的错误指示下，某些地方盲目地宣布要在3—5年内实现共产主义，这些超越实际生产力水平的做法，人民公社根本没有能力完成，故没有坚持多长时间就被迫停止了，但其所留下的"左"的后遗症却成为始终困扰人民公社并严重挫伤社员劳动积极性的痼疾之一。

郝庄在人民公社时期的工分一般是一元多钱，最高时达两元多钱。一般一个劳力年挣300多个工，大概收入600多元钱。砖厂工分是计件，烧火的或背砖的能多挣，最多可挣1000多个工，所以许多社员都想到砖厂工作。③ 1978年，郝庄生产队根据上级指示和党的政策实行定额管理与评工记分相结合制度的同时又制定出了适合自身的办法，能搞定额的全部搞定额，不能搞定额的实行评工记分。如砖厂当年就实行定额记工，由大队定人员、下达任务，根据人员、任务合理安排工分，具体定的人员是85名，下达的任务是年产成品砖350万块，大队付给报酬是30050个工，大队还决定如能超额完成就按比例予以奖励。定额管理增强了干部和群众的积极性，社员秦大英就对此评价说："像这样的管理方法，我们干才有动力。"砖厂厂长则称赞道："我们就是需要这种管理办法，干部和群众的积极性被调动起来，所以砖厂今年不但完成下达的任务，而且超产六十万块砖。"④

三　村落政治与生计危机

人民公社化运动在郝庄掀起后，"村民感觉不到好还是坏，只是像以前一样响应国家号召，觉得只要是国家让搞得肯定就是好的，应该对他们没有什么坏的影响，大家虽是被迫入社，但积极性很高，且刚入社时粮食大丰收，大家挺高兴，分粮只分细粮，只分小麦。粗粮全部交了公粮，卖

---

① 《郝庄大队一部分底稿材料（〈现将公社组织施工用的开支和劳力汇总如下〉）》，太原市南郊区档案，藏于山西省太原市郝庄村委会。

② 参见张静如、傅颐、李林《开始全面建设社会主义（1956—1966）》，《中国共产党辉煌90年》，北京古籍出版社2011年版，第83页。

③ 被采访人为贾姓村民，男，被访时间2013年9月11日。

④ 《郝庄大队一部分底稿材料（1979年1月〈落实党的政策，搞好定额管理〉）》，太原市南郊区档案，藏于山西省太原市郝庄村委会。

了公粮还可以分钱，但随着时间的推移，吃大锅饭、集体干活、政社不分的管理体制把社员养懒了，大家干活偷懒，干啥都一窝蜂，而效率却不高"①。这样一种养懒助懒的生产方式严重影响了日常生产活动，降低了公共生产效率，减少了对劳动产品的创造和积累，结果导致在突发事件发生时出现了普遍的恐慌和消极应对。

尤其在公社运行过程中，起初创办时的生产合作优越性渐渐被生产消退、被平均主义等弊端所弱化。人民公社的特点是"一大二公"，实际就是搞"一平二调"。所谓"大"，就是将原来一二百户的合作社合并成四五千户以至一两万户的人民公社，形成以公有制和高度计划经济为基础，将政治、经济、社会、文化、意识形态和资源的分配与再分配以及社员个人生产生活等全部包括在内的管理体制。所谓"公"，就是将几十个乃至上百个经济条件、贫富水平不同的合作社合并后，一切财产上缴公社，多者不退，少者不补，在全社范围内统一核算、统一分配，实行部分的供给制（包括大办公共食堂、吃饭不要钱），造成原来各个合作社（合并后叫大队或小队）之间、社员与社员之间严重的平均主义。同时，社员自留地、家畜、果树等都被收归社有。在各种"大办"中，政府和公社还经常无偿调用生产队的土地、物资和劳动力甚至社员房屋、家具。这实际上是对农民的一种剥夺，农民惊恐不满，纷纷杀猪宰羊、砍树伐木，严重破坏了生产力，给农业生产带来灾难性后果。②

1. 合二为一的领导体制

人民公社初期没有统一的管理体制模式，行政权力是指导运动的有效手段。行政手段不仅具有号召力，更重要的是具有强制力。随着人民公社在广度和深度上的推进，农村农业生产、农村手工工商业发展和农民生活逐步进入其管理管辖范围。人民公社时期的基层组织与高级社时期是不同的，人民公社同农业互助组、初级农业合作社比较起来尽管合作广度深度都有所提高，但有一个基本点是根本不相同的，那就是基层行政组织同农业合作社合二为一，而农业生产合作社仍是政社分离，高级社只是经济方面的组织，基层政权组织是乡镇，乡镇职能与农业生产合作社一般不会冲突，它只是管理人民武装、组织生产、管理文教卫生及民政和财粮调解等，

---

① 被采访人为贾姓村民，男，被访时间 2013 年 9 月 11 日。

② 参见胡绳主编《中国共产党的七十年》，中共党史出版社 1999 年版，第 395 页。

而不直接干预农村经济事务。此外，与农业生产互助组及合作社相比，人民公社的管理范围要广得多，它除负责农、林、牧、副业全面发展外，还负责工商业、学校卫生事业、军制兵制等社会基层行政事务，担负着政治、经济、文化、军事等各个方面的任务，这与农业合作社是一个重大区别。[①]

人民公社的政权性质是"政社合一"。在人民公社化以前，中国农村实行的是乡社分离的管理体制，乡是基层政权，合作社是农业经济组织；而在人民公社化运动以后广大农村普遍建立了政社合一、分级管理的体制。农村人民公社既是一种经济组织又是一种政权机构，除负责全社农业生产外还对工商学兵等实施统一管理，在履行经济职能的同时又将乡一级行政权力集中到自己手中，实际上是在社会一体化基础上将国家行政权力和社会权力高度统一的基层政权形式。[②]郝庄生产队作为人民公社的三级单位，其领导体制完全采用人民公社建制，呈垂直分布，分别由党支书、大队长、副大队长、民兵连长、民兵指导员、团支书、贫协主席、妇代会主任、治保主任和大队会计等构成。表4—9就是1966年郝庄生产队干部任职人员和职务汇总，从中可以看到生产队的权力职能及其具体划分。

表4—9　　　　　郝庄生产队党支部任职表（1966年7月27日）

姓名	职务
常来福	党支书
刘国鹏	大队长
梁书文	副大队长
常来喜	民兵连长
王五九	民兵指导员
于春生	团支书
刘玉明	贫协主席
石爱青	妇代会主任
王五山	治保主任
闫二新	大队会计

资料来源：《郝庄生产队党支部任职表》（1966年7月27日），藏于山西省太原市郝庄村委会。

---

① 参见王智《当代中国政治结构变迁——以执政党为中心的政党·政府·社会》，中国社会科学出版社2010年版，第126—127页。
② 参见于建嵘《国家政权建设与基层治理方式变迁》，《文史博览》2011年第1期。

如将当时郝庄生产队的领导组织与现在的村委会相比，发现当时郝庄大队多了大队长、副大队长、民兵连长、民兵指导员等一些政治职务，且处于领导层的编制远远多于现在。由此可见，在人民公社化时期的这种编制中国家政治和村治是完全结合在一起的。从《太原市郊区人民委员会关于整顿办砖厂的通知》中同样可以看到，当时郝庄是政治领导经济组织且政社是合一的。①

2. 乡村生产力衰退与农民生活困难

三年自然灾害严重，导致全国经济萧条，而人民公社化运动给农民带来的灾难更是雪上加霜。据当时人回忆，1960 年全国普遍发生饥饿，再加上"大跃进"放卫星、虚报产量，郝庄亦发生了饥荒，到 1961 年稍好点，政策调整后又回到生产队并形成三级核算，生产队、大队、公社各自核算自己的经济，改变了以前由公社统一核算和分配的做法。村民觉得机构大了不切实际且没有生产效率，以队为基础进行核算要好些。而且郝庄生产队为应对危机在 1962 年开办砖厂，经济收入有了明显增加。② 实际上，早在 1959 年该村生产就出现了衰退迹象，如 1959 年同 1958 年相比生产队总收入降低 3.6%，而在各项收入中农业收入明显减产。在社员分配中，1959 年比 1958 年减少 8%，每户每人年收入均呈下降趋势。③ 对于郝庄所属的太原市南郊区人民公社而言，社员分配、年人均收入和年户均收入在1959 年都比 1958 年低，具体详见表 4—10。

表 4—10   **太原市南郊区人民公社基本核算单位
1959 年度收益分配表（社员分配部分）**   单位：元

单位	社员分配	占总收入%	比上年增减		年人平均		年户平均	
			1958 年社员分配	比上年增减%	1958 年	1959 年	1958 年	1959 年
公社合计	37413.6	44.4	45814.51	减 8.1	130.53	107.5	434	340.12

资料来源：《郝庄公社郝庄生产大队收益分配表》，太原市小店区档案，藏于山西省太原市郝庄村委会。

---

① 参见《郝庄公社郝庄生产大队（太原市郊区人民委员会文件）》，藏于山西省太原市郝庄村委会。

② 被采访人为王姓村民，男，被访时间 2013 年 9 月 23 日。

③ 《郝庄公社郝庄生产大队收益分配表》，太原市小店区档案，藏于山西省太原市郝庄村委会。

　　导致社员收入减少和生活水平下降的原因很多，但主因在于国家政治上的失误，特别是"大跃进"运动中的浮夸风和大炼钢等要素。"大跃进"和人民公社化运动是探索中国建设社会主义道路过程中的一次严重失误。中国进入社会主义社会以后，全党和全国人民存在一种共同的愿望，即希望中国能够在短时间内迅速发展经济，摆脱长期"一穷二白"的落后面貌。存在这种美好愿望是可以理解的，但经济建设有其自身的发展规律，生产关系的改变必须依据生产力的发展状况，离开了这些仅凭借一种愿望或一腔热血从事社会主义建设必然会走向反面，最终损害广大人民群众的积极性。[①] 另外从人民公社"一大二公"、"合二为一"的领导体制也可看出，人民公社是在生产力不够发达的经济背景下，希望通过这种高度合作的组织来快速发展经济，大幅度提高生活水平，建立一个普遍平等、平均、公平合理的社会，可问题是运用"一平二调"、平均主义、无偿调拨的经济组织方式发展经济只能是一种超越阶段的空想，给中国经济的发展带来了严重灾难。首先，造成了严重的信仰问题。经过这一时期经济的发展，中国共产党在劳动人民心中的地位逐步下降，共产主义的理想成为泡沫，助长了小农经济、资本主义经济、平均主义思想滋长，不利于社会主义经济的发展。其次，极大地破坏了以农业为基础的中国经济全面发展。1959 年全国农业总产值比 1958 年下降 13.6%，1960 年又比 1959 年下降 16.2%，结果造成市场粮食供应紧缺、人民生活困难和生产劳动乏味。以郝庄生产队为例，灾难出现时尽管没有出现饿死人的现象，但也出现了饿肚子的现象。另外，公社化管理又比较混乱，始终没有一种科学的管理办法。在初级社时，"大家都还算是个体户，冬天就不出去干活了，由于地冻住了，刨不动，勤快的人顶多出去拾粪。人民公社时期，生产队必须出工，冬天 10 点出工，大家找个太阳能照着的地方烧上柴火聊天，从上午 10 点到下午 3 点聊累了就干一晌活，但干来干去干得毫无意义，看到太阳差不多要落山了就收工；不干又不行，上级要求必须把冬闲变冬忙，干些乱七八糟不切实际的事"[②]。

---

　　① 参见郭大钧主编《中华人民共和国史（1949—1993）》，北京师范大学出版社 1995 年版，第 125 页。

　　② 被采访人为贾姓村民，男，被访时间 2013 年 9 月 11 日。

从管理机制而言，人民公社实行政社合一，各种权力集中于县、社，基层生产队缺乏自主权，取消了生产责任制，造成生产积极性降低及劳动纪律松弛。为适应政社合一的组织形式，国家将农村中原属于全民所有制的银行、商店和一些企业划归公社管理，这样不仅损害了国营企业并削弱了国营经济的领导作用，还造成农村商品流通混乱。客观而论，人民公社实行的一系列做法超越了当时社会生产力的发展水平，不仅没有保持农业生产合作社的积极性，相反却把农业合作化后期发现的要求过急、工作过粗、改变过快、形式过于单一的缺点扩大了。在公社化过程中高指标、瞎指挥、浮夸风严重泛滥，大炼钢铁、大办工业等运动加剧了对农村人力、物力的无偿调拨，进一步助长了农村中的"共产风"，加上农业过高估产带来的高收购使农村经济陷入混乱状态，粮食、油料、副食品供应出现严重不足。[①]

许多领导干部包括党员干部为了"赶英超美赛苏"和跑步进入共产主义，盲目地制定经济目标，对在中国这样一个经济文化落后的大国建设社会主义的艰巨性认识不足，凭主观意志办事，头脑发热，急于求成，忘却了现实的经济状况，造成了经济建设指导方针上的严重失误。[②] 除此之外，由于中共中央极左思想处于上风，从而使中国共产党内从中央到基层的民主生活遭到严重损害，阶级斗争扩大化理论进一步发展。在经济上，打断了郑州会议以来纠正"左"倾错误的进程，使中共党内已有所克服的"左"倾思想和"左"的行动再次泛滥并延续更长时间，高指标、浮夸风、"共产风"愈演愈烈。[③] 这种自上而下的不健全体制和灾难对郝庄生产队的生产和发展造成了恶劣影响。据郝庄公社会议记录，郝庄生产队生产力衰退与农民生活困难情形可通过下述材料反映。（1）郝庄生产队知青过多，有170人左右，本来这里没有接收知青的任务，但落实毛泽东主席指示应少数接收一点，结果通过种种关系接收了百十来号人，这样一来生产队负担更重，以前生产队全体人口平均每人不到一亩地，在接受知青后平均只能分几分地，人口逐渐增多，土地压力较大。（2）落户问题影响了工作进展，一落户就带来好几口子，来了就要吃饭。（3）分红兑

---

① 参见郭大钧主编《中华人民共和国史（1949—1993）》，北京师范大学出版社1995年版，第125页。

② 同上书，第126页。

③ 参见肖效钦、李良志《中国革命史》下册，红旗出版社1984年版，第93—94页。

不了现，由于以上两种情况，人口太多，耕地面积太少，人口又不断增加，造成了分红不兑现的状况。（4）不能按劳分配，多劳多得，少劳少得，严重影响了群众的积极性，结果吃"和子饭"，"你好""我好""大家都好"。① （5）郝庄生产队的阶级斗争非常尖锐。由于某些干部忘记阶级斗争，分不清敌我，阶级敌人乘机篡夺了村里的领导权。如"反革命分子、阎伪少校连长陈××，解放前参加过阎匪，担任了队里的采购员，遂乘机大肆进行罪恶活动，以郝庄名义包揽工程40多项，盖章取费20%，获取暴利15400多元"②。当然这种罪名是在特定的环境中"制造"出来的，因为当时国家不允许生产队揽工创收，认为那是走资本主义道路或进行投机倒把。事实上，这批人在面对集体化中出现的农业困境时试图利用郝庄处于城乡交错区的地理优势发展副业以增加乡村集体收入，改变农民"极度贫困"的生活环境，而且通过包工程确实为乡村增加了收入，但由于国家政治干预，却成为乡村资本主义路线或投机倒把被批对象的典型。

四　经济调整阶段的乡村因应

在国民经济大幅度衰退局面下，农村经济困难比起城镇更严峻。为克服农村经济困难，中共中央从农村开始进行政策调整。1960年七八月，为解决国际问题和国内经济问题，中共中央在北戴河召开工作会议。会上，李富春提出对国民经济进行"调整、巩固、提高"的建设方针。8月底，周恩来高度评价了这一经济建设方针，加上"充实"两字，希望能够在全国范围内迅速施行。此后，"调整、巩固、充实、提高"八字方针成为全国经济建设的指导思想。

9月30日，在中央批转的国家计委《关于1961年国民经济计划控制数字的报告》中明确提出：1961年要把农业放在首要地位，使各项生产、建设事业在发展中得到调整、巩固、充实和提高。③ 重点是调整国民经济各方面的比例关系，特别是调整农业与工业、轻工业与重工业、重工业内

---

① 参见《郝庄大队一部分底稿材料〈现将公社组织施工用的开支和劳力汇总如下〉》，太原市南郊区档案，藏于山西省太原市郝庄村委会。

② 郝庄人民公社郝庄生产大队编：《郝庄简史初稿》，藏于山西省太原市郝庄村委会。

③ 参见中共中央文献研究室编辑《建国以来重要文献选编》第13册，中央文献出版社1996年版，第609页。

部各部门的比例，使国家经济各个部门之间协调发展，在经济成分发展基础上兼顾人民生活利益，建设和人民生活得到统筹兼顾，全面安排。然而，中国经济的发展并非像会议讨论的那样进入调整发展阶段。1961 年的调整工作虽取得一些成绩，但整体步伐仍未能突破大的经济困境，这一不足在工业上表现得特别明显，中国整个国民经济仍没能摆脱灾难性的饥荒。这一局面由多方原因造成，但最根本的内因是党内一些干部对当时经济形势的困难程度认识不足，一些地方领导对"八字方针"的贯彻力度不够。因此，为了进一步总结经验，统一认识，加强民主集中制，动员全党继续纠正"大跃进"以来的错误，坚决地执行"八字方针"，中共中央于 1962 年 1 月 11 日至 2 月 7 日在北京召开中央工作扩大会议，出席会议的有中央、中央局、省、地、县（包括重要厂矿）五级领导干部共 7118人，史称"七千人大会"。大会比较系统地总结了"大跃进"以来经济建设工作中的经验教训，指出国民经济的困难还是相当严重的。会上刘少奇带头指出，工农业生产计划指标过高，基本建设战线过长，使国民经济各部门的比例关系、消费和积累的比例关系发生严重不协调现象；在人民公社的实际工作中曾经混淆集体所有制和全民所有制界限，曾经对集体所有制内部关系进行不适当的过多过急的变动，违反了按劳分配和等价交换的原则，犯了刮"共产风"和平均主义的错误；不适当地要在全国范围内建立许多完整的工业体系，权力下放过多，分散主义倾向有了严重滋长；对农业增产速度估计过高，对建设事业发展要求过急，使城市人口不适当地大量增加，造成城乡人口比例和当前农业生产水平极不适应的状况，加重了城市供应和农业生产的困难。毛泽东亦认为建设工作中经验不够，对于社会主义建设缺乏经验，有很大的盲目性。[①]

人民公社的弊端在自然灾害考验面前大范围地暴露出来，正如前文所讲，郝庄虽没有死人，但出现了饥荒现象，生产队却没有很好的应对措施。而且，随着太原市政建设，村里的土地逐渐减少，村民为应对生存危机，食堂粮食不够吃就吃菜叶子、胡萝卜叶子和糠等，或者"是在食堂打一大盆稀稀的玉茭面糊糊，一个人领一个红面窝窝头。如果实在不够

---

① 参见中共中央文献研究室刘少奇研究组编著《刘少奇：1898—1969》，四川人民出版社 2009 年版，第 181—183 页。另见王渔主编《中共党史简编》，中共中央党校出版社 1988 年版，第 399—402 页。

吃，就去野外挖野菜，开水一浇加点咸盐，弄一碗粥，把窝窝头吃了，虽不饱，但每顿都有吃的，只是没有油水而已。而有些胆大的人则铤而走险，冒着'投机倒把'的罪名，充分利用靠城的优势，在外面揽工程、开砖厂、开灰窑、马车跑运输，随之就有了经济收入，慢慢富起来了，但富起来又来了社会主义四清运动，割资本主义尾巴，不让搞副业，认为搞副业是挖社会主义墙脚，在外面揽工程是封建把头，副业生产被压下去了。然而村里仍在偷偷搞副业，毕竟副业生产给村民带来的效益要比公社的农业生产好得多。郝庄揽的工程用自己村里生产的石灰、砖和砂厂的沙搞建设，还盖了饭店和旅店，饭店没有大师傅就从社会上召集一部分大师傅，派上一个管理人员进行营业就行，钱就进账了。旅店是当时为插队青年盖的宿舍，插队知识分子返乡后就用它作为旅店，为村里人赚钱。还有一部分人为维持生计则偷偷地开荒生产"①。

当然，郝庄生产队搞副业者大多是村里头脑比较灵活的人，尤以生产队队长为代表，为了应对农业微薄的收入和公社化带来的困境，生产队队长在社会上招了一部分人，特别是社会活动能力比较强的那部分人，他们知道哪里有工程、能揽回工程，亦知道工程如何做预算和造价。他们为生产队揽工程的回报是村里挣钱后到时要给他们分一些红利。据贾姓村民回忆，"当时刘景文、刘耀山这两人给揽的工程比较多，后来还把能手陈志伟拉进去跑工程。马二小子的调度能力强，算账算得也特别好，当时山西的财经学院就是由郝庄生产队揽工程后建起来的。但国家却不让搞副业，结果来了一个社会主义四清运动。乡村社会主义四清运动到来后，郝庄生产队只好把这些人撤回村里。而且他们在四清运动中经济上多少都受了损失，罪名是在揽工程中收益多得多占，当时还不叫贪污，但也认为是贪污。因为四清运动提出的口号是'懒贪占馋变'，认为他们变成资本主义了，所以一下子就把他们打下来了。四清运动以前的干部都叫'四不清干部'，以后都叫'四清下台干部'，且上级政府还要求郝庄生产队的领导层大换班，结果后来上去的领导就不敢搞副业了，只好以种地为主，但种地所获收入还是不行，不得不在政策相对宽松的条件下继续慢慢地搞副业。当时也没有其他的副业，就是灰厂、砂厂、砖厂，还有些马车搞运

---

① 被采访人为贾姓村民，男，被访时间 2013 年 9 月 11 日。

输，就凭着这么些生产资源，村里的经济慢慢地就发展起来了"①。可见，农民在村庄谋求发展的行动不是完全"不得已为之"，而是不断自我调适、自我设计和主动进取的。②

到 1965 年底，国民经济调整任务有所转变，国民经济不仅得到恢复且有很大发展。在国民经济整体形势好转的情况下，郝庄生产队副业生产成绩显著，他们大办工厂，先办砖厂，接着又办建筑工程队、砂场、汽车运输队和养猪场，使得郝庄生产队在 1965 年各项副业收入大幅增加。如砖厂 35 人年产量 200 万块砖，每块 0.034 元，总计收入 6.8 万元。每块砖费用 0.028 元，总计费用 5.6 万元，净收入 1.2 万元。砂厂年总收入 4000 元，计 10 个月，每月 400 元，每天每人生产 2.5 立方米沙，以 10 人计，每立方米 1.55 元，成本费用 200 元，净收入 3800 元。汽车运输方面，5 人全年收入 6000 元，每月 500 元，汽车维修费用每月 333 元，共计 4000 元，净收入 2000 元。畜牧业方面，母猪 11 头，公猪 1 头，肥猪 15 头，每头母猪每年繁殖 22 个，可存活 150 头，每头小猪按 18 斤计，每斤 0.04 元，可收入 1080 元，15 头肥猪每头 130 斤，每斤 0.04 元，可收入 520 元，再加上配种收入全年 200 元，每头猪每天饲料及人工医药费 0.015 元，全年 558 元，年净收入 1242 元。劳务收入全年 13 人，每人每天平均收入 2.15 元，全年 10 个月共收入 2800 元。③ 这样，郝庄除农业外仅副业收入就达 21842 元。由此可知，郝庄生产队 1965 年的副业收入成绩突出，应该超过了农业收入，利于乡村经济增长和改善。

此外，郝庄公社还针对人多地少以及落户、分红不兑现和平均主义等一系列问题，积极响应党的经济政策的号召，提出一些解决处理的具体举措：（1）从 1965 年起一律不落户不插队；（2）健全大队财政制度，克服混乱现象，大队财产要做登记；（3）节约闹革命，扭转分红不兑现现象，尽快解决知青分红问题；（4）财产是集体的，以后购买一切财产，增加生产工具，要求有计划地安排，克服胡开乱买的现象；（5）严格执行按劳取酬、多劳多得的分配政策。在工作中要上下一条心，继续

---

① 被采访人为贾姓村民，男，被访时间 2013 年 9 月 11 日。

② 参见折晓叶《村庄的再造——一个"超级"村庄的社会变迁》，中国社会科学出版社1997 年版，第 4 页。

③ 参见《（郝庄公社郝庄生产大队）1965—1970 年多种经营规划》，藏于山西省太原市郝庄村委会。

揭矛盾找问题；调动一切积极因素，投入高速度发展农业；克服一切困难，确保大丰收。① 通过这些措施，郝庄生产队经济状况渐渐好转起来。

五　"文化大革命"时期的经济

1966 年，正当国民经济调整基本完成、国家开始执行第三个五年计划时，意识形态领域的批判运动逐渐发展成为矛头指向党的领导层的政治运动，一场长达 10 年之久给党和人民造成严重灾难的"文化大革命"开始了。在这场所谓的"大革命"中，包括党和国家领导人在内的大批中央党政军领导干部、民主党派负责人、各界知名人士和群众受到诬陷和迫害，党和政府的各级机构、各级人民代表大会和政协组织长期陷于瘫痪和不正常状态，公检法等专政机关和维护社会秩序的机关都被搞乱。②

在长时间的社会动乱中，国民经济发展缓慢，主要比例关系再次失调，经济管理体制僵化。10 年间，按照正常年份百元投资应增效益推算，国民收入损失达 5000 亿元人民币，人民生活水平基本没有提高，有些方面甚至有所下降。20 世纪 70 年代正是国际局势趋向缓和以及许多国家经济起飞或开始持续发展的时期，而中国却由于"文化大革命"的影响不仅没能缩小与发达国家已有的差距反而拉大了相互间的距离，失去一次发展的机遇。③

在第四个五年计划时期（1971—1975 年），中共中央片面地急于求成，提出一些不切实际的盲目发展目标，"四五"计划第一年（1971）以发展重工业为基础，扩大基本建设规模，把钢铁工业和国防工业建设当作首要发展对象，导致国民经济中潜伏的问题仍在扩大，出现了周恩来形象地所称的"三个突破"，即职工人数突破 5000 万人、工资总额突破 300 亿元、粮食销售量突破 800 亿斤。随之而来的是粮食购销赤字、市场供应紧张、货币发行量增加导致的通货膨胀和物价上涨，人民生活水平下降。④ 据现今郝庄村委会留存的资料记载，"由于'四人帮'干扰破坏，

---

① 参见《郝庄大队一部分底稿材料》，太原市南郊区档案，藏于山西省太原市郝庄村委会。

② 参见曲文军主编《中国传统文化与现代化》，山东人民出版社 2011 年版，第 43 页。

③ 参见徐海祥、石冬明、薛剑符编著《近现代中国社会发展史通论》，黑龙江人民出版社 2005 年版，第 274 页。

④ "三个突破"是指国家统一管理的全民所有制单位职工人数突破 5000 万人，工资总额突破 300 亿元和粮食销售量突破 800 亿斤的计划控制指标。这几项指标，是中国积多年经验据以监测国民经济运行是否正常的重要手段之一。它一旦失去控制将危及国家经济大局稳定和社会安定。参见马泉山《新中国工业经济史（1966—1978）》，经济管理出版社 1998 年版，第 98 页。

政治思想工作抓得不紧，落后于形势，没有真正深入下去，对于出现的问题采取的措施不力……拿咱们的土政策扣工，不好好劳动的，不服从管教的不仅仅扣工分还要批斗……"①

"九一三"事件之后，周恩来主持中央日常工作，指出"三个突破"对国民经济破坏性较大，强调必须破除这种现象，企业发展提高不仅要抓数量和规模，更应抓质量和利润，抓成本和劳动效率以及所消耗的原材料、燃料。经过1972年和1973年两年整顿，国民经济形势有所好转，1973年国民经济计划主要指标都完成或超额完成，工农业总产值达3267亿元，比上年增长9.2%；其中农业总产值1226亿元，比上年增长8.4%；在主要产品产量方面，粮、棉、麻、糖、烟的产量超过历史上最高年份；国家财政收入809.7亿元，比上年增长5.6%，财政收支平衡，人民生活有所改善。②

此时郝庄公社紧跟国内政治风向的变化，召开会议传达了中央批林整风会议并认真学习其精神，认为传达学习要和当时的抗旱救灾、"三秋"工作紧密结合起来，一定要明确抗旱救灾和"三秋"工作搞得好不好是衡量批林整风运动搞得好坏的重要标志，要做到运动和生产一起抓，要通过传达学习使全体干部群众坚定抗旱斗争的必胜信念，且安排当时的主要工作应以批林整风为动力并坚决打好"三秋"大会战，高标准高质量地种好小麦，加强秋作物的后期管理，及早做好秋收准备……继续加强农田水利建设……大搞农田水利基本建设，向高标准大寨田、园田化进军，向水利化进军；加强秋冬菜管理，积极组织上市，并确实做好治安保卫工作，密切注视阶级斗争的新动向。③ 同时，还要求从无产阶级专政理论的高度重新认识大寨，重新认识自己，狠批资本主义，端正方向路线，真学大寨，苦战三年。最后会议达成两点共识：（1）认清大好形势下决心大干快上，南郊和全国一样，全区以连续几年"上纲"、"过河"以及亩产600斤以上的成绩，跨进全国农业学大寨先进行列；（2）学理论查路线，

---

① 《郝庄大队一部分底稿材料（〈现将公社组织施工用的开支和劳力汇总如下〉）》，太原市南郊区档案，藏于山西省太原市郝庄村委会。

② 参见孙健《中华人民共和国经济史（1949—90年代初）》，中国人民大学出版社1992年版，第354—355页。

③ 参见《郝庄大队、公社通知、安排、意见（〈郝庄公社党委关于传达中央批林整风会议的安排〉）》，太原市南郊区档案，藏于山西省太原市郝庄村委会。

进一步明确资本主义倾向是学大寨的主要障碍。农田水利建设，一定要当做一项伟大的事业来搞，总的工程就是万亩喷灌网建设、5000 亩水平梯田和继续治理南沙河工程，以及围绕这三项大工程所必需的打井、建地、修渠、拍埂、配套等各项工程。坚决搞大兵团作战，连片治理，打破生产队界限。养猪工作，要拼死拼活保证完成任务。各行各业支援农业。在这些会议精神和举措的引领下，郝庄大队陆续完成几项比较大的工程建设，如 1972 年修理东山公路、1975 年修水库、1976 年南沙河修渠、1977 年南沙河修马庄工程等。①

此外，郝庄村仍在大力发展副业。1967 年砖厂 35 人年产成品砖 250 万块，每块 0.034 元，计 8.5 万元，成本折算与 1965 年相同，共计 7 万元，净收入 1.5 万元。砂厂年产总收入 4000 元，以 10 个月计算，每月收入 400 元，成本与 1965 年相同，净收入 3800 元。5 人搞汽车运输，计算及成本与 1965 年相同，净收入 2000 元。畜牧业方面，母猪发展到 15 头，肥猪 30 头，每头母猪每年繁殖 22 头，能存活 330 头，每头计 7.2 元，共计 2376 元，肥猪 30 头，每头 130 斤，折价 52 元，计 1560 元，及其他收入计 3936 元，饲料及人工医药费每天 0.015 元，计 972 元，净收入 2964 元。发展畜牲母马 4 头，每年共繁殖 3 头，每头 3000 元，净收入 9000 元。在劳务方面，全年 13 人每人每天平均收入 2.15 元，全年按 10 个月计算，净收入 2800 元。副业收入共产生利润 35564 元，比 1965 年增加了 13722 元。到 1970 年，砖厂年产 300 万块，净收入 1.8 万元，砂厂净收入 3800 元，汽车净收入 2000 元。畜牧业方面，母猪 30 头、肥猪 60 头，每头母猪每年繁殖 22 头，存活 660 头，每头 7.2 元，计 4752 元，肥猪每头 130 斤，每斤 0.04 元，计 3120 元。每头肥猪每天 0.015 元费用，计 4860 元，净收入 4000 元。牲畜发展到 8 头，母马全年共繁殖 4 头，每头 3000 元，净收入 1.2 万元。劳务收入 2800 元。② 一年下来，副业收入 42600 元，而成本费用计算与 1965 年相同，总收入与 1965 年比较增加了 20758 元。副业经过短短 5 年发展，其收益将近翻了一番。可见，在全国农业不景气及百姓普遍挨饿的环境中，郝庄副业生产却给乡村发展注入了新鲜活

①　参见《郝庄大队、公社通知、安排、意见（〈郝庄公社党委关于传达中央批林整风会议的安排〉）》，太原市南郊区档案，藏于山西省太原市郝庄村委会。

②　参见《〈郝庄生产大队〉1965—1970 年多种经营规划》，藏于山西省太原市郝庄村委会。

力，且副业还表现出强劲的发展势头。

事实上，"文化大革命"对郝庄村影响不太大，干部只是在思想上通过各种方式传达中央精神，而村里并没有停产闹革命，仅利用业余时间搞搞。虽说这场运动在村里波及面不大，但仍有一定政治风波存在，如村民"一开始斗秦家，后来斗常家，有保皇派和造反派之分。保皇派是保县委领导的，造反派是造领导的反。1967 年前后，当时常来福担任村支书，在分红算账时为避免革命斗争对正常工作的干扰，特派民兵把门，怕造反派闹事，并准备了手榴弹和子弹。村里组织民兵每天晚上站岗放哨且管饭。房顶上有站岗放哨的，用铃铛做暗号，在房中做饭。我当时是负责算账的，打算盘，感觉最难算的是粮食，要搞清楚一家几口人，应该分几斤几两豆子、几斤几两谷子等，粮食价格按质量好坏分别是九分六、九分八、八分六等这种零散的数字，每家的粮食都要计算出来，再和所做的总账对上。除计算粮食外，还要搞清楚当年收入多少、费用多少、总工分多少，然后将纯利润拿出来合总工分平均是多少，而老百姓趁革命风头，很关心自己能分到多少分，冲破各种阻挠，不停地催且要求计算速度要快，工作人员为将分数算好算细，只好用'还没算出来'来哄骗他们，稳住他们的情绪……"[1]

1974 年 1 月 12 日，就在经济刚刚取得好转时"批林批孔"运动在全国展开，国民经济再一次陷入危机。1974 年工农业总产值 4007 亿元，只完成计划的 95.6%，仅比上年增加 40 亿元，即增长 1%。农业总产值 1277 亿元，比上年增长 4.2%。工业总产值 2730 亿元，比上年下降 11 亿元。其中大部分工业产品未完成计划，钢产量比上年减少 410 万吨，原煤比上年减少 0.96%，为计划的 96%。棉花比上年减少 202 万担，下降 8.13%。[2] 6 月，周恩来病情加重并住进医院进行手术治疗，邓小平在毛泽东的支持下主持中共中央和国务院日常工作。当时，受"批林批孔"运动影响和"四人帮"干扰破坏，工业、农业、交通运输、科学技术工作均陷入混乱状态。邓小平在叶剑英、李先念等人配合下，努力排除各种干扰，按照四届人大确定的实现四个现代化的宏伟目标，根据毛泽东提出的"三项指示"即"反修防修"、安定团结和把国民经济搞上去，着手对

---

①　被采访人为贾姓村民，男，被访时间 2013 年 9 月 11 日。
②　参见沈立人主编《中国经济重大决策始末》，江苏人民出版社 1999 年版，第 259 页。

各方面工作进行全面整顿。① 经过各方面整顿，经济形势日趋好转。1975年工农业总产值比上年增长 11.9%，其中工业增长 15.1%、农业增长4.6%。主要工农业产品产量都有较大增长，粮食为 5690 亿斤，比上年增长 185 亿斤；钢为 2390 万吨，比上年增加 278 万吨；煤为 48200 万吨，比上年增长 6900 万吨。② 国内安定团结的政治局面开始出现。1976 年，"四人帮"被以华国锋为首的党内精英粉碎。

粉碎"四人帮"之后，郝庄公社的政治气候以宣传狠批"四人帮"促生产为主要内容，仍以政治挂帅统领经济。如 1977 年 4 月 26 日的《中共郝庄公社委员会紧急通知》指出："今春以来，遇到大干旱，在华主席、党中央抓纲治国的英明战略决策指引下，遵照国务院指示，我们深入揭批'四人帮'，联系实际，狠批资本主义，狠斗歪风邪气，学大寨迈开了可喜的步伐，出勤人数占到劳力的 105% 以上……已下种六千四百余亩，其中玉茭已下种五千三百多亩，占种植计划的 88% 以上……在深入揭批'四人帮'的同时，必须狠批资本主义，打击'四人帮'的社会基础没有改造好的地富反坏，对右倾思想要反了再反，干劲要鼓足再鼓……"③

---

　　① 参见郑一樵、伍月《中华人民共和国发展史》（三），青岛出版社 2009 年版，第 447—448 页。

　　② 参见陈明显编著《新中国四十年》，中国工人出版社 1989 年版，第 316 页。

　　③ 参见《郝庄大队、公社的通知、安排、意见（〈中共郝庄公社委员会紧急通知〉）》，太原市南郊区档案，藏于山西省太原市郝庄村委会。

第 五 章

惠农政治下的新型"集体化"：
非农化中的道路选择

第一节 家庭联产承包责任制的推行

"文化大革命"结束，中国历史翻开了重要一页。中国共产党第十一届中央委员会第三次全体会议于 1978 年 12 月 18 日至 22 日在北京举行，会议中心议题是讨论将全党工作重点转移到社会主义现代化建设上并停止"以阶级斗争为纲"的错误路线。全会认为：农业生产近些年受到严重破坏，目前从整体来说依然十分薄弱。全党当前工作重心应放到经济上，尤其是农业经济，因为农业是整个国民经济的基础，只有大力恢复和加快发展农业生产力，坚决地完整地执行农林牧副渔并举和"以粮为纲，全面发展，因地制宜、适当集中"的方针，逐步实现农业现代化，才能保证整个国民经济的迅速发展，才能不断提高全国人民的生活水平。为此目的，必须首先调动几亿农民的社会主义积极性，必须在经济上充分关心他们的物质利益。[①]

在中共中央十一届三中全会召开之后，以阶级斗争、政治挂帅为首的工作作风发生改变，务实之风渐兴，农村政治呈现出一派新气象。至于郝庄，因其特殊的地理位置，接受新风相对其他乡村更容易，很快就发出了领会中央精神和实事求是工作作风的口号，正如村干部会议总结材料所讲的那样："1978 年是粉碎四人帮的，亿万人民紧跟华主席以跃进的步伐、惊人的毅力、跑步前进的大干之年。我队在公社党委的正确领导下，深揭

---

① 参见中共中央文献研究室编《三中全会以来重要文献选编》上，中央文献出版社 2011年版，第 6 页。

猛批'四人帮'的流毒影响,拨乱反正,落实党的各项政策,调动农民大干社会主义的积极性。我们大队是离城较近的大队,全队人口达984人,仅有土地450余亩,以前由于'四人帮'的干扰破坏,加上人多地少,劳动安排不恰当,特别表现在定额管理、按劳分配上,采取的方法是'一刀切',是平均主义,这样挫伤了广大社员大干社会主义的积极性。在落实党对农村的各项经济引导时,我们整顿了领导班子,努力转变领导作风。一切从实际出发,按客观规律办事,支委各员分工明确,这样使我队的粮食和副业都有不同程度的发展。"①

与此同时,就在全国上下紧锣密鼓地消除各个领域的"文化大革命"影响时,农业生产方面出现了各种拨乱反正的迹象。1977年11月,中共安徽省委制定了《关于当前农村经济政策几个问题的决定》,决定指出农村经济应逐步摆脱人民公社时期的政社合一体制,政府应充分尊重农业生产自主权,允许对各种农活建立责任制。这一决定为家庭联产承包责任制的实行奠定了基础。继安徽之后,四川、云南、广东、贵州等省亦允许农业生产队和农民自己自主经营农田,充分发挥农业生产责任制的优越性。此后,各种形式的农业生产责任制在全国逐步展开。

1978年11月24日晚上,安徽凤阳县小岗村发生一件震惊全国的大事。18户农民在生产队干部严俊昌、严宏昌、严立学等人带领下勇于打破旧的生产关系束缚,冒着坐牢的风险悄悄地搞起了"大包干",揭开我国农村改革的序幕。在"大包干"协议书上明确写明收下粮食之后首先交给国家,保证国家的,留足集体的,剩下都是自己的;如队干部因分田到户蹲班房,家里农活由全队社员包下来,还要把小孩养到18岁。1979年秋收时,小岗村农民获得大丰收,粮食产量从原来的1.8万公斤猛增到6.6万公斤。在实行"大包干"之前,小岗村是全国出了名的贫困村,自合作化以来从来没有向国家交过一斤粮食,属于典型的吃粮靠返销、花钱靠救济、生产靠贷款的"三靠队"。实行"大包干"之后,小岗村不仅向国家交足粮食,还归还了贷款。随之,贵州、四川、甘肃、内蒙古等地一些贫困生产队都搞起了"包产到户"。②

---

① 《郝庄大队一部分底稿材料(〈雷厉风行转过来,扎扎实实干起来〉)》,太原市南郊区档案,藏于山西省太原市郝庄村委会。
② 参见何沁主编《中华人民共和国史》第三版,高等教育出版社2009年版,第313页。

家庭联产承包责任制是以集体经济组织为发包方，以家庭为单位承包土地，家庭与集体之间要建立一个承包合同，以承包合同为纽带组成的有机整体；它通过承包使用合同，把承包户应向国家上交的定购粮和集体经济组织提留的粮款等义务同承包土地的权利联系起来；把发包方应为承包方提供的各种服务予以明确，主要采取"包干到户"的形式。① 由此可见，家庭联产承包责任制的实行取消了人民公社时期的集体经营方式，亦未走土地私有化之路，而是以家庭联产承包为主，统分结合，双层经营，既发挥了集体统一经营的优越性又在一定程度上调动了农民的生产积极性。

总的来说，党在十一届三中全会之后逐步将工作重点转移到了社会主义现代化建设上，国民经济停滞乃至倒退的局面得以扭转。尤其是土地联产承包责任制在全国农村推广，中国农村出现了历史上前所未有的跨越式发展。据国家统计局提供的资料，1981 年我国国民经济进一步贯彻执行调整的方针，取得了明显成效，工农业生产稳步发展，农轻工重比例关系有所改善。工农业总产值达到 7490 亿元（按 1980 年价格计算），比上年增长 4.5%。由于农业和轻工业的较快增长，重工业因调整，发展速度有所下降，农轻工重比例关系较前有所改善。农业总产值达到 2312 亿元，比上年增长 5.7%；其中粮食 32502 万吨，比上年增产 446 万吨，棉花 296.8 万吨，比上年增产 26.1 万吨，猪牛羊肉 1260.9 万吨，比上年增产 55.4 万吨。②

1981 年之后，国民经济调整继续取得新的成就。在工农业关系上，农业发展速度大大加快，年平均达到 7.9%。在工业内部，轻工业发展速度高于重工业，基本扭转了过去重工业增长过快的问题。与此同时，在农业内部亦开始扭转了长时期"以粮为纲"、片面发展的问题。1982 年全国农民平均每人纯收入达到 270 元，比 1978 年增加 1 倍；城市职工家庭平均每人每年可用于生活费的收入为 500 元，扣除物价上涨因素，比 1978 年增长 38.3%。到 1983 年年初，全国农村已有 93% 的生产队实行了家庭联产承包责任制。1984 年全国粮食产量突破 4 亿吨，人均粮食产量第一

① 参见熊惠平《"穷人经济学"的权利解读》，浙江大学出版社 2012 年版，第 231 页。
② 参见《当代中国的计划工作》办公室编《中华人民共和国国民经济和社会发展计划大事辑要（1949—1985）》，红旗出版社 1987 年版，第 449—450 页。

次达到世界平均水平，突破 800 斤。与 1978 年相比，短短 6 年时间粮食产量就增加了 1 亿多吨，增长 1/3 以上。全国农业增加值在 1981—1984 年 4 年间增长 45%。① 可谓家庭联产承包责任制作为农村经济体制改革的第一步，首先突破了"一大二公"、"大锅饭"的旧体制；而且随着承包制的推行，个人付出与收入挂钩，农民生产积极性大增，有利于解放农村生产力。

一　"去公社化"：大包干在郝庄

"大包干"也就是"包产到户"，这是 20 世纪 80 年代中国农村家庭联产承包责任制的主要形式。简言之，就是农户承包国家土地并自主经营，去除应向国家和集体缴纳的款费，剩下的产品或收入归承包户所有；农民只享有土地经营权，土地所有权仍归国家所有，在体制上还是公有制社会。"包产到户"在我们现在看来虽然是历史的必经之路，但在当时群众的眼中却是一个很难跨越的门槛。

为什么不能搞联产责任制？这是因为搞联产责任制尽管实现了粮食产量大丰收，但在全国范围内绝大多数地方还没有对"大包干"彻底了解，公社社员受"一大二公"社会主义优越性的影响，总以为越"大"越"公"优越性越多，农业生产力就越高。当时全国最早开始实行"大包干"的几个地方都实现了大丰收，这些地方不仅超额完成了粮食征购任务，且在上交完国家和集体粮食之后每个人的收入都比上年同期增加了一倍以上。不过，此时他们搞的这一"大包干"并未得到上级领导认同，更没有得到公社农民的称赞。与之相反的是，家庭联产责任制遭到了批评、质疑、指责，甚至压制。郝庄就出现过这种情形，对"单干风"进行严厉打击，如中共郝庄公社委员会、郝庄公社管理委员会下发通知明令指出："我社经整风及社会主义教育以后，社员觉悟普遍提高，单干风有效制止。多余的小块地均已按照政策收回，但是，最近以来，部分社员无限制开荒的单干风倾向又有所抬头，甚至严重。因此，要求各大队、生产队立即着手澄清情况，在 7 月之前，经过充分的思想工作，坚决按照政策纠正过来，其处理办法是……凡是 1979 年春政策落实以前，已经多开的

① 参见罗楠《家庭联产承包责任制的实施与中国农业的发展》，《江苏教育学院学报》2008 年第 4 期。

荒地，其多余部分应收归集体……凡是政策落实以后开荒的一律没收。"①

　　然而，在全国乃至全社会充分肯定"大包干"后，各级政府开始积极推广这一新政。郝庄也于 1982 年正式实施家庭联产承包责任制，但此时村里能够用于承包的土地只剩几百亩，其余大部分已被国家征用。尽管土地少了，郝庄还是大力响应国家号召实施了"大包干"，不仅承包土地，还承包村集体的厂子。从现存资料来看，村里保留了许多当时包干到户的合同书，这些文书对具有深远社会影响的历史巨变均有清晰的反映和详细的描述。下面录制两例，以察详情。

郝庄包干到户合同书一②

甲方：郝庄大队第一生产队

乙方：社员王太生（4 人）

（一）承包土地

地名	水旱田	左邻	右邻	亩数	等级	定产
南河/帕儿沟	水	郭凤华	刘秀明	0.7	1	
马坡/客亭沟	旱	关润秀		0.3	2	
马坡/客亭沟	旱		包学成	0.7	2	
松埌/道南湾	旱	常润生	张月紫	0.6	3	
合计				2.3		

（二）承包土地有关事宜

（1）上列承包地一至五年不变，即 1983—1987 年。

（2）所承包之土地，乙方只有使用权，所有权仍归集体，乙方不得出租、转让、买卖，不得盖房、埋坟、植树和挖坑取土，否则，经教育不改，甲方有权收回土地，并视轻重予以经济制裁。

（3）按照集体规划在乙方承包的土地上栽树和进行土地、水利基本建设，乙方应服从，但有关问题，甲乙双方协商妥协解决。

（4）国家若征用乙方所承包的土地，地价款及青苗赔偿款归甲方所

---

① 《中共郝庄公社委员会郝庄公社管理委员会关于有效制止单干风，坚决收回多余开荒地问题的通知》，藏于山西省太原市郝庄村委会。

② 参见《郝庄公社包干到户合同书》，太原市南郊区档案，藏于山西省太原市郝庄村委会。

有，但甲方应合情合理负责赔偿乙方当年的产量。

（5）以土地面积计，甲方每年向乙方提供耕运费×××元，超出或者结余自负。

郝庄包干到户合同书二[①]

甲方：郝庄大队

乙方：社员刘敬（6人）

（一）承包土地

地名	水旱田	左邻	右邻	亩数	等级	定产
南河/松树圈	水	周占伟	塄	0.5	1	
马坡/帽儿摘	水	塄	苗庆英	0.5	1	
马坡/王家峰沟	旱	刘福	塄	1.3	2	
松垲/芭南八湾	旱	塄	秦大应	0.8	3	
合计				3.1		

（二）承包土地有关事宜

（1）上列承包地一至五年不变，即1983—1987年。

（2）所承包之土地，乙方只有使用权，所有权仍归集体，乙方不得出租、转让、买卖，不得盖房、埋坟、植树和挖坑取土，否则，经教育不改，甲方有权收回土地，并视轻重予以经济制裁。

（3）按照集体规划在乙方承包的土地上栽树和进行土地、水利基本建设，乙方应服从，但有关问题，甲乙双方协商妥协解决。

（4）国家若征用乙方所承包的土地，地价款及青苗赔偿款归甲方所有，但甲方应合情合理负责赔偿乙方当年的产量。

（5）以土地面积计，甲方每年向乙方提供耕运费×××元，超出或者结余自负。

"大包干"实行之后，郝庄农民生活水平提高得很快。据村民王某回忆，1982年他家收入第一次超过180元，以前都没有超过100元，若遇上饥荒连饭都吃不饱。人民公社时期记的是工分，吃的是"大锅饭"，人

---

① 参见《郝庄公社包干到户合同书》，太原市南郊区档案，藏于山西省太原市郝庄村委会。

民公社刚开始时还好，在中央领导人号召下努力干活，大力发展农业生产，大家都想快速进入共产主义社会，但时间一久大家慢慢发现离共产主义很遥远，于是社员们劳动积极性大为下降。尤其是在"大锅饭"影响下，大部分社员发现干多干少一个样，干与不干一个样，结果大家干活都没有了积极性，也没几个人积极出工，不少人干活只是为了耗够时间，好在吃饭时能够吃上一顿饱饭。"大包干"后情况就不一样了，社员们都在为自己经营土地，劳动成果属于自己，队长不用打钟，社员都会自觉地早出晚归，忙着干活，没有人偷懒，因为偷懒的结果便是自己或家人饿肚子。社员为了发展生产，会千方百计把自己的活干好。① 从其描述进一步发现，家庭联产承包责任制实现了土地集体所有权与经营权分离，土地集体所有制基础上以户为单位的家庭承包经营的新型农业耕作模式在中国农业史上确立，人民公社以来土地集体所有、集体经营的旧的农业耕作模式退出历史舞台。家庭联产承包责任制是对传统农业生产组织方式（大集体时期）的一次大的改进。诚如蔡华所论，家庭承包责任制最大限度地激发了农民生产的积极性，承包被认为是农业经营体制的一种"搞活"，所谓"联产承包"是农民必须保证产量，保证"上交公粮"，只是不由集体再组织生产、劳动和分配农产品而是由社员自己组织生产、自己按照签订的合同在分配时先保证国家的，其次保证集体的，剩下的劳动产品归农民自己支配。② 此外，为了加快农业发展步伐，早日实现机械化，适应新时期的发展需求，郝庄公社大胆开拓思路，使用机器种麦子。在他们看来，"为了加快实现农业现代化，就要大力采用先进技术，促使整个国民经济从落后的甚至是手工劳动的基础上转到先进的现代的技术基础上……提高速度发展农业，急需我们向机械化进军"③。

　　除土地"大包干"外，郝庄大队一些非农产业的经济组织如马车队、磨坊、马车店、砖厂、旅店、修配厂、工程队、运输队、予制厂、工程二队、泵房、幼儿园、冷食店、饲养院、塑料厂等亦渐渐实行"大包干"

① 被采访人为王姓村民，男，被访时间 2013 年 10 月 12 日。
② 参见蔡华《土地权利、法律秩序和社会变迁——家庭承包责任制的法律视角分析》，《战略与管理》2000 年第 1 期。
③ 《郝庄大队一部分底稿材料〈农业的根本出路在于机械化〉》，太原市南郊区档案，藏于山西省太原市郝庄村委会。

并陆续签订承包合同。① 副业生产承包合同的原则如下:(1)劳力安排。大队按照承包单位生产情况及所需人员,采用大队分配劳力与自由组合相结合的方法给承包单位合理安排劳力。大队按照队里劳力情况结合承包单位实际生产情况,在分配劳力时做到好坏基本平衡;承包单位如对个别劳力有不同意见可向大队提出合理建议,由大队批准后,给予合理调整;外雇劳力必须是生产所需,经大队批准后方可雇用,任何承包单位不得假借任何理由外雇劳力,一般以用队里劳力为主。(2)大队按照不同的产品产值给承包单位制定出合理的较为先进的定额,由承包单位负责生产。(3)所在承包单位的每个社员必须努力学习、提高觉悟、认真执行十一届三中全会以来党的各项政策,服从领导,积极完成任务,如发生各种对生产不利或借各种理由不完成任务者,承包单位领导有权处理、批评、罚款直至开除。开除后大队可帮助发展专业户,但单位领导不能假借各种理由刁难排斥社员,否则大队有权处理承包单位负责人,批评、罚款或撤销其领导职务。(4)承包单位的干部社员必须遵守劳动纪律,爱护公共财产,提高产品质量,如有违犯根据不同情节给予不同处罚。(5)承包单位干部社员在生产中既要保证数量又要保证质量,力求少出或不出残次品,如由人为的、不负责任的造成损失由所造成者负责经济损失赔偿。② 下面就是一些村办厂的承包合同,其真实地揭示了当时郝庄村去公社化的努力以及所取得的成就。事实上,承包集体厂子这种新的合作体制包容了原有的集体经济,且以此为内核建立起新的法人成员集体所有的新体制。③ 但在企业管理、分配和投资上仍以生产大队为主,承包者只是企业的责任代表,具体负责企业的管理和日常运作。

合同一　郝庄大队白灰厂 1983 年 5 月 8 日承包合同④

郝庄白灰厂以杜天才为主等四人承包,承包合同如下:

(1)承包白灰厂的人员以自由组合和安排相结合。

---

① 参见《郝庄大队副业生产承包合同》,太原市南郊区档案,藏于山西省太原市郝庄村委会。

② 参见《郝庄大队 1983 年关于副业承包合同及合同兑现表》,藏于山西省太原市郝庄村委会。

③ 参见折晓叶《村庄的再造——一个"超级"村庄的社会变迁》,中国社会科学出版社 1997 年版,第 146 页。

④ 参见《郝庄公社郝庄生产队郝庄大队白灰厂的承包合同(1983 年 5 月 8 日)》,藏于山西省太原市郝庄村委会。

（2）承包方法以全年大包干的办法承包。

（3）大队一切费用投资等不负责，全部由白灰厂自行投资。

（4）承包方有义务解决部分村民的就业。

（5）白灰厂全年向大队上缴利润伍佰元，要分期上缴，年终必须缴清。

以上合同定一年，任何一方中途不得撕毁。

合同二　关于猪场承包的具体条款①

参照郝庄乡一九八四年下达的生猪、饲养提出以下承包条件，双方已协商通过。

一、生产条件：

（1）现有大小母猪 28 头。

（2）猪场占地面积 750 平方米，设有 16 间猪棚。

（3）猪场新建饲养室 4 间，旧场房 4 间，供猪场住人和存放料。

（4）提供两个马车两个骡子供运送饲料、肥料，牲口由郝庄村负责饲养，车辆维修由承包者维修。

（5）安排本队劳力 3 名。

二、生产任务：

（1）保证现有母猪头数，对于母猪的死亡，要报村委联社，并说明原因后，联社村委承认，由承包者购小母猪补足，决不允许巧立名目随意处理母猪。

（2）承包者保证 1985 年交售生猪 100 头，完不成共计罚款 100 元。

（3）努力完成全年交售生猪任务 355 头，如果全部完成，郝庄村委联社奖承包者共计 200 元。

（4）仔猪以及肥猪由承包者自有。

三、报酬：

（1）完成乡政府下达的母猪饲养任务以及郝庄村委联社所定的 100 头交债任务后，村委联社将分期、分批报给饲养场总计 3000 元。

（2）承包者工资由生产的仔猪以及所出售的肥猪来自行解决，生产联社村委不再发给工资。

————

①　参见《（郝庄公社郝庄生产队）关于猪场承包的具体条款》，藏于山西省太原市郝庄村委会。

（3）承包者每年积肥200马车，少积一车扣5元。

郝庄村委

郝庄村承包者代表　　丁玉华

王五九

一九八五年一月一日

合同三　关于磨坊的承包条款①

郝庄村民委员会联社根据前三年的经济承包实践，结合郝庄的具体情况，将磨坊的任务定为方便社员不收款，对外加工归已有的大包干，双方协商无疑，特提出以下几点保证合同的执行（本合同一包一年）：

磨坊由一人承包，自负盈亏，不上缴，社员加工不收款。

甲方不再给乙方购置固定财产，保留现有固定财产和设备。

乙方对内对外都要认真负责，服务周到，按时上下班。

工伤事故由乙方负责。

立合同者　甲方　郝庄村委会

乙方　高玉梅

由以上承包非农经济组织的合同所见，村集体是这些工厂的唯一产权主体，亦是其经营和管理的唯一合法者，每个村办企业可以独立核算，实行承包经营责任制，且每年需要向村集体上缴一定的经营收益额并最大限度地安排村民就业。事实上，村办企业的承包经营者除自愿承包因素外，还是由代表村集体的村大队负责统一安排，尽职尽责地履行合同确定的任务数。如1984年郝庄合同任务表规定，砖厂向村集体上缴余款52237元，建筑工程队上缴42275元，运输队上缴6000元，拖拉机上缴3000元，汽配厂上缴37413元，水电队上缴7257元，塑料厂上缴3万元，马车队上缴2000元，磨坊上缴894元，白灰厂上缴500元，大众饭店上缴1300元，知青饭店上缴800元，旅店上缴1.5万元，马车种地上缴7130元。② 以此计算，郝庄当年副业收入达到20万元之多且是纯利润，这还不包括村民所

① 参见《（郝庄公社郝庄生产队）关于磨坊承包的具体条款》，藏于山西省太原市郝庄村委会。

② 参见《郝庄1984年合同任务表》，藏于山西省太原市郝庄村委会。

挣工资，可见副业给乡村经济带来的巨大增长是农业所无法替代的。

　　从1983年生产大队将集体企业承包出去始，郝庄就对各个村办企业进行投资，以扶持企业快速发展。如向运输队的投资有：（1）9356号车投资（修发动机）1800元；（2）9357号车投资（修发动机）1800元；（3）9358号车修发动机大梁2700元；（4）拖拉机后人轮胎2条。向马车队的投资有：（1）牲口用雨布16件；（2）修建马车车棚2181.67元。向砖厂的投资有：（1）修理窑顶4490元并已付工程一队6500元；（2）新修两个简易大门付款1837元；（3）窑顶上烧窑活房投资1830元；（4）搭建高压线路按预算投资620元（付给水电队）；（5）修配电盘投资5200元；（6）输送代架子按预算投资1659元；（7）向砖厂投资平车5辆用款700元；（8）各项木具加工投资486元；（9）购风机2台估价600元；（10）汽油桶6个、卷扬机1台、砂轮机1台。① 从这些数据可知，除承包者要向大队上缴利润外，大队亦相应地负有向各厂各企业投资的义务。

　　郝庄实行"大包干"之后村民热情高涨、干劲十足，公社干部同样呈现出蓬勃朝气。为落实党和国家的战略决策，去除人民公社的阴影，早日实现四个现代化，特对有关干部作出如下规定：（1）干部必须严格要求自己，身先士卒，要求每个社员做到的自己首先必须做到，当好群众的带头人，严格教育自己的家属，不高于群众，做一名名副其实的好社员。（2）全体干部要认真贯彻中央文件，深刻领会党的政策，用党的政策调动社员的积极性，做深入细致的思想工作，当好社员的贴心人。（3）全体干部必须认真学习马列主义，争做学习党的政策的带头人，对待社员群众不准随意打骂，更不准虐待群众，要关心群众生活，关心群众疾苦，做社员群众的知心人。②

二　去集体化与再"集体化"：国家与乡村的经济博弈

　　到目前为止，中华人民共和国已走过了60余年，而中国农民亦经历了一条由"耕者有其田"下的生产互助组到初级农业生产合作社和高级

---

　　① 参见《郝庄大队给运输投资合同兑现表》、《郝庄大队向马车队投资合同兑现表》、《郝庄大队向砖厂投资合同》，藏于山西省太原市郝庄村委会。

　　② 参见《郝庄大队一部分底稿材料（〈今后工作的几点意见〉）》，太原市南郊区档案，藏于山西省太原市郝庄村委会。

农业生产合作社再到人民公社的发展道路。这些发展道路在其初创阶段均对国民经济发展产生过不可磨灭的贡献，但随着这些体制的深入发展，一些预料之外的矛盾逐渐浮出水面，并最终导致国民经济和人民生活的严重困难，这一点在人民公社化时表现得尤为突出。自 20 世纪 80 年代以来大规模的包产到户使中国农业经济提升到了一个崭新的发展阶段，农业经济的快速增长则带动了农村其他经济特别是乡镇企业的发展，这样的发展与之前的人民公社、农业生产合作社的发展相比，一个显著的特点是家庭联产承包责任制使农业经济发展持续的时间要长、效果更加明显。从农业产值与国内生产总值及第二、第三产业比较的结果来看，这种正向激励的持续时间是 1978—1985 年。而在 1985 年后的 20 余年中中国农村经济却再次呈现出一定的低迷趋势，农民增收速度明显缓慢，此则可能由于家庭联产承包责任制下的土地分配体系过于僵硬、农民对土地的使用权缺乏安全感并由此挫伤了农村居民进行长期固定投资的积极性所致。[1]

　　事实上，"大包干"之后，虽推行家庭联产承包责任制，但我国耕地面积短缺，再加上人口激增，农民承包的土地面积无法同欧美某些国家相比，土地经营规模太小的弊端逐步在农村农业经济发展中凸显。农户较小的耕地规模不仅限制了农业劳动生产力和农产品商品率，而且严重阻碍了农业机械化的进程，不利于传统农业向现代农业转型；更为严重地是出现了国家对集体土地权利的限制和集体对土地权利的争取与保护的博弈现象。就郝庄而言，其宝贵的土地资源正在逐步被国家蚕食，1988 年尚有耕地 138 亩（全村人口 1139 人）[2]，1991 年只剩 60 亩（全村人口 1246 人、企业 20 个，农村劳动力 540 人全部在企业工作，农村经营者为零）[3]，到 1998 年则完全没有了（全村人口已增至 1438 人）。[4] 经过 10 年的社会变迁，该村农业耕地不是转为副业生产就是被政府征用，人口却以每年增长 30 的基数增加，已发展到了靠土地维持生计的临界线——即随着太原市城区扩建和村庄寻求副业生产，农业耕地完全丧失。被征土地则

---

　　① 参见薛继亮、李录堂《传统农区乡村再集体化的现实需要及其实现路径》，《现代经济探讨》2011 年第 2 期。

　　② 参见《郝庄村 1988 年各种统计报表》，藏于山西省太原市郝庄村委会。

　　③ 参见《关于郝庄村农业生产联社改建太原市东城企业总公司的报告》，藏于山西省太原市郝庄村委会。

　　④ 参见《郝庄村 1998 年各种统计报表》，藏于山西省太原市郝庄村委会。

用于国家建设，如太原市火车站、山西省档案馆及建设南路油漆厂、竹器厂、木器社、自行车厂、砂轮厂和机动宿舍，用的都是郝庄耕地。从国家的角度来看，因其保留了土地最终处置权，故征地过程只是自身内部利益调整的过程，即将土地可能产生的收益从农村集体转向工业和国家机关的过程，而国家只给少量土地补偿，这可以从1958年铁道部太原铁路管理局征用郝庄（金星农业合作社）土地协议书中看得清清楚楚。该协议书具体内容如下：

　　甲方：铁道部太原铁路管理局基本建设处

　　乙方：金星农业生产合作社

　　修建太南技术作业站需征用金星农业生产合作社土地问题，业经太原市城市建设管理局城建第1433号函批准征用在案，根据国家建设征用土地办法及有关规定，双方协议按以下条款由甲方补偿之：

　　（1）土地（农业耕地）以评定农业税的负担产量五倍补偿以每石谷子折合小米100斤，按粮食局中等小米出售牌价0.107元计算补偿。

　　（2）国有土地（包括荒地、沙滩在内）无偿拨给征用单位使用不作任何补偿。

　　（3）土地加工补偿费：已耕地267亩每亩耕地费2.16元，折合金额576.72元；耙地共耙四次每次每亩0.2元，四次每亩计0.8元，折合金额213.6元；已送粪41亩，每亩7车共287车，每车折价1.12元，折合金额321.44元。以上三宗计补偿人民币1111.76元。

　　（4）坟墓每坵甲方给乙方迁移埋葬补助费10元，一次付给，再迁坟墓按5元付给。

　　（5）如遇无主坟墓时由乙方负责迁移找觅地妥善安置不得将死骨遗失，如原坟主来寻时由乙方负责交付。[①]

　　从集体的角度来看，村集体对土地只有不稳定的管理权，土地被国家征用，其只能在法律和政策许可范围内得到经营用地年收入的较高可能定价。虽然村里拥有的土地资源越来越少，但其城市化程度却提高了；村里农村籍劳动力和人口越来越少，集体和农民的收入却越来越多。村领导人

――――――――――――
　　① 《郝庄生产大队土地征用协议书》，藏于山西省太原市郝庄村委会。

充分利用国家征地和还建政策，办理集体土地的国有土地使用证，加强集体的经营性用地。[①] 当然，乡村在某些时候可以通过合法渠道卖地以获取更多收益，卖地在当时每亩可达几千元乃至几万元，而国家征用则只有少许补偿。[②] 据村民所述，"每亩地按 3 年产量赔偿，即使按土地最高产量计算，如果谷子收成好的话亩产 500 斤左右，再把谷草算上，谷子每斤能卖到一毛二分钱，谷草可以卖到一毛钱或九分钱，500 斤谷子折成钱每亩地连 100 块钱的补偿都没有，大概只有七八十块钱，连续给 3 年顶多只有 250 块钱左右。此外，还有一点微薄的青苗补偿，如果种了苗就有赔偿，或者上了肥料没种苗，上了几担粪会按一担粪是多少钱折成钱以补偿。国家就出这么一点点钱，廉价地把耕地征用了"[③]。但村民口粮得不到保证，只能买高价粮。于是，有些村民就发出抱怨："多赚不如少花，才能富起来。""不怕富的快，就怕口头累"。这样下去永远是个问题。[④] 随着时间推移，郝庄农业耕地没有了，而村民为了维持生活只能寻找农业以外的其他出路，经过多种考虑和利益的博弈选择了走"离土不离乡"的经济变革之路，从而积极开创以副业为主体的其他产业致富，从 1985 年起又新建了塑料厂和树脂砂轮厂两个企业以吸纳剩余劳动力。

同时，郝庄乡基于人多地少的困境成立了郝庄乡村一级的经济合作社。经济合作社是在原生产大队的基础上，根据集体统一经营和家庭分散经营相结合的原则，经全体社员民主讨论，在自愿和互利基础上组织起来的社会主义合作经济组织。合作社在党支部和村委会领导下开展工作，坚持稳定和完善家庭联产承包责任制，积极壮大集体经济，实行统分结合的双层经营体制，克服了过去那种"归大堆"、"大锅饭"的做法。经济合

---

① 参见刘金海《产权与政治——国家、集体与农民关系视角下的村庄经验》，中国社会科学出版社 2006 年版，第 150 页。

② 为何国家征用土地的补偿费与市场土地价格差距会如此之大？究其原因是土地产权的归属问题不明确，集体土地财产权利制度安排决定了土地资源交易市场的国家垄断，决定了农民集体没有集体性土地财产交易的权利，农民集体亦被剥夺了集体性土地在市场交易过程中的利益增值收益。自农业集体化至今，虽然国家在不同的层次上实现了对农民和集体的放权让利，但在最根本的财产制度规定即对土地的权利规定上，国家保留了对集体土地的最终处置权，也就是土地财产权利交易市场上的垄断权。参见刘金海《产权与政治——国家、集体与农民关系视角下的村庄经验》，中国社会科学出版社 2006 年版，第 144 页。

③ 被采访人为贾姓村民，男，被访时间 2013 年 9 月 11 日。

④ 参见《1986 年郝庄村民委员会报告：为我村社员转供商品粮》，藏于山西省太原市郝庄村委会。

作社的目的是帮助社员发展商品生产、积极兴办企业，通过私人企业、合
伙企业、股份企业等各种形式繁荣农村经济、增加社员收入、提高社员物
质生活和文化生活水平，使全体社员走向共同富裕。事实亦证明，正是
"大包干"之后推行的合作社使村民收益获得了快速增长。据村民王某所
述，她家从前没有挣过钱，但在"大包干"效益的带动下，仅1982年自
己本人就在砖厂工作挣了500块钱，并由此盖了房、买了家具。①

　　此外，农村经济合作社在制度上还规定土地归集体所有，社员按照合
同规定承包经营土地。土地承包以户为单位尽可能集中连片，以利于机械
化耕作。承包后分家的要尽量保持连片经营，并防止承包地变动频繁，分
割过碎。② 由此，在乡村经济合作社的推动下，郝庄村逐渐由"政治"之
风转向"经济"之风，村里多年想搞副业的梦想终于在制度上和政策上
得到了保证，村办企业迅猛发展，且副业在生产和发展过程中都在逐步完
善自身的制度规范和建设。③ 从1982年和1995年的统计数据来看，1982
年村办企业有4个，而到1995年达到了15个，13年间增加了11个企业，
从业人员由180人增加到614人，年总产值由46万元增加到了3026万
元，每年平均递增229万元，村集体固定资产由96.17万元增加到256.65
万元，增加了160.48万元，累计公积金亦增加了292.21万元。具体数据
详见表5—1。

---

① 被采访人，女，被访时间2011年8月25日。
② 参见《在双层经营会议上的讲话（王建生）》，藏于山西省太原市郝庄村委会。
③ 如1982年修配厂的管理生产制度：（1）上班时间早8时至12时，下午2时至6时。
（2）如有迟到10分钟以上者扣工3分，无故旷工不到者扣工5分，早退者根据时间加倍扣工5
分。（3）劳动纪律，采取小包工，保质量，保时间，小组设备由组长统一管理下合理进行使用、
保管，如有丢失损坏者，按其情况，个人或小组酌情进行全部或部分赔偿。组长有权进行工活质
量、时间检查并有权责成返工，如不听从指挥者可尽量说服教育，如无效者可由厂内扣工、处
罚，如还不听劝告者可停职停用，交大队另作安排。如按时完不成任务或工活质量不合格者可根
据情况进行赔偿（根据工件的造价不超过50%），如拖延时间亦应赔偿损失。（4）开展五讲四美
文明生产。对小偷小摸行为进行批评教育，并根据所偷东西价值加倍罚款，对进行检举揭发者奖
励50%，对打架斗殴者双方扣工10分进行处理，对劳动态度不好者，通过组长会议，经大家同
意扣除当日工分的5%，在工作时间内一律不准干私活，如有必须做的通过厂内负责人交电费、
机床磨损费等。（5）进行爱徒开展比学赶帮，搞好团结，搞好卫生，对劳动态度好、效率高者
年终奖励30%，每人奖工20—30个，按平均工资计。（6）对以上制度已经全厂职工讨论并通
过，每人要爱厂如爱家和事业一样，与不良倾向作斗争，互相帮助，互相监督，共同执行以上制
度。参见《1982年修配厂的管理生产制度》，藏于山西省太原市郝庄村委会。

表 5—1　　　　　　　　1995 年农村集体经济现状调查摸底表

项目\年份	集体财产积累（万元）					
	集体固定资产值	累计公积金	累计公益金	累计折旧	债权	债务
1995 年	256.65	346.89	61.86	73.69	567.89	1015.27
1982 年	96.17	54.68	0.26	7.82		

项目\年份	村办企业情况（万元）									
	企业个数	年总产值	从业人员	年末累计盈亏	固定资产	自有资金	贷款总额	债权	债务	当年上缴村集体总额
1995 年	15	3026	614	+380.2	441.38	3429	242.50	577.81	617.54	70
1982 年	4	46	180	+19.6	50	40	10			19.6

　　资料来源：《1995 年农村集体经济现状调查摸底表》，藏于山西省太原市郝庄村委会。

　　从表 5—1 可知，郝庄合作社开办企业不少，社会效益不错。然其资金是如何筹集的呢？其实，郝庄十分注重资金积累，积极筹集集体资金，发展集体经济。在发展村办企业过程中，若资金不足时可由社员在自愿原则下进行集资，最终形成了以家庭经营和集体经营两个层次相结合的新格局，这种统分结合、两层经营的新体制是两个优越性同时发挥的表现，亦是商品生产迅速发展的表现。在民办企业制度得到保障的情况下，运用这种新的经营方式，不仅郝庄做得很好，太原其他城中村如松庄、太堡、狄村、双塔、郝家沟、店坡、观家峪等村在双层经营工作上搞得亦一样好。[①]

　　不过，郝庄表现得更超前，在 20 世纪 80 年代前后就建起许多厂子，其办厂的主要原因是为了应对土地流失和社会经济转型的需要。据村民回忆，"早在 20 世纪 70 年代之前郝庄就想建厂，但当时国家不让建，后来总算勉强建了砖厂。1976 年，第一个修配厂建成。修配厂的建立是由于在知识青年上山下乡时期有一个车料厂的子弟和一个东风机械厂的子弟要来郝庄村插队，村里就和他们谈条件，意思是那些厂子要支援郝庄几台机床和几套设备。当时东风机械厂将质量好的车床给了村里一台、差的车床给了两台，还给了一些电焊机和工轧机。车料厂给了一些铸造设备之类的

---

　　① 参见《在双层经营会议上的讲话（王建生）》，藏于山西省太原市郝庄村委会。

工具，村里本身有打铁的和钉马掌的工匠，后来都被吸收进修配厂。修配厂兼营补胎和打气之类的活，用铁板热补胎，有机械加工和电焊氧焊。此外，为弥补技术上的缺陷，还专门从外面聘用师傅进行修配。车料厂在改成自行车厂前有一个铸工、一个焊工和一个车工，村里就让三个师傅负责培训技术员工，再加上村里本身有锻工和打铁工，这样技术工种基本齐备了，修配厂就办起来了。修配厂的业务主要来自外面，如东风机械厂有些活做不了就分一些由其负责加工，东风机械厂收回钱后再拨给修配厂。车料厂揽下的活亦让修配厂帮忙加工。随后，村里又建立了汽车运输队。汽车运输队的由来是，铁三角有个配件厂要建立配件站及职工宿舍等，想要占用郝庄的一部分地，郝庄如以卖地形式给他们提供土地就属于国家征购类型，那就只补偿三年的粮食产量，折合下来得不到多少钱。郝庄人采取了变通的办法，由于在当时买汽车是需要指标的，于是郝庄就用土地换他们汽车的各种配件串起三个车，相当于购买了三辆解放牌汽车，就组成汽车队了。到 1983 年，郝庄还没几个厂，只有砖厂、旅店和修配厂。后来国家政策放开了，允许村庄建立工厂，这样，1985 年建立了砂轮二厂，1987 年建立了氧气厂。到 1984 年村里所有的厂子都承包出去了，承包只是形式，实际仍是集体产业，由集体投资和管理，承包者负责具体经营"①。

俗话说，"万事开头难"。郝庄在办厂过程中也遇到过许多非国家层面因素的困扰。首先是社会诈骗现象。如有个南方人为了卖制锁设备就动员郝庄村与之合作，合作条件是郝庄购买设备创办制锁厂、制锁厂生产的锁子由其收购，结果是村里花高价买了设备而制造的锁子却卖不出去，合作者亦卷钱"跑路"了。此外，还发生过养殖诈骗以及化工厂和电视厂破产案等。养殖诈骗是一个销售养殖种子的人要村里买他的种子，答应将来收购村里的养殖品，结果骗到钱后就跑了。"电视厂是部队上来了几个人搞来设备要在村里投资厂子，厂子建成后生产出的电视没有销路，后来他们撤走了，而村里却赔了 500 万元。接着村里又把电视厂的厂房当作净化厂处理汽车尾气，结果也失败了，赔了 40 万元。后来，随着太原城市化建设和环保的需要，要治理污染，政府要求城中村冒烟的东西都不能存在，随之郝庄的砖厂和沙场等都先后倒闭了，它们的厂房作为仓库都租出

① 被采访人为贾姓村民，男，被访时间 2013 年 9 月 11 日。

去，开始了仓储业。例如服装商门面房的货太多，就租个仓库放货。"①
可见，郝庄是在经历转型期的各种经济行为失败之后才积累到市场化中的
一些经验，并一步步迈到了开发服装市场的路子上。

在各地热火朝天地大搞乡镇企业的同时，为了保障农村经济的持续稳
定发展，国家又在家庭联产承包责任制之后逐步提出一些惠农政策。这些
措施虽然在当时没有明确表明是"惠农"，但现在来看对当时农村经济的
发展以及小城镇化建设确实起了推动作用。具体言之，如 1985 年 1 月中
共中央、国务院发出《关于进一步活跃农村经济的十项政策》即第四个
"一号文件"，取消了 30 年来农副产品统购派购的制度，对粮棉等少数重
要产品采取国家计划合同收购的新政策。2005 年 1 月 30 日《中共中央国
务院关于进一步加强农村工作提高农业综合生产能力若干政策的意见》
即第七个"一号文件"公布，文件要求:坚持"多予少取放活"的方针，
稳定、完善和强化各项支农政策。当前和今后一个时期要把加强农业基础
设施建设、加快农业科技进步、提高农业综合生产能力作为一项重大而紧
迫的战略任务切实抓紧抓好。2008 年 1 月 30 日《中共中央国务院关于切
实加强农业基础建设进一步促进农业发展农民增收的若干意见》即第十
个"一号文件"公布，要求继续推进改革开放和社会主义现代化建设、
实现全面建设小康社会的宏伟目标，推动科学发展，促进社会和谐，夺取
全面建设小康社会新胜利，必须加强农业基础地位，走中国特色农业现代
化道路，建立以工促农、以城带乡的长效机制，形成城乡经济社会发展一
体化新格局。2009 年中央政府下发了关于保证农民持续增收的第十一个
"一号文件"。2010 年 2 月 1 日中央政府又发出《中共中央国务院关于加
大统筹城乡发展力度进一步夯实农业农村发展基础的若干意见》的文件。

具体到郝庄村而言，更利于其经济发展的是 1988 年郝庄乡政府为推
动区域经济发展所做的种种政策努力。如规定凡来郝庄乡兴办各类企业者
可在全乡范围内任意选择厂地，并在水源、电源、交通道路等方面提供方
便;不论任何单位和个人向乡、村集体企业投入资金时可按国家银行定期
借款的利率享受利息收入，并可在年终企业利润中以股分利;引进先进技
术项目投产见效后在三年内每年从税后利润中提取 5%—7% 的技术服务
费归引荐者个人所得，并免征个人收入调节税;凡来郝庄兴办企业、开发

---

① 被采访人为贾姓村民，男，被访时间 2012 年 2 月 8 日。

新产品且在资金技术上取得显著成绩者给予优先落户并批给建房宅基地一份，对做出突出重大贡献年创利在 50 万元以上的有功者在双塔寺附近风景区建造 100 平方米的别墅一座，其产权归个人所有；凡来郝庄乡独资经营，横向联合或合资兴办的乡、村二级集体企业自投产之日起第一年免征产品税、增值税和营业税，并从投产之日起连续三年免征所得税，三年后纳税仍有困难者可再申请减免所得税。①

新的政策伴随着新的问题，在惠农政策不断推出的过程中，生产资料价格却不断上涨，惠农政策的成效大部分被生产资料价格上涨所抵消。如 2003—2009 年 7 年间农产品生产价格指数和农业生产资料指数交叉增长，但 2005 年以后（2007 年除外）农业生产资料指数一直领先于农产品生产价格指数增长，这使减免农业税、粮补、农产品涨价等增收因素带给农民的好处大打折扣。②

表 5—2 　　农业生产资料指数和农产品生产价格指数的变化（2003—2009）

年份	农业生产资料指数	农产品生产价格指数
2003	101.4	104.4
2004	110.6	113.1
2005	108.3	101.4
2006	101.5	101.2
2007	107.7	118.5
2008	120.3	114.1
2009	97.5	97.6

资料来源：薛继亮、李录堂：《传统农区乡村再集体化的现实需要及其实现路径》，《现代经济探讨》2011 年第 2 期。

从以上资料可以看出，改革开放以来家庭联产承包责任制及此后辅助家庭联产承包责任制的惠农政策为中国农村经济发展带来一次飞跃，农村经济社会发生了翻天覆地的变化，但土地经营规模太小的弊端及生产资料

---

① 参见《中共太原市南郊区郝庄乡委员会太原市南郊区郝庄乡人民政府文件》，藏于山西省太原市郝庄村委会。
② 参见薛继亮、李录堂《传统农区乡村再集体化的现实需要及其实现路径》，《现代经济探讨》2011 年第 2 期。

价格的高涨则又使中国农村经济发展再一次陷入困境。要解决农业经济发展中面临的问题并保障农村经济持续发展、农民收入稳定增长，唯一的出路就在于搞活"集体化"，利用乡村土地和优势资源走"非农化"道路，将农村股份合作制推向纵深发展。不过，土地在此过程中仍是一个关键性要素。

令人欣喜的是，土地经营权已在农村开始逐步流转。如在具体生产实践中尤其是大部分农村劳动力向城市转移的情况下，农村土地作为耕种的重要性在降低，村民中财力雄厚的家族以及村委会、村民企业成为集体土地的实际支配者，行使着所有人的权利。由此，村干部和村民企业就成了农村集体土地的最大受益者，这种现象在城中村表现得尤为突出，然其更严重的后果是国家对土地控制权的虚化，而土地实际控制权落入某些集团和强势人物手中。乡村某些企业和资源亦成为干部个人的私产，其收入主要供这些干部直接支配。郝庄的情形与此相类似，虽不能说民办企业一定是由强势人物掌控，但掌控者绝对是村中具有一定威望的人，且这些民办企业直接经营者的收入分配在当时应该算是较高的。表5—3就是郝庄民办企业管理者年收入的一个直接反映。

表 5—3　　　　　　　　1984 年郝庄村干部分配意见表

生产单位	干部姓名	分配金额
砖厂	高清化	2500 元
予制厂	陈思可	1000 元
塑料厂	赵永兴	1500 元
工程队	刘志远	3500 元
旅店	王敬孝	2500 元
修配厂	杜国庆	4000 元
汽车	董树林	3000 元
马车	刘霞	3000 元

注：以上生产单位 8 位干部合计总金额 21000 元，人均工资 2625 元。

资料来源：《1984 年干部分配意见》（1985 年 2 月 8 日），藏于山西省太原市郝庄村委会。

表 5—3 显示，1984 年生产单位的 8 位干部收入颇丰，平均工资总额达到 2625 元。而 1983 年干部人均工资总额（加奖金）为 1653 元，

财会人员是 1356 元。二者相比，1984 年干部工资增收很多，要远远高于财会人员。这在某种意义上说明当时经济形势较好且以工业为主的副业是农村经济充满活力的重要支柱，同时亦反映出干部在收入分配中的优势地位。

郝庄村在 1982 年出现承包现象并进行"独立核算"。"独立核算"就是以个人或承包户为一个独立的核算单位，而以前是由大队统一核算，"不管你有多少企业、多少组、多少队都在这个大队核算"，1979 年地里实行"小包"，1982 年变成"独立核算"，土地亦分田到户，由个体户独立核算经济账。独立核算产生了自治村财政，而自治的村财政创造出新的赋税形式使我们再次看到国家权力和村庄利益在村庄接触，村民生活中已无从感受到国家与之直接的赋税关系。这时的村集体与村民之间的利益关系已经与公社体制下的集体大相径庭，而村集体的自治性质使村民实际上难以通过与村集体之间的关系来间接体验国家权力的完整作用和意义了。这种新的赋税方式，使属于哪个村庄的问题于村民最具有切身的利害关系，故村民与村庄重新紧紧地联系在一起。[1]

然而，耕地的承包责任制对郝庄实际已无多少意义，因为村里土地在国家大量征用的情况下所剩无几，"一个人只能分到几分地，可能只有二三分地，村民觉得根本不值得种。据 1982 年第三次普查人口的数据记录，郝庄当时有 770 多人。郝庄村民一直就有搞副业的想法，并不是土地减少后才想搞副业，当然受土地减少和政策推动是直接因素。20 世纪 60 年代由于地多，能打粮，村民生活还行。20 世纪 60 年代以后，地也少了，粮食产量也少了，地却被越占越多，村民被逼得只好盼政府占地，心想干脆地被占完算了，都去搞副业，当工人。所以，那时候村民都想往砖厂跑，成立小企业，找关系往里面挤，结果除了搞副业外剩下很少的人去种地，他们对种地也没多少指望，觉得能打多少算多少"[2]。"1985—1986 年，村民都不种地了。当时有些人拥有牲畜，村民就把土地承包给他们。他们种地是为了喂牲口，而不是以农业为生，因为种地连自己的口粮都弄不够。虽有一年分过玉米，一堆一堆的，但这是卫生队种植的，不是郝庄村

---

① 参见折晓叶《村庄的再造——一个"超级"村庄的社会变迁》，中国社会科学出版社 1997 年版，第 262 页。

② 被采访人为贾姓村民，男，被访时间 2013 年 9 月 11 日。

民种的。"① 可见,种地维持生计已成为当时郝庄人的"副业"。

步入 20 世纪 90 年代,广东、福建、浙江等地相继出现农民按照依法、自愿、有偿的原则将农户土地或集体非农建设用地承包权转化为股权,还包括资金设备、技术等其他股权,建立起一种利益共享、风险共担的土地股份合作制度。其实,太原郝庄的股份合作经济亦早已有了这种隐性的股权分配,只是在制度和管理层面不像南方规定的那么明确和具体而已,但同样存在利益共享、风险共担的合作原则。如 1983 年郝庄大队向旅店的投资合同中就约定,经 4 月 16 日支委会研究决定对旅店投资下列项目,但要求力争节约,不准超支浪费,如果违纪超支,其费用旅店自行支付,大队不给予投资。具体条款如下:(1)给旅店修理西房的 10 间客房,共计投资 2000 元;(2)增加床 10 个。以上投资项目只供专用,不得用于购买其他,剩余交回大队。② 该项材料显示,合同虽未明确写明股权的占有和分配,但从条款反映的内容来看村集体是最大的股东、承包者是次股东,经营质量直接关系到股份合作的效果。郝庄类似的投资项目很多,现在看到的资料中有《予制厂投资合同结算》、《一九八三年加工厂筹划当年任务总投资》、《大队给运输投资合同兑现表》、《大队向砖厂的投资合同》、《大队向修配厂投资合同兑现表》、《大队向修配厂投资合同》、《大队向工程一队的投资合同》等。除大队资金投入外,一般而言,厂子的社员亦可将土地、资金、技术等要素作为股份入股,入股后的社员不再经营所承包的土地而是把土地经营权转化为股权,农户从土地经营收入中扣除必要的集体积累后按土地股份进行利益分红。不过,郝庄社员以土地转让享受股权的现象不多见,因为土地都是集体的,集体享受股权的收益后才将其红利适当分给社员,而社员可以以技术含金量和超额劳动享受分红或补助。表 5—4 中郝庄修配厂的分红就含有按劳分配与按技术分红的因素在内。

① 被采访人为盛姓村民,男,被访时间 2012 年 8 月 13 日。
② 参见《大队向旅店投资合同》(1983 年 4 月 17 日),藏于山西省太原市郝庄村委会。

表 5—4　　　　　郝庄修配厂 1985 年社员年终分红花名表　　　　单位：元

姓名	应领金额	参工天数	等级	金额	加班加时	加班金额	超高补助	焊工补助	技术补助	其他	已发红利
杜口军	3489.5	366	1	1720.2	1098	709.6	50				886
张二光	168	366		168							549
苗庆英	1715.2	366	1	1411.2	207	82.2					717
关玉茹	267.8	293	1				92	70	50		2152
王秀成	1500										
王新爱	277	64	2	256	70	21					136
刘永高	137.9	29	1	136.3	4	1.6					59
总计	7555.4										4577

　　资料来源：《郝庄修配厂 1985 年社员年终分红花名表》，藏于山西省太原市郝庄村委会。

　　由表 5—4 可见，郝庄修配厂年终分红是按计时（基本劳动日和加班加时）、劳动工评级、计件和技术等要素分红的。如王新爱的劳动日和劳动评级都低，年终分红就比其他人少；刘永高尽管劳动评级较高，但劳动时间少，故年终分红拿到的工资和红利亦少；关玉茹劳动时间有保障，资料中虽不能够反映其靠劳动时间拿了多少工资，但可以看到他是厂里唯一一个凭超高、焊工和技术补助拿到最高红利的，所以给他发的红利较多。根据修配厂分红方案，我们推测郝庄其他厂子分红亦不可能单一地按劳动时间分配，其分红体制应该夹杂了像技术、土地和资金等多种要素。

　　概言之，从郝庄办厂及其社会收益的这些鲜活例子可以证明，其农村经济再一次走向"集体化"是乡村再"集体化"的需要使然。乡村再"集体化"是区别于家庭联产承包责任制下农村土地分散经营的，是一种村集体主导的土地集中和综合开发利用的一种新的集体化，在法律意义上意味着乡村集体产权的形成。而且，这种集体化得到了村民认可，如阅历丰富的贾姓村民就认为："走集体化是对的，有利于乡村生产力的发展和农村经济面貌的改善，将来中国的农业还得走合作社的道路，迈向集体化。合作社本来是好事情，但要是强迫地弄到一块就失掉它的意义了。合作社本身就是股份制，集体化经济如能真正实现股份制还是有发展潜力的。"①

第二节　非农化的经济现代化探索

推行家庭联产承包责任制的主要目的是发展农业生产，解决中国人的吃饭问题。这一目标在家庭联产承包责任制施行后的几年就实现了，而且出人意料地是伴随着"大包干"的成功试行，到 1984 年全国范围内都实行了家庭联产承包责任制，农业生产力得到突飞猛进的发展。由于农业技术的不断提高，加上农村人口激增，农业发展已不再需要太多劳动力；进一步说，广大的农民资源已出现劳动力浪费现象。另外，由于农村市场化政策的逐步放宽，农村非农就业机会增加，劳动力逐渐从农村种植业向非农产业转变。②

特别是 20 世纪 80 年代以来东部沿海地区的乡镇企业获得快速发展，这些地区人口密集、工商业发达、国际交流机会多、容易接受新风，因而这些区域的人比起内地农民的观念较为超前且视野开阔，然其面对的却是土地严重短缺，农业生产技术的不断提高及农业劳动市场的饱和，大量剩余劳动力只好离开土地而进入临近城市或乡村工业制造领域寻找生存机会。鉴于农村的这种发展瓶颈和相对过剩的优势资源，一些企业为充分利用乡村地区的自然及社会经济资源将投资旨趣转向农村，这一转变对促进乡村经济繁荣、提高农民物质文化生活水平、改变单一的产业结构、吸收数量众多的乡村剩余劳动力，以及改善工业布局、逐步缩小城乡和工农差别、建立新型的城乡关系具有重要意义。邓小平曾对这种发展模式做过肯定，他认为"农村改革中，我们完全没有预料到的最大的收获，就是乡镇企业发展起来了，突然冒出搞多种行业，搞商品经济，搞各种小型企业，异军突起。这不是我们中央的功绩。乡镇企业每年都是百分之二十几的增长率，持续了几年，一直到现在还是这样。乡镇企业的发展，主要是工业，还包括其他行业，解决了农村剩余劳动力百分之五十的人的出路问

---

① 被采访人为贾姓村民，男，被访时间 2013 年 9 月 11 日。

② 参见《新中国 60 年 60 个路标》编写组编《新中国 60 年 60 个路标》，中共中央党校出版社 2009 年版，第 110 页。

题。农民不往城市跑，而是建设大批小型乡镇"①。过去搞工业化主要是由国家投资建设，且投资多用于一些重工业项目，这些项目资本密集，相对吸收的劳动力较少。这样，城市工业化搞了几十年连城市本身新增劳动力都无法吸纳，以致到"文化大革命"时期不得不让2000多万知识青年上山下乡。现在乡镇企业的发展不用国家投资，只是在税收政策上给予一定优惠，农民用自己的钱搞工业化建设，在十几年时间里吸收的劳动力相当于城市大工业30多年吸收劳动力的总和。②

在乡镇企业带动下，从1990年到2009年我国农民人均纯收入一直呈增长趋势。从农民人均纯收入结构来看，最重要的是工资性收入和农业家庭经营性收入，这两项收入占到农民人均纯收入的90%以上。其他各项收入在人均纯收入中的比重非常稳定，甚至不足10%。从1990年到2009年工资性收入在人均纯收入中的比重从20.22%上升到40%，平均以每年1个百分点左右的速度上升；来自第一产业的家庭经营性收入从75.56%下降到49.03%，亦基本上是以每年1个百分点左右的速度下降。再从各项收入对农民收入增长的贡献率来看，从2001年到2009年（除2004年外）工资性收入对农民收入增长的拉动系数和贡献率均高于第一产业家庭经营性收入。③通过以上数据可以得出如下结论：（1）非农业性收入是我国农民收入增长的主要途径，农民增收依赖于农业外部的其他产业；（2）面对这一情况，农村除吸引高素质人力资源回流之外应逐步扩大农业土地生产规模，发展现代化经济。到底发展什么样的经济才是现代化经济呢？即使有了现代化经济的发展，其如何才能与本地实际相适应并将之变成当地经济转轨的重要动力呢？对于太原郝庄而言，其在多年的摸索和机遇中将这些难题一一破解了，它找到了适合自身情况的现代化经济且这种经济的张力越来越大，将一个乡村逐步融入了繁华的大都市并成为城市光彩夺目的一角。

---

① 《邓小平文选》第3卷，人民出版社1993年版，第238页。

② 参见马晓燕、王全行编著《农民企业家30年发展历程》，中国社会出版社2010年版，第47页。

③ 参见薛继亮、李录堂《传统农区乡村再集体化的现实需要及其实现路径》，《现代经济探讨》2011年第2期。

一　融资管道

郝庄早有办厂传统,前文多处提到其创办的各种工厂,这些厂子最初是靠互助组办起来的,后来在国家和村政权指导下规模逐渐扩大,直至实行"大包干"后由村中某些精英分子承包。村办企业的发展给乡村增加了收入,带来了实惠,而这些收入的积累成为郝庄经济腾飞的运转资金。除村里自身靠多年的经济积累融资外,另一个筹资渠道就是银行贷款。

自20世纪80年代以来中国大陆逐渐兴起一种后来称之为"三来一补"的企业贸易形式。这种模式中的"三来"是指来料加工、来样加工、来件装配,"一补"是指补偿贸易,它是中国大陆在改革开放初期尝试性地创立的一种企业贸易形式。这种贸易形式在郝庄的出现虽比沿海地区要晚得多,但其为该村以后发展集体企业提供了最原始的资本积累。

郝庄第一个类似"三来一补"的贸易企业是1983年由香港商人投资成立的毛纺织厂。由于山西是内陆省份,土地和劳动力相对廉价,政府亦鼓励引入外资,故港商选中了太原的城中村郝庄。工厂的毛纺织原料大部分从港方输入,他们利用的只是当地廉价的劳动力和土地,将加工好的毛纺织品运出大陆销售,郝庄只赚取加工费,工人工资占其中的40%,30%留下作为厂方购买设备的资金积累,剩余的大部分作为租赁土地费用及厂方管理费用。其中,投资方、厂方获利最多,而郝庄村民亦从中得到了当时在山西可谓领先的工资。于是,大大小小的工厂企业相继出现,成为一股不可阻挡的潮流。不过,当时外资企业想要进驻郝庄必须通过村委会,缘于这一便利条件,村委会往往要求企业在人员雇用上优先选择本村村民,故新的职业就在村民家门口出现。而外来者因在管理当地员工方面存在先天性不足,一些企业的人事权就被村委会掌控,村委会规定企业雇用人员必须是本村人,只有特殊情况才可雇用外来人,甚至还出现另一种情况即村委会成员都兼任外来企业的职务。[①] 到20世纪90年代初短短10年左右时间郝庄就拥有企业6家、工人近2000人。跟现在郝庄村相比,工厂数目虽然不多,但这些工业企业的出现和发展却大大增加了村民收入,提高了村民生活水平。

对于郝庄村的经济发展而言,提供更广泛的就业机会似乎并不是最重

---

① 参见《中共太原市南郊区委文件》,藏于山西省太原市郝庄村委会。

要的，而起决定性作用的是通过这些外来企业达到资金积累、增长村民见识、开动村民脑筋的目的。1983 年，在原有砖厂和塑料厂的基础上成立了予制板厂，随后又成立电工队（水电队），接着有些村民把废弃的汽油桶收购回来改装成小桶再卖而形成了制桶厂。① 1988 年，在村委会带动下村民利用打工赚的钱开办了一间砂轮厂，并直接促使全村当年收入突破 3 万元大关。第二年，又建成了一套 1900 平方米的厂房，同年由村委会出面向外募资、招商，最终投资 40 多万元，在厂房旁兴建了一套新的生产设备，建筑面积达 2800 平方米。1990 年，在厂房旁临近街道增建了一栋 7 层楼的管理办公大楼。之后，村委会先后开办砂轮厂、塑料厂、修配厂、砖厂等 20 多个集体企业，一穷二白的家底就这样完成了原始资金积累。②

此外，郝庄还协调与农行、人行、建行、城市信用社和保险公司等金融部门的关系，为重点项目统一筹集资金，为股份式企业征集股金。③ 当时国家有扶持乡镇企业的政策，只要办厂，不仅三年不征税，还提供贷款。鉴于这样的优惠政策，可以说是用政府的税钱还贷款，将办厂子的风险降到最低，如果厂子运转得好大概 3 年时间就可还清贷款，这等于是国家出钱办厂，减小风险，个人享受收益。④

除以上工商业的资本积累外，郝庄村还有一项其他村庄不具备的资源，即庙会经济。双塔寺始建于明代万历年间，是一座有着 400 年历史的佛教寺院。该寺本名"永祚寺"，只因寺内两座巍峨壮观、耸入云端的古塔引人注目，才被世人习惯称为"双塔寺"。久而久之，真正的寺名渐不被人重视，而俗称却家喻户晓。庙会是汉族的民间宗教和岁时风俗，亦是我国集市贸易的形式之一，其形成与发展和寺庙的宗教活动有关，在寺庙的节日或规定日期举行，多设在庙内及其附近。早期庙会仅是一种隆重的祭祀活动，随着经济发展和人们交流的需要，庙会就在保持祭祀活动的同时融入了集市交易活动。这时的庙会又得名为"庙市"，成为中国市集的

---

① 被采访人为贾姓村民，男，被访时间 2012 年 6 月 8 日。
② 参见《太原：郝庄——"城中村"改造的"样板"》，太原新闻网 2011-7-22。
③ 参见《深化改革 奋勇开拓 全面开放 振兴南郊——太原市南郊区经济发展战略及其对策》，藏于山西省太原市郝庄村委会。
④ 被采访人为贾姓村民，男，被访时间 2012 年 6 月 8 日。

一种重要形式。^① 这种市集交易的主要物品是土产品,利润虽不大,但却是郝庄农民增收的一大渠道和融资的一个来源。

二　服装销售业兴盛:乡村脱贫致富之路径选择

郝庄服装销售业之所以能够成为其经济发展的支柱,在于其能够不失时机地创造条件,积极组织、发展了专业化的规模经营,开创了区域鲜明的特色经济。进入 20 世纪 90 年代,郝庄在思考,郝庄有什么且最大的优势是什么?答案当然是依托太原市便利的交通条件。它紧邻太原火车站,南傍名刹双塔寺,西接建设路,北依朝阳街,离飞机场十几公里。而机遇又从来不会给因循守旧的人带来奇迹,只会留给那些有准备的人。郝庄就是把握了机遇,依靠区位优势,村集体一直在带领村民寻找致富之路。1986 年 12 月 29 日,郝庄召开支部扩大会议,"大家用漫谈的形式勾勒经济建设的框架":(1)经济到 1990 年实现全村收入 400 万元,人口能控制到多少,生活水平能提高到什么水平;(2)发展村庄的定型产品,其中氧气厂 80 万元、砂轮厂 60 万元、模具厂 80 万元、塑料厂 12 万元、砖厂 6 万元、商店 6 万元;(3)1990 年之前把经济搞上去;(4)发展党员时要发展技术干部、先进领导入党,吸收先进青年入党。^② 为达此目的,郝庄在谋划新建工厂、改造旧厂基础上筹建新的产业,看中了大力发展为城市服务的第三产业。^③ 1991 年,郝庄村在太原市政府、郝庄镇政府指导和帮助下依靠村办小工业企业的钱踏上从商之路,第一座服装批发市场——东城服装批发城在朝阳街上拔地而起并成为这个村庄辉煌至今的产业。^④

在村庄经济渐现活力之时,国家亦相应地不断予以政策支持。1988 年 11 月,太原市南郊区委制定了建设亿元乡、千万元村、百万元企业的发展规划,重点是要促进该区经济持续、稳步、健康发展,如期实现 1995 年经济发展的奋斗目标。根据全区经济发展战略要求并结合各乡镇、村和乡镇工业企业发展规划出台具体举措:(1)加强领导,建立包干责

---

① 参见郎富平主编《旅游资源调查与评价》,中国旅游出版社 2011 年版,第 257 页。

② 参见《支部扩大会(86—89 会议记录)》,藏于山西省太原市郝庄村委会。

③ 参见《学习农村整党教材 1、2、3 讲》(1986 年 11 月 3 日),藏于山西省太原市郝庄村委会。

④ 参见《太原:郝庄——"城中村"改造的"样板"》,太原新闻网 2011 - 7 - 22。

任制；（2）开展竞赛，实行记功奖励；（3）多方配合，重点扶持；
（4）深化改革，完善企业的承包责任制；（5）严格管理，提高经济效益；
（6）挖潜革新，狠抓技术改革。① 在具体规划中，全区计划到1992年产
值达亿元的乡镇要有2个，即晋源镇和金胜乡，占乡镇总数的15.4%；
计划到1995年产值达到亿元的乡镇要有5个，即晋祠、杨家峪、小店、
亲贤、郝庄，总产值绝对值增长速度要求如表5—5所示。

表5—5　　　　　1988年太原市南郊区建设亿元乡镇发展规划

乡镇名称	1987年实现总产值（万元）	1995年达到总产值（万元）	年均递增率
晋祠镇	4652	13500	14.2
小店镇	4221	12000	14.0
杨家峪乡	3434	11500	16.3
郝庄乡	3469	11000	15.5
亲贤乡	3120	10000	15.7

资料来源：《郝庄乡郝庄公社中共太原市南郊区委文件关于印发〈太原市南郊区建设亿元
乡、千万元村、百万元企业的发展规划〉的通知》，藏于山西省太原市郝庄村委会。

　　南郊区在具体规划中还规定，到1995年计划总收入达到千万元的村
有金胜乡董茹村和开化村、郝庄乡郝庄村、杨家峪乡杨家峪村等16村；
到1990年计划产值达到1000万元以上不足2000万元的企业有东方金属
硅村、金胜新村硅厂等，连同至1995年计划达到的郝庄卷扬机厂累计共
6个。② 可见，郝庄在当时的乡镇经济发展中已崭露头角，算是经济发展
较有潜力的一个村庄，亦是太原市南郊区政府大力扶持的一个重点经
济村。

　　而且，南郊区政府为了支持区域经济发展特采取了五大措施，其中对
郝庄经济有明显指导作用的是区、镇两级领导分工包村，建立包干责任
制，到村里蹲点；定期对企业进行经济分析，帮助解决实际问题，总结推
广经验，保证重点；对规划建设的亿元乡、千万元村和百万元企业积极给
予扶持，优先提供经济信息，计划部门要对其产品优先立项，银行部门对

　　① 参见《支部扩大会（86—89会议记录）》，藏于山西省太原市郝庄村委会。
　　② 参见《郝庄乡郝庄公社中共太原市南郊区委文件关于印发〈太原市南郊区建设亿元乡、
千万元村、百万元企业的发展规划〉的通知》，藏于山西省太原市郝庄村委会。

其贷款要优先安排,物资部门对其物资需求要优先组织供应;加强企业内部的严格管理和配套改革,通过招标承包、转让、租赁等形式真正引入竞争机制和风险机制,进一步实行所有权和经营权分离,扩大企业自主权,等等。[①]

事实上,郝庄村搞服装业完全是一个机遇,当然机遇的背后与郝庄多年的办厂积淀以及地理和社会环境密不可分。"1989 年,一批温州人最先在太原牛站做服装进行销售,牛站就像一个自由贸易市场一样,以至于这里的家家户户在做衣服生意,产生了一大批个体手工业者。但牛站村的社会管理落后,电线乱接乱放,住房乱七八糟,社会秩序十分混乱,经常有打架斗殴、酗酒甚至嫖娼业等社会不良现象出现,特别是由于管理混乱在那里发生了一桩案件,中央新闻媒体对其进行了曝光,导致太原市各级政府乃至山西省人民政府脸上无光,他们计划整顿牛站的混乱秩序。其实,对于这种情况,上级政府批示要从严管理,但鉴于当地的实际情况,南城区政府却没有很好的办法去管,而且他们真的不知道该如何管,后来太原市政府决定做一个市场把他们集中起来管理。当时南郊区所辖郝庄镇的党委书记王建生是一个比较灵活、思想超前和有头脑的人,获得这一消息后就去太原市政府要了这个项目,利用郝庄的土地建起了东城服装城,进行招商引资,鼓励个体户来东城做服装,政府的优惠政策是三年免税,收一点管理费,并对牛站的外地商人游说,把他们吸收进来,于是东城整个楼慢慢就招满商了。"[②] 从这些口述资料中,我们发现郝庄经济的成功转型不仅缘于其拥有发展经济的空间,更多的是得益于一个偶然机遇及上级政府的扶持。

东城服装城建成之后,起初和太原市南城区工商局合作,由工商局给予一定政策支持和管理指导。东城服装城在运营中生意一直不错,且像牛站那种混乱的秩序亦得到了有效管理。郝庄看到东城服装城生意挺火,发现了商机,渐渐产生了利用自身土地资源再建一个服装大楼的想法,随即以自己村的名义筹资在东城旁建起了西城。郝庄建西城的这种做法既未受到政府鼓励又未遭到政府打压,政府方面实际采取了默许的态度。西城建

---

① 参见《郝庄乡郝庄公社中共太原市南郊区委文件关于印发〈太原市南郊区建设亿元乡、千万元村、百万元企业的发展规划〉的通知》,藏于山西省太原市郝庄村委会。

② 被采访人,男,原太原市南城区工商局副局长,被访时间 2012 年 10 月 16 日。另一被采访对象贾某亦谈到此,两人所谈内容基本一致。

起之后，生意照样十分火爆，这就进一步坚定了郝庄大办服装市场的思路和决心。随之，拆除最早的修配厂，先建了精品服装城，后又建了御都。御都联系了一个南方的裘皮公司，两家联合做裘皮服装生意。几座服装大楼成型之后吸引了众多的商人和消费者，郝庄服装市场在太原渐渐站稳了脚，形成一个服装商贸区，推动了郝庄村经济的上升，而村民利用这种市场资源既可以从事服装销售业又可以凭借出租房屋增加收入。不久，郝庄人为扩大商贸市场规模，村集体投资 800 万元将原来的东方红油漆厂买回建了东方红商城。① 这样，经过多次新建和改建服装楼，郝庄以出租服装大楼使用权的方式在其土地上形成了太原乃至山西独有的品牌产业——服装销售市场。随着乡村服装业市场的发展，乡村农业经济逐步退出，从而由副业为主农业为辅的经济发展模式转变为以服装市场为核心、其他副业辅助的第三产业发展模式，同时在适应市场化的情况下于 1991 年正式将农业生产联社改建为太原市东城企业总公司。② 与之相应的是，一些难以适应市场的原有村办企业渐渐出现退出历史舞台的迹象。如 1994 年砂轮二厂没有完成规定指标，汽修厂和图纸厂未完成上交，机械厂亏损 4459 元，制桶厂亏损 32634 元。③ 这些企业在激烈竞争的市场作用下被慢慢淘汰了。

三　制度化与规模化：农村新型经济组织的张力

由于市场经济的推动和人们生活方式的改变，服装行业越做越大，郝庄人趁热打铁，村集体经济开始了暴发式发展，主要表现于集体经济在规模上成就了商业群及在制度上成就了现代公司的运行模式。如太原市南城区桥头公社占用郝庄土地将一条土沟垫起修建了金属制造厂，其实是一个汽车制造厂，专门加工汽车小轿子，经营了几年干不下去又开办了太原市最早的书城，经营效果也不是很好。郝庄为了修路花大价钱将书城买归集体，除修路占用一部分外其余地方又搞了一个摩托配件市场。不久，政府要求摩托市场迁移别处，郝庄将场地改为窗帘市场。此后，又联合塑料二厂、自行车厂，在 3 家共有的土地上开办了布料市场。随着中国经济由计划经济向市场经济转轨，郝庄村的产业经济逐渐出现制度化与规模化发

---

①　被采访人为贾姓村民，男，被访时间 2013 年 9 月 11 日。

②　参见《关于郝庄村农业生产联社改建太原市东城企业总公司的报告》，藏于山西省太原市郝庄村委会。

③　参见《1994 年东城各企业完成情况》，藏于山西省太原市郝庄村委会。

展的势头,并为迎合市场潮流将服装销售市场做大做强于 2003 年建了新东城,后来又建了新西城。① 村集体的这些服装城大都由本村人经营,他们聘请高管采用公司制管理模式进行运营,当然不排除公司制在运行中家族因素对企业的干扰。

受市场经济中股份制改造浪潮的冲击,郝庄在太原服装东城批发市场、太原服装城、新西城服装批发市场、太原市精品服装城、太原御都名品商城、太原龙马服饰批发市场、吉美服饰和太原服装城名品市场、众爱布料批发市场、太原市新港辉摩配市场、太原市新东城服装批发市场等商城基础上重新整合集体产业,各集体经济组织在名称上发生变化,于2001 年组成太原服装城集团,注册资金 8000 万元,集团董事长为王天明,太原服装城集团形成总建筑面积为 25 万平方米的商贸产业聚集区。2010 年,社区总产值完成 11.91 亿元,连年被评为太原市企业 50 强和太原市服务业 50 强。表 5—6、表 5—7 就是郝庄服装销售产业链形成之后所创造的社会产值的直观反映。

表 5—6　　　　　　　　　郝庄村东城企业总公司各企业
1994 年纳税情况调查表　　　　　　单位:元

项目	1993 年		1994 年 1—11 月份			1—11 月份账面欠缴税额
	应缴税额	实缴税额	应缴税额	实缴税额	欠缴税额	
流转税	511095.76	468616.34	595134.62	475447.09	109439	132428.47
所得税	21110.76	16921.65	249904.55	51705.85	199004.18	54637.18
地方税	41542.93	37063.54	79485.93	52221.72	25873.73	28505.28
合计	573749.45	522601.53	924525.10	579374.66	334316.91	215570.93

　　资料来源:《东城企业总公司各企业 1994 年纳税情况调查表》,太原市南郊区档案,藏于山西省太原市郝庄村委会。

表 5—7　　　郝庄村企业 1997 年上半年各企业经济分析明细表　　　单位:万元

单位名称	产值	收入	利润
模具工厂	55.5	47.6	0.11
砖厂	30.75	21.4	1.90

---

①　被采访人为贾姓村民,男,被访时间 2013 年 9 月 11 日。

续表

单位名称	产值	收入	利润
砂轮二厂	21.48	26.97	5.17
服装城	8597.16	5337.97	67.16
精品服装城	1095.47	1158.47	39.3
百货市场	1650	1320	9.94
东城汽修厂	6	4.5	1.62

　　资料来源:《郝庄村企业 1997 年上半年各企业经济分析明细表》,太原市南郊区档案,藏于山西省太原市郝庄村委会。

　　由表 5—6 可知东城企业总公司各企业纳税情况,1993 年实缴税额522601.53 元,1994 年 11 个月实缴税额 579374.66 元,1994 年 11 个月实缴税额要比 1993 年 12 个月多出 56773.13 元,尽管两个年份都有欠税现象,但从实缴税额来看纳税还是很多的。表 5—7 显示,在 1997 年上半年各企业利润中,服装城加上精品服装城竟达 106.46 万元,居村庄各企业利润之首,约为利润次之的砂轮二厂的 20.6 倍。另据东城企业总公司各企业 1997 年 1—11 月各项指标完成情况资料显示,服装城年计划产值10300 万元,实际产值 9761.13 万元,同年计划产值合计 17518.2135 万元;年计划收入 870 万元,实际收入 621.0327 万元,同年实际收入合计2419.6046 万元;年计划利润 200 万元,实际利润 149.90 万元,同年利润合计 284.2605 万元。[①] 如以 1997 年实际利润与人民公社时期 1978 年时村庄收入相比的话,1978 年村里只有 450 余亩地,1 亩地算得高一点按 100元计,土地的收入不过 4.5 万元左右,当时副业发展受到限制,只有砖厂在运行,大概年收入 6 万多元,土地和副业合在一起大概 10.5 万元左右,这与 1997 年的利润 284.2605 万元相比简直是天壤之别,可见乡村集体企业带来的收益是人民公社时期无法想象的。到 1998 年,仅东城企业集团给村里创造的利润就比 1997 年多得多,具体详见表 5—8。

---

　　① 参见《东城企业总公司各企业 1997 年 1—11 月各项指标完成情况表》,太原市南郊区档案,藏于山西省太原市郝庄村委会。

表5—8　　　　　　　太原市东城企业集团总公司 1998 年度村
集体企业利润分配情况汇总表　　　　　　单位：元

企业名称	承包合同数或计划数	完成利润实绩数			
		上报损益数	内部调整	利润总额	合同或计划数
太原服装城	1600000	1031785	—	1031785	64.49
精品服装城	580000	793.479	—	793.479	136.81
百货批发市场	200000	33323	120301	153624	76.81

资料来源：太原市东城企业集团总公司：《一九九八年度村集体企业利润分配情况汇总表》，藏于山西省太原市郝庄村委会。

在郝庄服装市场日渐繁荣的情况下，区政府又出台一系列政策加以规范和推动。为加强企业管理并提高企业社会化、专业化生产水平，区经济委员会特设立工业专业化研究中心，制定行业管理规划，具体负责对工业各行业的生产进行统筹、协调、组织和指导，因势利导地把初具规模、条件具备并已形成系列化产品的同行业企业组织起来进行协作生产，形成多门类、多层次、多形式的企业群体或行业集团。[①] 同时，为执行太原市乡镇企业改革文件并深化乡镇企业改革，充分调动投资者、经营者、管理者和劳动者的积极性，郝庄村决定将太原东城企业总公司改制为太原市东城企业集团有限责任公司，新公司是以村集体共有资产为主体并吸收其他法人企业、个人资产共同组成的企业集团性质的公司。[②]

不难发现，在乡镇企业迅猛发展之时，政府的大力支持自然是不可或缺的，同时村庄企业自身的张力亦是企业逐渐向规模化和制度化迈进的重要基石。如 1991 年 11 月 20 日南郊区郝庄乡郝庄村太原市东城企业总公司就向区政府提交了《关于郝庄村、农业生产联社改建太原市东城企业总公司的报告》。[③] 除此之外，政府还通过正式文件的方式于 2001 年对郝庄东城企业进行备案且对企业类别、行业类别、企业经济性质、企业规

①　参见《深化改革　奋勇开拓　全面开放　振兴南郊——太原市南郊区经济发展战略及其对策》，藏于山西省太原市郝庄村委会。
②　参见太原市东城企业总公司《太原东城企业总公司改制为太原市东城企业集团有限责任公司改制草案》，藏于山西省太原市郝庄村委会。
③　参见《关于郝庄村、农业生产联社改建太原市东城企业总公司的报告》，藏于山西省太原市郝庄村委会。

模、企业通讯地址、经营范围及主要产业链都做了详细记录，这在某种意义上说明东城企业总公司已具有一定的社会影响力并得到了国家重视，具体情形如表5—9所示。①

表5—9　　　　　　　　上规模乡镇企业（集团）经营情况表

2001年　　　　　　　　　　　表号：乡企年综10表

　　　　　　　　　　　　　　　制表机关：农业部乡镇企业局

　　　　　　　　　　　　　　　批准机关：农业部

　　　　　　　　　　　　　　　批准文号：农企发〔1995〕5号

　　　　　　　　　　　　　　　备案机关：国家统计局

企业名称	东城企业总公司	附属工业行业	综合工业企业
企业类别	行业类别	企业经济类型	企业规模
集团公司国家级	工业	集体所有制企业	大型
通信地址	山西省太原市迎泽区郝庄乡郝庄村		
邮政编码	030045		
经营范围	产业单位直销式或批发零售		
主要产品	序号	产品名称	销售额（万元）
	1	服装批发零售	7603
	2	服装加工	8501
	3	电石	1048
	4	模具	161
	5	动物保健品	398

　　与此同时，太原市南郊区政府为了进一步规范乡镇企业的健康运行，还制定了各种条款和说明加以制度化约束，如促进发展个体工商业的《关于加快发展个体工商业的几点意见》、促进发展集体经济的《太原市人民政府关于促进集体工业经济发展若干问题的暂行规定》等。这些文件的出台充分说明乡村经济的发展逐渐有了制度化的保障。

　　简言之，郝庄1970—1984年14年间兴办企业4个，产值90万元，处于起步阶段；1984—1989年产值增至900万元，仍属打基础阶段；

---

　　① 参见（太原市迎泽区郝庄乡郝庄村）《上规模乡镇企业（集团）经营情况表》，藏于山西省太原市郝庄村委会。

1990 年经济实现腾飞，1991 年投资 2000 万元建太原服装城，1993 年投资 1200 万元建精品服装城及配套企业商业街，1996 年投资 1100 万元建百货市场，各项经济指标逐年增加，速度为 15%—30%，到 1998 年总产值达 2.3 亿元、总收入达 1.83 亿元、上缴利税 1210 万元。[1] 在改革开放政策的支持下，郝庄由不足千人的小村庄开始火爆，白天车水马龙、人流如织，夜晚灯火通明，仅每逢春节数十万异乡人回家后才会有些许宁静。

第三节　村庄发展与农民生活

一　村庄的城镇化

城镇化是现代化过程中必然出现的现象，这对一切国家都不例外。人类社会发展的历史表明，农业人口占总人口比重的大小是和经济发展水平密切相关的，经济发展水平越高，农业人口在总人口中所占比重越小，非农业人口和城镇人口所占比重越大。因此，非农业人口和城镇人口在总人口中所占比重的大小成为衡量一个国家经济发展水平的重要标志之一。大到一个国家如此，小到一个村庄亦如此，如果村庄的非农业人口所占总人口的比重较大，其城镇化水平则较高。近代以来，随着传统农业向现代农业转化，乡村以粮为主的小农经济结构逐渐被打破，开始了一场农业人口逐渐向非农业人口的转移，城镇和城镇人口逐渐增长，开启了乡村的城镇化道路。然而由于国家政治的变化，改革开放以前中国的城镇化缓慢，直到 20 世纪 80 年代速度才大大加快，城镇化率达到 20%，目前已接近 50%。据近 50 年中国城镇化研究，我国农村居民转化为市民的方式主要有两种：第一种是城市郊区农民因"失地"被迫市民化，而郝庄的市民化方式就基本属于这种模式；第二种是农民通过到城市打工的渠道转化为市民，这种模式在郝庄表现得不很明显。

伴随着太原市的城市化建设，郝庄村在逐步城镇化，村民因无地耕作而被迫市民化。郝庄的城镇化现象可以从被迫市民化的户口变动上看出，许多村民由农户转为非农户。据资料记载，南郊区郝庄和双塔两村 1989 年因征地由农转非农的为 1081 人，其中郝庄 243 户 831 人，全村大多数人转成了非农业人口。从 1991 年起，省计委根据国家精神对农转非实行指令性

---

① 参见太原市东城企业集团总公司：《汇报提纲》，藏于山西省太原市郝庄村委会。

计划管理，要求区政府有关部门按照办事程序抓紧时间办理。[①] 此外，从乡村从业人口分布也可探讨郝庄城镇化水平，具体如表5—10所示。[②]

表 5—10　　　　　　　　郝庄村从业人口分布表

综合机关：郝庄村委会　　　　　　表号：A301 表（2）

县码：14　　　　　　　　　　　制表机关：国家统计局

机器汇总表号：2001 年　　　　　　文号：国统字〔2001〕55 号

	计量单位	机器汇总代码	数量
甲	乙	丙	1
一、乡村劳动力资源数	人	01	937
其中：劳动年龄内	人	02	933
二、乡村从业人员数	人	03	1108
其中：劳动年龄内	人	04	1106
（一）按性别分组			
1. 男	人	05	744
2. 女	人	06	364
（二）按国民经济行业分			
1. 农业从业人员	人	07	6
农业	人	08	2
林业	人	09	
牧业	人	10	4
渔业	人	11	
2. 工业从业人员	人	12	658
3. 建筑业从业人员	人	13	182
4. 交通运输业、仓储业、邮电通信业从业人员	人	14	14
5. 批发、零售贸易业、餐饮业从业人员	人	15	204
6. 其他行业从业人员	人	16	44
附　在乡村从业人员中			
1. 省内县外从业人员	人	17	27
2. 省外从业人员	人	18	146

---

① 参见《太原市人大九届六次会议建议第 221 号——关于南郊区部分市人大代表提出的〈郝庄、双塔两村剩余人口的转户〉问题议案的答复》，藏于山西省太原市郝庄村委会。

② 参见《农业生产条件》，藏于山西省太原市郝庄村委会。

　　从表5—10可以看出,郝庄村从事农业的人口急剧减少,仅有6人,占总从业人口的0.5%,而非农业从业人口为1102,比重高达99.4%,这足以说明郝庄的城镇化率很高。而且,其非农业人口的职业主要分布于工业、建筑业、批发、零售贸易业和餐饮业等领域,这些行业都是有利于城镇化发展的助推器。同时,随着郝庄村乡镇企业、外资企业逐渐增多,村民生活水平不断提高,村庄旧有的基础设施已满足不了村民物质文化和精神文化生活的需求。如村庄原始马路已不能适应越来越多机动车辆的行驶要求,小商店商品品种少,村学校师资和教学设备落后,村卫生所医生诊断和治疗水平较差,文化娱乐场所更是一片空白。

　　于是,一种新的"集体化"生活在郝庄出现了。那就是农民集中居住区,加快农民集中居住区建设,打造与市民生活等值的居住环境,从而吸引村庄居民就近、低成本地向集中居住区聚集。集中居住区建设的第一步是引导农民进入居住区,要实现这一步首先做的便是建设集中居住区的物质供应、道路、水电、通信、文化娱乐、医疗卫生和社会保障等基础设施,使集中居住区的基础设施水准达到中等城市水平。由于郝庄村周围已建成不少工业企业,其交通就是利用村中一条使用多年的小路,而这条小路又比较破旧且没有下水道,污水在路上乱流,常年泥泞不堪,行走十分困难。对此,广大村民迫切要求修建这条路,村委会由此带头成立了郝庄地区修建马路筹备处进行集体组织和发动,同时要求市政府资助。为此,村委开会具体研究,规定按小街小巷的办法进行改造,原则上不搞拆迁,工程北起朝阳街,东起石棉厂,延伸到村树脂砂轮厂大门口,南至南沙河桥,全长1500米埋设排水管道并安装路边石。[①]

　　在第一步取得成效后,便根据城市化建设需要,村庄将行政村改成社区、村委会改为社区居委会。2008年8月,郝庄村委会挂牌成为郝庄社区居委会。第三步是发展集中居住区的公共服务,农民集中居住区是农民参与社会生活的共同体,要使农民集中居住区真正成为与城市社区一样的社会生活共同体,必须充分发挥社区居委会的组织作用并大力发展公共服务。只要完善的农村公共服务存在,不仅能为城乡经济社会协调发展打破瓶颈,

---

　　① 参见《关于集资改造郝庄村道路的会议纪要》(1985年3月6日),藏于山西省太原市郝庄村委会。

而且能消除城乡资源自由流动及城乡社会实现融合的重大障碍。农村社区公共服务水平的提高不仅有效地缩小了城乡差距，也使村民在一定程度上享受到了与市民等值的公共服务，增强了农民的社区认同感和归属感。①

此外，服装市场的大力推进与商业的繁荣及大量外来人口的涌入使郝庄城市化进程持续加快。太原市政府于 2005 年为加快郝庄城镇化建设并使之能够同步配合太原的城市化建设，将郝庄定为"城中村"改造的试点村，从而掀起新一轮郝庄城镇化建设高潮。② 至目前为止，郝庄的城镇化建设正在井然有序地进行，而我们眼前看到的郝庄已失去往日乡村的气息并成为一片繁华的城市喧闹区。

二　农民生活水平提高

农村产业结构逐步升级和乡镇企业逐步崛起是郝庄农民市民化的基础动力，这种动力离不开工商业尤其是乡镇企业和第三产业的有效带动。只有发展乡村非农产业，使产品的来源和资源的去处从农业活动转向非农生产活动，并使农村经济由农业主导型转变为非农主导型，向服务业方向迈进，这种动力才能持续，郝庄的发展才能继续。

郝庄在这种产业结构的变化中有了一个很大的改变，道路变平坦了，路灯亮起来了，社会风气好转起来了，打架斗殴现象少多了，居住条件有了很大改善，全村 50% 的人建了新房，电视机由黑白机换成彩电，自行车换成了摩托车，甚至有些人已经有了家庭轿车。可谓家家都有改善，年年都有变化。③

新中国成立初期，郝庄住房与太原其他村庄一个样，多是自己修筑的土坯房。20 世纪 80 年代初，村里开始批住房基地，一处处崭新的院子盖了起来。随着郝庄村经济的发展和壮大，村集体开始出资并下大力气改善乡村居住及生活环境。据村民介绍，村集体出资先后将各主要街道铺成柏油路④和水泥路并在路边安装了路灯、种植了绿化带、建起供人休闲娱乐

---

① 参见吴业苗《农村城镇化、农民居住集中化与农民非农化——居村农民市民化路径探析》，《中州学刊》2010 年第 4 期。
② 参见《太原：郝庄——"城中村"改造的"样板"》，太原新闻网 2011 - 7 - 22。
③ 参见《学习农村整党教材 1、2、3 讲》（1986 年 11 月 3 日），藏于山西省太原市郝庄村委会。
④ 参见《关于申请东城企业公司与郝庄乡政府及朝阳街综合管理委员会结算工程费用的报告》，藏于山西省太原市郝庄村委会。

的小花园，先后投入 1000 余万元引水进村，投资 170 余万元修理南沙河新桥和河道护坡并建起郝庄文化活动中心和大戏台。到 20 世纪末，他们已经拥有医疗、养老、最低生活补助等社会保障，家家都住上了楼房并配有抽水马桶、上网宽带，都使用上了清洁能源，有统一的垃圾收集和污水处理系统，社区及物业组织提供的治安、卫生、保洁、计划生育、就业培训等公共服务也不再是新鲜事。①

　　全体居民参加新农保都是由社区居委会出资；考上大学，社区发给奖学金，目前郝庄居民子女考取大专院校可获 3500 元奖金、考取本科院校可获 5000 元奖金；赋闲在家的可以进老年文化活动中心；想看书，有图书馆、阅览室；要看病，有医务室。1991 年郝庄兴建服装批发市场时有不少居民院落被列入拆迁范围，原地建起一座座商住楼房，同时原住该地的农民第一次住进了村集体为拆迁户在村里盖起的楼房及两层小别墅。农民的物质生活水平已接近甚至超过了城市人，其日用品相当丰富，这可以从 1988 年和 2001 年郝庄村民的主要生活用品调查表中看到（参见表 5—11）。②

表 5—11　　　　　农民主要生活用品基层调查表　　　　郝庄村委员会（1988 年）

项目	计量单位	年末实有数量
摩托车	辆	19
自行车	辆	802
手表	块	967
钟表	台	370
缝纫机	台	300
电视机	台	308（彩电 183 台）
电冰箱	台	20
洗衣机	台	253
照相机	台	47
收录机	台	265
电风扇	台	283
组合家具	套	159
大沙发	套	241

---

① 参见《太原：郝庄——"城中村"改造的"样板"》，太原新闻网 2011 - 7 - 22。
② 参见《农民主要生活用品基层调查表》，藏于山西省太原市郝庄村委会。

表5—12　　　　　农民主要生活用品调查表　　　　太原市统计局（2001年）

项目	计量单位	代码	年末实有数量
家庭轿车	辆	01	15
摩托车	辆	02	50
自行车	辆	03	860
电脑	台	04	22
组合音响	套	05	20
彩电	台	06	488
摄像机	部	07	5
照相机	架	08	96
空调	台	09	105
电冰箱	台	10	384
家庭电话	部	11	312
手机	部	12	50
太阳能、电热淋浴器	台	13	34

　　从以上两项调查统计材料可知，郝庄经过13年的变迁，村民的生活水平有了显著提高，家庭日用物品逐渐丰富且更新较快。具体而言，1988年尚未出现的空调、手机和摄像机等物品在2001年都出现了，交通工具虽仍以自行车为主，但数量较以前有所增长，且家庭轿车拥有量已达15辆之多。生活日用品的变化及其质量的提高，说明乡村经济生活及物质生产方式发生了历史性转变。此外，特别值得一提的是村办集团的股份家家都有。2010年底，郝庄对乡村集体经济收益实施首次配股分红，村民王伟笑着说："我有88股，一股一年可分配400元，是全村最高的呢。"郝庄社区有关负责人介绍，他们实施的配股分红每个在册的郝庄居民依据社龄分配股份，居民持有股份后增人不增股、减人不减股，持股人去世后可作为遗产由直系亲属继承。①

　　与此同时，郝庄还实施了村民养老制度，规定男性村民60岁以上，女性村民55岁以上可以按月领取养老金、80岁以上的村民每年可以领取

---

　　①　参见《太原：郝庄——"城中村"改造的"样板"》，太原新闻网2011-7-22。

2000 元补贴。① 目前,拥有郝庄户籍的居民,家家户户都住上了楼房;其中一部分是村民自建住房,一部分是村集体兴建的宿舍楼和别墅区,人均居住面积达 80 平方米。不少村民更是做起了房东。在经济生活水平改善后,郝庄治安管理也得到提高。为提高社区居民素养,村里出台了多项村规民约,以培养居民的现代文明意识;同时为维护服装市场的治安和繁荣,制定严格的奖惩制度以杜绝村民打架斗殴等不法行为,并组织联防队严厉打击盗窃、扒窃等小偷小摸及流动人口的社会违法行为。② 可见,在制度上,村政府作为非农经济聚居区的公共权威采取了与处理村庄内部事务所不同的安排,它更多的是协商、承诺、调解以及必要的强制机制。不过,治安则是村政府必备的基本职能。③

郝庄大多村民对现在的生活很满足,正如他们所说:"过去农民最羡慕的是工人,工人能吃供应,白面、大米什么都有,还可以住宿舍,不花钱,病了还可以看病报销,退休了还可以拿退休金,这就是农民最羡慕的,生活有保障。最眼气的就是这个。现在是工人开始羡慕郝庄村村民了,又有股份,又分房子,有十几套的、七八套的,租出去还能拿房租,又是收入。现在工厂都倒闭了,就是个退休工资,别的也享受不了。集体单位效益也不行。农民现在日子比以前好得多呢,最起码吃穿不愁,想到哪吃就到哪吃。家家都能搞套楼房,住的不发愁,都有呢。本身原来就有基础,现在城中村改造,一下又是好几套。村里物质生活好了,精神状态也不错。"④ "我们也是受了 30 年罪呢,三十年河东三十年河西。"⑤ "有工人说邓小平政策不好,我说有什么不好,当时你们在工厂还不是出工不出力,政府照样管你们。我们农民受上苦还吃不饱,现在也能吃上好的了,邓小平的政策有什么不好? 现在你也可以干么,你干活就可以赚钱么,以前是养懒汉的社会,是凭运气的。你运气好就有工作,我们运气不好就是农民。这是个思想的转变。但历史发展的阶段是个过程,得慢慢来。"⑥

---

① 参见《太原:郝庄——"城中村"改造的"样板"》,太原新闻网 2011 - 7 - 22。

② 参见《郝庄村委会关于郝庄地区治安管理规定》,藏于山西省太原市郝庄村委会。

③ 参见折晓叶《村庄的再造——一个"超级"村庄的社会变迁》,中国社会科学出版社 1997 年版,第 269 页。

④ 被采访人为贾姓村民,男,被访时间 2013 年 9 月 11 日。

⑤ 被采访人为王姓村民,女,被访时间 2013 年 9 月 12 日。

⑥ 被采访人为贾姓村民,男,被访时间 2013 年 9 月 11 日。

郝庄村民生活虽然受到太原市郊区及其他乡村乃至山西广大农村的羡慕，但村民自身似乎感到仍有许多不足之处。一是他们现在不用干活坐着就能凭借服装市场的房租拿到生活费，可"生活"二字的意义显得有些虚化。从人的社会功能来讲，不干活就能活并非一个健全"人"的健康表现，也非一个社会人存在所应有的社会行为。二是他们的角色较尴尬，虽已迈入城镇化，但村民却一直是城市的边缘人。1987 年郝庄有一半人转为城市户口，凡 1964 年 8 月以前迁入的老住户都转为了城市户口，以后迁入郝庄的不再转。然转入城市的人没有享受到城市的待遇，农村的相关待遇亦不给他们享受，所以村民觉得他们既非城市人又非农村人，而是在城市与农村夹缝中勉强生存的人。三是土地没了，服装市场搞起来了，农民的收入却很少，村里在 2010 年才真正实现了集体分红制度，村民在那时才享受到集体财产的收益。当今的社会现实是，随着土地价格高涨，郝庄许多土地资源早已廉价地被政府收购，与其他靠土地推动 GDP 增长的城中村相比，村民的收入还是比较微薄的。

三　典型村民王敬孝的生活史

在集体化进程中，郝庄村民王敬孝的个人生活可谓一波三折，其由起初最底层社会的放羊娃因在土改中获益而走向村庄权力中心，后因国家政治对村庄的干预又由权力中心走向"边缘"（曾一度被撤职），但基本上一直是村庄核心权力层的元老，受人尊重，并享受着政府和村庄的一些特殊社会福利。从王敬孝的个人努力、身份的转变和多年的生活变化来看，他的成长及生活大致反映了郝庄在国家政治主导下的集体化过程及其一般底层民众的生活变迁。至于要谈及村民王敬孝的典型意义，笔者以为他是由最底层社会走向村庄上层社会的典型，也是郝庄经济结构转型的目睹者和直接参与者的典型，还是乡村经济转型过程中介于受益者和失落者角色之间的一个典型，故下文将以其生活史反映郝庄集体化到再"集体化"的历史轨迹和社会变迁。

王敬孝，男，1934 年生，1954 年成家，当时婚姻法规定 18 岁结婚，但王敬孝由于家庭贫穷直到 20 岁才结婚，生有 4 个孩子，一子三女，现今已有 6 个外孙和 2 个孙子。现在的生活与年幼时相比发生了翻天覆地的变化。他贫农出身，当时家有父母、外婆及哥哥和妹妹，父亲自日本侵入山西后去了延安，而他本人则跟着自己的奶奶计划跑晋城，结果在临汾与奶奶分散,奶奶下落不明。太原日伪政权成立后,社会秩序相对稳定下来,王敬孝为了寻找亲人于 1943 年回到太原给人放羊,大约放 100 只羊,第一年管饭无工钱,第二年起每月挣一斗(14 斤)小米用以接济家里维持生活。"1948 年东山战斗打响,共产党着手解放了太原,(他)只好回家。此时,阎锡山政府因战事不断骚扰百姓,人民生活不太平,想进太原城,阎军不让进。(王)再次回家后由于阎锡山的'兵农合一'要求三人出一丁,家里不得已只好让哥哥去国民党第 63 军当兵。共产党打败阎锡山军队后,迅速解放了太原,进驻乡村,当然郝庄政权也被共产党接管,实行和平土改。"[1]

　　王敬孝经历过土改并由此改变了自己放羊的命运。1949 年土改工作队进村,村里没有发生大的斗争,属于和平土改。1958 年,王敬孝由年幼时共同侍候一个雇主的贫民伙伴(当时王放羊,伙伴赶马车,侍候一个主人,没过几年伙伴在当兵退伍后回到太原市担任乡党委书记)介绍入党并于次年被任命为生产队队长。1955 年搞互助组时 27 户中 3 户不愿加入,只有 24 户留在生产队。1956 年 1 月 26 日,"刮大风"村民全部入社,社名仍延续初级社时的名称"金星农业合作社",由李生贵兼社长和书记。其中郝庄只剩 1500 亩土地以及 200 多口人和 70—80 个劳动力。郝庄生产工具好,特别是马车和牲畜较多,共分了 3 个生产队。合作社成立之后,土地由私人所有归到集体所有。1958 年人民公社成立,王敬孝觉得公社时的生活比放羊时好,放羊虽能吃饱却杂粮多。公社成立公共食堂,王敬孝担任事务长,并在识字扫盲运动中学到了许多字,达到基本能够读报的水平。1959—1964 年王担任生产队队长期间在太原搞副业,给山西财经学院搞装修,为村里挣"外快",结果因四清运动割资本主义尾巴被撤职。此后,王敬孝为生活于 1966 年 6 月只好到砖厂当工人,1968 年恢复生产队长之职并负责后勤事务,1970 年调松庄南沙河治理指挥部管理后勤。治理南沙河结束之后回村去汽车厂当了 3 年装卸工,后来又当了村里的采购员,1978 年采购生涯结束后回到村里旅馆担任经理,1985 年旅馆由时任村长兄弟承包后又到劳工厂干了一段时间就回家休息了。现在赋闲在家的王敬孝已 80 岁,每月工资 700 多元,还有集体企业的股份分红,子女生活也过得不错,而其每天就是上午看看电视和报纸,下午出

---

[1]　被采访人王敬孝,男,曾任郝庄生产队队长,被访时间 2013 年 9 月 23 日。

去找几个老朋友打打麻将，感觉生活十分充实。①

从王敬孝的成长及其生活经历可以看出，王敬孝在人民政权之下度过了 60 多年，其生活质量和水平发生了显著改善，在一定程度上可以代表这个时代普通民众的生活变迁乃至国家经济和社会的发展轨迹。尽管在其发展过程中曾受过一些委屈，但基本上一直是受益者，因为自从新政权诞生以来他就走向了乡村权力的中心，即使在国家和人民突遭困境时也比他在 1949 年之前的生活舒服得多。

第四节　新型"集体化"中的国家、集体与农民

20 世纪 80 年代乡镇企业兴起和 90 年代乡村股份制经济兴起，从组织机构和运转机制上讲，它们都是工业化和市场化下的国家与乡村合作。国家与乡村的这种合作方式不是一成不变的，正是这种合作方式的不断变化才促使乡村经济经受得起市场经济的洗礼，能够在风雨中不断破浪前进，能够带领农村走向经济繁荣。这种合作方式既是社会转型过程中乡村在经济领域的应对，又是乡村在向现代社会转型过程中针对自身组织与管理方式不得不作出的调整。或者说，乡村组织方式的变迁与乡村治理和乡村社会转型紧密相关。

进入 21 世纪，对郝庄经济起主导作用的组织领导方式是村民自治。村民的这种自治方式是工业化、市场化和城镇化冲击下形成的，是郝庄在社会转型中的主要组织合作方式。在工业化、市场化和城镇化过程中，乡、村、区、国家各种势力和政治力量的较量使得郝庄社会秩序和权力格局一再被打破并重新塑造。从某种意义上讲，郝庄的这种变革是基层社会组织与合作方式的革命，在于引导乡村社会实现与工业化、市场化和城镇化对接。从这一意义上来讲，郝庄能否与工业化、市场化和城镇化融合，关键在于村民自治是否是一种实现乡村社会现代化的手段。郝庄的这种组织合作转换是以村民自治为主导的，郝庄村委会有其主动性。同时，具有主动性的郝庄村委会更具有不可预见的挑战性，因为村民自治积极作用发挥得越充分则经济越能得到跨越式发展，如郝庄村委会这种自治性不能发挥其积极性而陷入混乱散漫的局面则将处于一个停滞阶段。这种情况下，

---

① 被采访人王敬孝，男，曾任郝庄生产队队长，被访时间 2013 年 9 月 23 日。

国家权力的渗透变得不可避免。但郝庄的经济发展证明，单纯依靠国家权力使之经济得到腾飞是不现实的，因为国家权力在乡村的规制性力量无法持久承担乡村合作发展的社会责任，而"如何实现乡村自主合作与国家权力合理规范的有效对接，是村民自治理性发展的唯一路径。正如有的学者指出，农民合作能力建设的关键是建立村庄内生秩序和国家外生秩序相互促进的互动关系"①。

一　国家权力的渗透与乡村经济的自主性

中国乡村的村民委员会绝大多数是 20 世纪 80 年代从人民公社体制下转变过来的，村民委员会是集体经济的组织代表和政治代表。在国家权力实际运作过程中，中国乡村社会的基本政治单元仍是人民公社时期的村民委员会。长期以来，村民委员会是推进乡村经济和社会责任落实的主体，是乡村社会正常运作的基础。而国家政治的指引又是乡村经济和社会责任落实的具体保障。以党的十三大和十三届三中全会精神为指针，在党的社会主义初级阶段基本路线的指引下，以改革统揽全局，坚持一个中心两个基本点，切实加强党的建设，有领导有秩序地推进相互配套的全面改革，充分调动广大干部和群众的积极性，实行全方位开放，创造一个良好的社会环境，建立一套正常的社会经济秩序，团结进取、严守纪律、艰苦奋斗，促进南郊区经济持续、稳步、健康地发展，加快振兴南郊的步伐，努力把南郊建设成一个充满生机活力的开放型郊区。具体采取以下相应对策：（1）解放思想，更新观念，牢固树立开拓进取意识；（2）围绕中心，加强领导，齐心协力抓经济。充分发挥党的政治优势，调动广大干部和群众致力于经济建设的积极性。加强和改进党的领导，充分发挥党的政治优势。②

改革开放以来，国家通过治理体制和基层行政组织体系实现了国家权力对乡村社会的整合。在郝庄村民心目中，村委会既是经济发展的引导者又是一种强大的政治管理力量，它既代表了国家行政又负有保护村集体利益的责任。正是因为这种政治治理功能的存在，村委会曾一度被认为是国

---

①　应若平：《农民合作能力与乡村合作秩序》［EB/OL］，湖南社会科学网，http://www.hnshx.com/Article_ Show.asp? ArticleID = 3073。

②　参见《深化改革　奋勇开拓　全面开放　振兴南郊——太原市南郊区经济发展战略及其对策》，藏于山西省太原市郝庄村委会。

家利益的代表，而郝庄是国家大的经济建设背景下的被动参与者，村庄的经济及社会行为要服务于国家建设。在这一认识背景下，村民对国家权力的防范成为一个时期以来主流思考的问题，他们担心自己的利益会被国家干涉甚至剥夺。当然，村委会政治权力的存在很容易解释村民的这种逻辑，但村民只看到了国家权力作为一种对乡村的治理和汲取力量，而忽视了长期以来国家权力也是一种促进乡村社会合作发展的规制性和约束性力量。正是村委会代表的国家权力这种规制性和约束性力量，促使郝庄村集体和村民共同承担起郝庄经济发展的社会责任和公共责任并最终促进了郝庄社会经济的整体性发展。

因此，郝庄经济的发展如缺乏村委会这种集体权力的存在和影响便会造成村庄及村民社会责任和公共责任的弱化，而村民社会责任和公共责任的弱化又使村民重新认识到国家权力是乡村社会走向规范化和村民自治能够顺利推进的基础。由于国家通过法律对基层社会独立地位的确认，把基层社会自主发展的权利让渡给基层社会，而自身缩小了对基层资源的控制力量。① 但如缺乏国家权力的存在首先会造成乡村社会运作层面的混乱，缺乏国家权力约束力和社会责任压力的乡村则村民自治就可能沦为权力与利益争夺的舞台，一些凭借投机取巧积累起巨大财富的个人和灰色势力就会出现并掌控乡村资源。

随着国家权力对乡村自主性干扰的减弱，村民自治则成为乡村内生张力的一大趋势，但作为乡村基本组织的村民委员会拥有乡村集体经济资源且仍承担着不可或缺的行政和政治责任，而村民之间由于缺乏合作的资源基础不可能在乡村自治过程中短时间内真正参与到乡村利益与责任分配的结构性安排中。这就使得在村民自治过程中村民委员会会直接承担起乡村自治和村民自治的双重角色：一方面村民委员会集政治、经济、社会等职能于一身，另一方面其集体组织性质使之在乡村政治、经济、社会等职能都得不到明确定位和表达。这种职责的全能性与模糊性同在，使村民委员会的自治功能和自治责任受到各方质疑，既不可能赢得村民认同又不可能真正赢得政府尊重，造成政府、村民委员会、村民三者之间的互不信

---

① 参见刘金海《产权与政治——国家、集体与农民关系视角下的村庄经验》，中国社会科学出版社 2006 年版，第 181 页。

任。① 特别是在集体利益分配面前，村民对村民委员会产生不满，而这种不满会通过与政府沟通的渠道进行表达，结果政府为稳定大局在某种程度上又会偏袒村委会并牺牲村民利益，村民则在无法得到政府有效支持的情况下只能推翻原有村委会并选举保护村民利益的村委会，使村支部、村委会和集体形成三位一体的格局，促使国家与乡村良性互动。

综上分析，无论单一的村民自治还是国家权力主导下的单一村委会，乡村都不能实现资金、服务业、商品流通业之间的资源有效利用与利益获取的最大化，无法与现代科学技术之下的工业化、市场化和城镇化完全接轨，这样导致乡村无法真正进入现代化的新型社会。

只有在乡镇企业、自主产业能够适应社会化的大生产和市场化经济的基础上，国家才可以放宽政策鼓励竞争，坚持实行多方位放开。在条件具备的适当时机，可通过试点逐步实行乡镇财政包干制，进一步扩大乡镇自主权，充分调动广大干部和群众的积极性，大力发挥村支部、村委会与村集体经济三位一体的资源优势，增强乡村经济发展的自主性。同时，为贯彻落实党的十三届三中全会提出的治理经济环境、整顿经济秩序的方针，理顺政府职能部门的办事程序，该省的省该减的减，为方便群众办事才决定简化一些程序。如乡镇企业办理营业执照省去乡镇企业局和区计委两个审批环节而由各乡（镇）企业办公室签注意见即可到区土地局、区城建环保局、区工商局等有关部门办理手续，乡镇企业刻制公章时持所在单位介绍信和营业执照直接到公安局办理审批手续而省去了到区政府办公室审批环节，以尽量减少政府对乡村经济自主性的干扰。②

二　区镇与村庄的互动和调适

在乡村经济转型过程中，政府与乡村的互动自始至终存在，而且政府的决策和行为对乡村经济在一定时期起到了至关重要的作用，乡村也针对国家的政策有时会积极应对而有时会消极抵抗。像这样的事例，前文在论述郝庄经济变迁历程中到处可见。此处则将它们之间的联系单列一目进行阐述的原因是前文在理论层面对二者的互动和调适讲得不够清晰，尤其是

① 参见马翠军《国家与乡村合作视角下的村民自治》，《商丘师范学院学报》2011年第10期。

② 参见《关于严格办事程序　提高工作效率的通知》（1988年11月19日），藏于山西省太原市郝庄村委会。

乡镇企业异军突起之后国家政策对村办企业的鼓励和支持非常关键，上到国家和省级政府下到市级和区级政府都很重视，先后出台各种文件和举措加以倡导和扶持。然而，区政府在这方面的政策支持文件却较少，故下文将从区政府的优惠政策入手探讨区政府乃至镇政府为推动村办企业发展所作的努力及村庄的经济应对。

事实上，郝庄第一个服装大楼就是在区区合作和郝庄镇镇政府的有力支持下创办起来的。此后，随着村办企业的效益越来越好及市场经济的深入改革，为进一步适应并引导乡村经济发展，太原市南郊区政府规定：区委、区人大、区政府、区政协和区纪检委五套班子在侧重搞好本职工作充分发挥自身职能的同时，加强对经济工作的协调、监督、指导和控制并真正成为抓经济抓建设的班子，建立区级机关、乡镇机关包村蹲点制度。按照国务院要求，区委、区政府继续组织区级机关下乡包村蹲点，帮助乡镇发展企业，搞好扶贫工作，改变乡镇企业空白村，帮助大村大队发展经济；乡镇一级严格包村蹲点制度，乡镇领导按块包经济，乡镇干部按钱包经济项目；区级机关包村和乡镇干部包经济项目，一律不准在各类企业中兼职、领取报酬和奖励。但必须分别由区委、区政府和乡（镇）党委、乡（镇）政府制定明确任务，确定具体目标，定期进行检查，年终由区和乡镇分别进行评比奖励。①

随着政治体制改革的深入，农村须逐步推行"一套人马三块牌子"或"两套人马三块牌子"的领导体制，以使各级领导体制适应经济发展。根据区域实际情况，乡镇要进一步完善各种服务实体。其中，村一级可设党支部、村委会和农工商一体的合作经济组织。党支部、村委会和合作经济组织的领导可相互交叉任职，一般只搞"一套人马三块牌子"，保持各级领导班子的相对稳定。乡村两级服务实体必须政企分开，自主经营，独立核算，自负盈亏。②此外，南郊区政府为减少行政部门官僚习气对企业办事效率的干扰，特要求"各职能部门要简化手续，提高办事效率，为经济建设提供迅速、准确、热情的服务"。同时，区政府还强调各乡镇要注意协调各职能部门的关系，制定简化手续减少中间环节、提高办事效率

---

① 参见《深化改革　奋勇开拓　全面开放　振兴南郊——太原市南郊区经济发展战略及其对策》，藏于山西省太原市郝庄村委会。

② 同上。

的有关规定，避免不必要的摩擦，使各级部门为经济发展拆关卡开绿灯、提高办事效率。各职能部门要本着简化手续、服务基层的原则制订办理手续的具体程序，为基层提供方便。①

对于一些手续紧迫的重大项目可由南郊区政府领导牵头，组织各有关业务主管部门的领导和具体承办人员深入基层调查，到生产第一线论证，现场统一办公。实行"一个窗口"对外，"一条龙"服务，避免办事单位和承办单位"多头拜"的现象，这样可以加快办事速度，保证服务质量。

除上述区、乡（镇）、村上下级的互动与调适之外，区政府还实行城乡横向经济联合。为吸引区内外、市内外、省内外、国内外有识之士来南郊开办工商业，加快实现城乡经济一体化步伐，不断促进城乡经济共同繁荣，特制定出一些优惠政策：（1）城乡联合，广泛协作；（2）放宽政策，税收优惠；（3）多方集资，搞活融通；（4）招贤纳士，广聘人才；（5）不惜重金，引进技术。②

然而，郝庄在发展成为一个非农经济聚居区之后，乡村与镇政府的关系发生了微妙变化。镇政府由起初对乡村主动扶持者的角色变为须得到乡村支持的附属者的角色。诚如折晓叶在其研究中所指出的那样：村庄在行政上虽仍受"城—镇—村"格局约束，但这种制约已比较微弱。村庄多以自己为中心，根据需要来发展与外部行政体系之间的关系，而且新建立之关系的强弱并不遵循原有的行政层级，镇政府在其外部行政关系中只占一部分。村庄的对外行政联系已远远突破了原有的地方行政格局，甚至与大中城市之间建立了直接的经济联系，所获得的行政支持亦往往是更高层次乃至国家部门的。实际上，村庄作为一种新型非农经济力量和自然城镇化的社区，其经济实力和发展水平超越乡镇甚至左右着乡镇的经济和社会发展，它们已经独立地站在国家面前，试图直接进入社会的宏观经济体系；它们努力发展与地方政府关系的目的不是依附于地方而是与地方结盟，以便打通进入大社会的通道，其视野早已超越了地方且瞄准了宏观的大社会体系。③

---

① 参见《深化改革 奋勇开拓 全面开放 振兴南郊——太原市南郊区经济发展战略及其对策》，藏于山西省太原市郝庄村委会。

② 参见《关于进一步发展城乡横向经济联合的若干规定》，藏于山西省太原市郝庄村委会。

③ 参见折晓叶《村庄的再造——一个"超级村庄"的社会变迁》，中国社会科学出版社1997年版，第350页。

三 精英崛起与新型权威

改革开放以来,随着农村经济技术水平提高及乡镇企业不断发展,乡村精英迅速崛起,而且精英对于农村发展的积极作用愈益凸显。然而,在市场经济的冲击面前,受功利思想影响,一些乡村精英的价值观发生了变化,开始向拜钱和拜权的方向转变,对乡村社会和经济的良性运行造成了不良影响。不能否认的是,乡村精英在经济变革中的开拓作用,如华西村、南街村乃至我们研究的郝庄,其乡村经济腾飞和跨越发展与当地乡村精英的积极推动密不可分。

郝庄经济之所以能够创造出自己独立的竞争品牌并使之成为山西率先城镇化的模范村,与社会精英的作用密切相关。精英的诞生与显现和国家政策紧密联系,离不开国家政治对其的鼓励和扶持。改革开放以来国家"允许一部分人先富裕起来的政策"使得农村尤其是沿海地区及大中城市周边农村出现了一批"先富起来"的村民。通俗地讲,当地人把这些人称作"能人",学界则称之为"经济精英"。①

通过经济致富崛起的乡村精英往往在经济资源、政治地位、文化水平、社会关系、集体威信、办事能力等方面具有相对优势、具有较强的自我意识和参与意识,并对当地发展有较大影响或推动作用。正如奥尔森(Mancur Olson)的集团活动理论所指出的那样:"在一个集团的活动中,那些预期在行动中获利较多的成员会采取更积极的行动,而那些获利相对少的成员则较容易采取消极的行动,甚至少数成员会采取'搭便车'的办法,因为这样的做法符合'效益最大化'的理性原则。"② 而博弈论中的"智猪博弈"模型旨在说明获利更大的一方"大猪"更容易采取积极行动。③ 由这些理论反观当年在郝庄经济转轨探索中乡村精英的角色,发现处于乡村上层的社会精英对于公共事业的要求或关心要超出一般村民,且对他们而言比起普通村民更热衷于关心村务并乐于参加集体活动。如村民安爱忠在负责乡村副业发展任务上曾冒着蹲监狱的危险与国家政策相搏,大胆地尝试集体副业,为村民寻求富裕之路。

————————

① 参见项辉、周威锋《农村经济精英与村民自治》,《社会》2001 年第 12 期。

② 同上。

③ 同上。

　　此外,作为精英的一个重要特征就是其对村集体的公共责任和奉献程度。一般地讲,乡村经济精英不仅比一般成员拥有更多的经济财富,更重要的是能利用这些资源为村集体做出巨大贡献。当然,有些乡村精英在成长过程中受到社会功利性影响会做出一些损害集体甚至他人利益的事情,如某些精英一旦有机会进入集体核心权力层就会通过集体资源获得财富,随着身份和地位变化而其价值观亦在不断扭曲进而对乡村的贡献减少,索取反而增加,成为乡村的"赢利型经纪人"。不过,不管是村庄的"保护型经纪人"还是"赢利型经纪人"①,他们的个人魅力对集体的影响使得他们在村民中都具有较高威望,且能够对其他成员乃至集体的社会结构产生影响。

　　在郝庄经济变革中,村里的社会精英对乡村的改革和发展乃至对集体的社会结构都产生过重要作用。据当事人回忆,郝庄村干部(包括村书记、村主任)大都是办厂或承包建筑工程的,经济条件在村里属上等水平,可称得上是村里的"能人"。当然,"能人"之所以能有所作为,源自于国家政策许可,是在国家取消对农村过度干涉的条件下进行的。1978年改革开放之后,国家对农村控制逐渐放松,调动起了广大农民的积极性,而家庭联产承包责任制的广泛推行就是国家权力下放过程中的一个产物。在这一合理制度的作用下,"交足国家的、留够集体的、剩下的都是自己的"分配办法取代了过去的平均主义分配法,农民在这种分配制度的刺激下调动了生产积极性。此外,家庭联产承包责任制还动摇了人民公社生产资料归生产队、大队和公社支配的三级所有制,使公社体制于1984年最终解体。人民公社由动摇到解体的过程不仅是所有制的改变,还意味着国家对农民个人约束力的减弱及国家放弃对生产资料的垄断权和分配权,导致基层农村组织获得越来越多的自由和独立,此为乡村精英的产生和崛起提供了制度保障。

　　随之,村民中一批有经济眼光、拥有某种专业技术、懂经营、善管理的专业户、个体工商户和乡村企业管理者纷纷涌现。这些管理者的来源主

---

　　①　杜赞奇在研究1900—1942年华北乡村社会控制时提出了乡村精英有"保护型经纪人"和"赢利型经纪人"的区分。笔者认为该观点对乡村社会精英的分类是比较客观和公允的,所以在此处谈到郝庄乡村社会精英类型时借用了杜赞奇的观点。参见〔美〕杜赞奇(Prasenjit Du-ara):《文化、权力与国家——1900—1942年的华北农村》,王福明译,江苏人民出版社2004年版。

要有两个：一是由原农村基层干部转换来的新时代的"弄潮儿"，这些人在原有体制下就是基层干部，积聚了相当的政治和社会资源，随着新时代的到来捷足先登，抓住发展机遇获得了巨大的经济成功，其个人权威不仅得到巩固且有急剧上升的趋势，顺利完成由政治精英向经济精英的转变。[①] 如郝庄代表人物安爱忠。安爱忠是军人出身，胆子大，做事干练，讲义气。在 20 世纪 90 年代初就担任郝庄村村长，趁着乡镇企业热潮在郝庄进行了各种厂子的试办，有些失败了，有些成功了，像郝庄服装市场的做大与他的带领分不开。然而在服装市场走上正轨之后，他却由一个经济色彩较为浓重的乡村精英向政治和经济两者兼有之的精英过渡进而一跃成为乡村新型权威。二是由于特殊的经济才能在新时代崭露头角并成为社区中有影响的人物，这类精英一般是经济上获得成功的私营业主，像郝庄的现任村长王天明和精品服装城的经理陈福喜就是此种类型。王天明早年生活艰辛，在村中一直脚踏实地地干，经过多年学习和积累对经营企业形成了自己独到的一套管理办法，且人品和才干在村民心目中都不错，有一定的威望和社会影响力，所以在 2009 年村选中高票当选村长。他担任村长后积极推动企业改制和村庄城镇化建设，实行集体财产全村股份制，村民都享受到了集体经济的社会收益，从而成为乡村的新型权威。[②]

四　选举：村民对经济效益的监督及政治参与

在有关政治的理论研究和经验研究中，参与均是一个核心的概念。中国是一个农业人口占绝大比例的发展中国家，总人口 13 亿中有 9 亿是农民，"三农"问题可谓关系中国经济和社会健康运行的全局并对国家政治稳定和现代化建设起着关键性作用，是建设中国特色社会主义必不可少和优先考虑的要素。所以，"三农"问题历来受到党和国家的高度重视，而由此引出的农民对政治的参与问题不仅关系到国家的稳定大局，亦关系到社会的进步与否。

20 世纪 80 年代改革开放以来，郝庄经济的快速发展带动了人们生活水平的提高。人们在解决温饱问题之后眼界随着电视等现代传媒的普及更

---

① 参见项辉、周威锋《农村经济精英与村民自治》，《社会》2001 年第 12 期。
② 参见徐勇《由能人到法治——中国农村基层治理模式转换》，《华中师范大学学报》1996 年第 4 期。

加开阔，闲暇时间增多，参与政治生活的条件得到改善，关注社会公共事务和文化政治建设的热情大大增加，尤其对与自己权益密切相关的村民选举问题更是投入了极大的精力。

从目前搜集到的资料观之，20世纪80年代郝庄村村长对村民负责有严格的制度规定，固定时期内要向村委会及村民做出检查，以总结经验。下面列举几例村干部的《自我检查对照》，具体看看他们当时的工作态度及村民是如何进行监督的。

> 自我检查干部人员有：王五九、付士花、王敬孝。
>
> 王五九发言：存在的问题有（1）对农业生产抓得不紧，出现了草荒；（2）林业方面，年年栽树而不见树，劳而无功；（3）牧业方面，也放松了管理；（4）批评与自我批评开展得不够。
>
> 付士花发言：存在的问题有（1）计划生育工作方面不做细致的工作；（2）工作没有耐心，简单粗暴；（3）批评与自我批评做得不够。
>
> 王敬孝发言：（1）工作态度上有临时思想；（2）没有树立为人民服务的思想；（3）管理不力，致使车辆出事。①

严格地讲，村委会是村民自治组织，不是国家行政单位，亦不是乡镇党委和政府的附属机构。但目前我国农村社会的主导仍是国家，国家通过最低一级的行政组织乡镇政权支配着农村社会各种资源，对农村社会的政治、经济和文化发展起着决定性作用。这一决定性作用最明显的表现就是党支部。党支部与村委会一起分享权力，共同管理村务，甚至在有些地区党支部的权力凌驾于村委会之上。党支部除完成自治范围的工作外（主要是配合村委会治理乡村），更重要的是要贯彻执行上级的方针政策。所以，在1998年乡村选举法推行之前村里的主要干部一般由上级政府任命，而选举法颁布之后村干部任用则逐渐由任命向村民选举过渡。不过，村民选举时常会受到地方政府的干预，政府更愿意将责任委托给那些可能与其达成一致并有一定能力带领村民发展经济的乡村能人。

农村选举主要是指农村村民代表选举和村民委员会主任及委员选举。

---

① 《自我检查对照》（1986年12月3日），藏于山西省太原郝庄村委会。

像郝庄这样的经济大村，候选人要在选举中胜出必须赢得大多数人的拥护和支持，这种拥护和支持决定于候选人能否带领村集体走向更高一层次的经济水平和更高一层次的生活水平。据村里人讲，郝庄历届村长或支部书记大都是乡村精英，他们在当地具有一定的影响力，但这并不是说历届村长与支部书记条件和背景都相似。

在改革开放初期担任郝庄村长及党支部书记的人均有这样一个特征，即在人民公社时期就已当了村干部并被实践证明是称职的人。这批人个人品德出众，办事公平公正，不仅具有比较好的群众基础和党委政府的信任，亦有带领全体村民创业和为村民服务的意愿和决心。如村干部于春生等就是有经济实力的能人，是郝庄经济集团的代表者，"对办厂，啤酒厂、仪器厂那是出了力的"[1]。用群众的话说，就是"能人当干部"、"老板当代表"。如太原市东城企业集团总公司的总经理安爱忠在担任集团总经理时兼任郝庄村村长。[2]

然而，随着市场经济的冲击和价值观的失衡，郝庄集体经济虽在日益增长且取得的社会效益显著，但某些村干部在物质利益诱惑下却有利用集体资源为己谋私之嫌，在村中结党营私，植根越来越深，甚至以血缘为纽带的家族势力或以哥们儿义气为纽带的集团势力日渐膨胀，村干部则成为这些势力的代表人物；还有一些村干部以金钱为纽带搞小集团，他们经常聚会，相互帮助，类似一种非正式的社会组织。经济是政治的基础，在经济上取得成功之后一些经济精英对政治方面的诉求凸显，他们开始不满足处于权力格局中的边缘地位，开始追求一种政治影响力，通过村民选举参与村民自治是其中的一种途径。极少数经济精英还可能成为乡镇甚至更高级别的人大代表或政协代表等。[3] 这些经济精英对郝庄经济崛起以及他们在农村发展中的作用是被上级政府肯定的，上级政府自然亦通过各种政策给予扶持。

在郝庄近几年的村干部选举中，"有钱好办事"已成为村民的一句口头禅，有钱的人在郝庄就有威望，有威望的人说话就有人听，开展工作亦方便。这些大经济集团的代表者可以向村民许诺，或者提供所谓的福利，

---

① 《个人对照检查》（1986 年 12 月 1 日），藏于山西省太原市郝庄村委会。

② 参见太原市东城企业集团总公司《关于对润滑油公司进行清产工作报告》，藏于山西省太原市郝庄村委会。

③ 参见项辉、周威锋《农村经济精英与村民自治》，《社会》2001 年第 12 期。

甚至直接花钱买选票。村民在一定情况下亦愿意选举这些人当村长，因为在他们带领下郝庄才会发展得更好，他们的生活才更有可能提高。但如果他们在任期内不能给郝庄村民带来利益的话，在下一届选举中就极有可能会被民众抛弃。

2009 年，郝庄村长选举就发生村民对原村长的否定，要求改选。具体而言，在村长该不该改选时村里内部分歧很大，村中既得利益集团认为村长没有必要改选，仍由干了 20 多年的老村长继续干，当然老村长对此积极拥护，坚持由自己继续执政。但大多数村民却有意见，觉得靠村集体资源创富，老村长富得过了头，老百姓却没有得到多少实惠。他们认为，郝庄所有村民都靠土地生活，但土地没有了，更要靠土地上的建筑生存，只不过原来土地上种的是粮食而现在种的是"钱"，种地大家分，"种钱"当然还应大家分。"种的钱"不是个人的，个人只不过管理了一下，没出啥大力，是沾了集体的光。以前的干部精英是做了一些工作，他们多分点是可以的，但完全把集体财产说成是自己的就不对。① 此外，主张改选的村民还认为，"郝庄在发展过程中有好些人提倡搞服装市场，当然他们是村里的精英，是有本事的人，是提倡搞了，但那是村里面的人一起搞的，必须经村委会通过。如果没有郝庄这点地方，不盖公章，即使你真的是精英哪能干起来？钱从哪来？你布袋里有那么多钱吗？钱都是集资而来的，不是某个人的，没有钱你能盖起房子。换一个角度，如果要盖几间房子预先需要多少，个人可以先出钱，再用集体的土地盖起来，然后村集体同意你有几年的管理经营权，这几年的收入归你个人，以后的收入就需归集体。在村办企业发展过程中村干部能干是一方面，但再能干依靠的也是郝庄这块牌子，是靠着郝庄的集体资源发展起来的。一家靠一家，西城靠的是东城，是东城集资盖起的西城，这些都是集体的财产。具体谈到管理，不是成立了集团吗？人家会好好管理的，谁不会管理，集团总是牟私利的。管理有啥难的，人权、财权，管住钱就行了，那谁管不了？有钱就是怎么分配的问题，聘用人吗？各个服装城的头头集合起来那就是集团了，实际上公司应该是你拿出钱来自己建才是你的，你是董事长，你一分不往外拿，拿上集体的钱搞皮包公司，结果取得的成果不分给老百姓是不合适

---

① 被采访对象为郝庄村民群体，被访时间 2013 年 10 月 25 日。

的，你吃点儿肉，也要给村民喝点儿汤嘛"①！

　　从产权归属理论上讲，土地股和集体股尽管都有"天赋股权"性质，以人均来确定其归属，但所有权只是形式上的，都不能转让和继承，而使用权或经营权自产生就归属大村集体所有，因此这两种产权于村民个人而言都是不完整的，只具有社区整体性。不过，他们的收入享用权则是全社区均等的，由村民个人享有，任何人都无多占或享用他人收入的权利。当然，普通村民对集体企业的决策和管理的参与十分有限，村民不仅对村庄和集体企业的事务有着强烈的参与意识且有具体的参与行动。② 如郝庄村民曾针对集体收益分配不公的情况进行过多次上访，但上访结果甚微，原因是政府和村中一些有头脑的人觉得事情总是要向前发展，一味的上访不利于乡村经济发展，闹事白闹，所以一旦遇上各种上访现象都会出来劝解，压制事态的恶性发展。

　　对于监督村政的村选制度来讲，有时在强势利益或强势集团面前表现得很弱小。村选是由村中强势控制的且选举不是公开的直接选，只是在村委会一个小范围内选，大家都在一块儿填票，互相都能看到画的是谁，大家互相之间不便说什么，根本无法做到真正的匿名投票，只好在同意和不同意之间选择强势。另还有拉选票的现象，选票都由别人代写。有一年郝庄在选人大代表时老村长就没被选上，他很生气，把村委会委员召集起来在办公室臭骂了半天，随后又将委员弄到三楼会议室让对他有意见的提意见，结果大家都不吭声，后来又进行了重选才把他选上。③

　　至于谈到落选的老村长，他在任干了将近20年，前10年确实干得不错，比较敬业，在改革开放的大潮中有胆识敢于干事，到了任职的后10年村里已有一定基础且自己在任内塑造了一个集团，将村里集体种下的"果子"完全由他支配，他用不掉的即使"果子烂了"也不分给村民，或村里谁和他关系近就分给谁，其他大部分人分不上，所以村民在市场化的利益驱使下一直有一种长期被压抑的怒火在等待发作，直到2009年机会来了。上级政府要求村里换届改选，但不巧的是当年郝庄正在城中村改造的行列中由乡村直接纳入城市，村委会即将变为社区居

---

　　① 被采访对象为郝庄村民群体，被访时间2013年10月25日。

　　② 参见折晓叶《村庄的再造——一个"超级"村庄的社会变迁》，中国社会科学出版社1997年版，第167—168、194页。

　　③ 被采访对象为郝庄村民群体，被访时间2013年10月25日。

委会，老村长对此甚为高兴，心中盘算着过渡到社区就不用选举了，可以继任村长。然而，不久省里专门针对即将变为社区的一些城中村的选举下文，要求按农村选举办法推进选举，结果老村长被选下去了，选上来的新村长是村民较满意的人选，他承诺实现村民对集体经济效益的直接分红和政治参与。①

确实，2009 年村长改选之后郝庄于 2010 年就启动了集体经济体制改革，实行股份制。"体制改革之后，村民就觉得生活好起来了，第一次真正分到股金。在这之前村民觉得没有沾什么光，就比如郝庄的服装城是少数人享受的，普通老百姓没钱，只能通过出租房子赚点房租。此外，以前顶多就是每人每年分 6 元钱，如果工龄按 50 年算最老的老人每年只能分 300 元。"② 老百姓有点钱了却没法进行大片土地的家庭联产承包制，因为郝庄没有多少剩余土地，倒是进行了村办企业的承包责任制。股份制改革之前村内产业名义是集体的，实际是个人的，属于个人承包性质，挣了钱是个人的，亏了是集体的，贷款还得集体还。③ 村长改选之后新村长按村民要求进行了集体企业改制，然而改制内容很简单，只将集体收益以股份形式在村民中重新分配，仍未摆脱用社区行政力量来管理经济的老框框。

郝庄村股份制改革以 2010 年 12 月 31 日为准，因村里由越来越多的外来户构成，在按股份享受集体财产收益时新老社员划分不清，究竟从哪年算起是新来的？每年都有迁来户，所以一开始没办法弄，分红思想比较混乱。后来村里人就想到按来村时间计算，早来 1 年算 1 股，来两年算两股，来得时间越晚股数越少，这样就把老户和新户差距拉开了。从 1956 年算起直到 2010 年每年每人 1 股，迟来一年少拿 1 股，相应地多来一年多拿 1 股，最早的村民 55 股，来村最晚的村民是 1 股。同时又考虑到老社员对村庄的贡献，特规定在 1956 年分过土地且入过社的社员多拿 5 股，1982 年包产到户分过土地的再多拿 5 股，村里最高股份是每人 65 股，股金在 2012 年每股 400 元，这样最高股份的股金可达 2.6 万元。通过这种分配办法，郝庄就把村里因股份分配不均的各种矛盾化解了，村民对此均

① 被采访对象为郝庄村民群体，被访时间 2013 年 10 月 25 日。
② 被采访人为刘姓村民，女，被访时间 2010 年 9 月 15 日。
③ 被采访人为王姓村民，男，被访时间 2013 年 9 月 23 日。

无异议。①

　　问题并不如此简单，服装承包商每年向村集体上缴承包费 30 万—50 万元，加之村庄一年纯收入达 2500 万—3000 万元，而村里 1956 年才二十几个人、1959—1960 年 300 人左右，不分红的仅 60 余人，截止到 2013 年居民不过 2234 人且分红居民 781 户 2186 人，3 年每人股金平均收入 37687 元，3 年户均近 11 万元，一共发股金 6820.87 万元，再发一年就是 1 亿元。② 不过，村民从股份制真正享受到了实惠，实现了对集体经济的有效监督和参与。如下面的几个例子就是股份制实行后股民收入增加的具体反映。

　　例 1：原先比较困难的家庭，该居民全家 4 口人共有股份 167 股，按每年每股 400 元计，每年分股金就达 66800 元，按全家 4 口人算人均 16700 元，按每人每月计可达 1391.6 元，比太原市最低工资标准 1290 元高 100 元，基本达到中等生活水平。③

　　例 2：困难户尚秀丽一家 3 口人，本人残疾，丈夫在卫生队每月挣一千多元钱，平均每月生活费 300—400 元，现在全家有 75 股每年股金 3 万元，加上其他福利，平均生活水平在 1000 元以上。④

　　除村民经济收入大大增加外，郝庄集体经济和城市化进程亦迈上了一个新台阶，服装城规模变大变强，居民生活设施得到显著提升。郝庄过去 20 年的商业建筑共有 162299 平方米，其中西城 22436 平方米、名品 7668 平方米、吉美 15315 平方米、精品 29850 平方米、御都 1.4 万平方米、新东城 29975 平方米、新西城 32776 平方米、新港辉 6200 平方米、众爱 4079 平方米。至 2013 年不到 4 年时间，商业建筑达到 334545 平方米，已是过去 20 年的两倍，且其构造都是框架结构和现代设施，仅东都一个城就是过去 9 个城的规模，东都有 15.5 万平方米、众爱 6.1 万平方米、二期仓储 1 万平方米、御都 4.7 万平方米、西城 46030 平方米、精品扩建增加 15515 平方米。居民小区建设正在步步加强和改善，过去佛光苑小区是倒贴 30 亩地还没有挣到钱，而东辰小区也是用了 30 亩地不到两年的时间

---

　　① 被采访人为贾姓村民，男，被访时间 2013 年 9 月 11 日。
　　② 参见《2013 年社区片区会议有关村务问题宣讲提要》(2013 年 8 月 10 日)，藏于山西省太原市郝庄村委会。
　　③ 同上。
　　④ 同上。

建成 8.8 万平方米的高标准住宅楼，从 2010 年到 2011 年就给社区创收 1864 万元，东都小区建成 55669 平方米，共计完成小区住宅面积 143669 平方米，且有即将开工建设的东方鞋城 46200 平方米和东旭小区预计 40 万平方米的工程。①

---

① 参见《2013 年社区片区会议有关村务问题宣讲提要》（2013 年 8 月 10 日），藏于山西省太原市郝庄村委会。

第 六 章

"郝庄道路" 与郝庄的道路

第一节 "郝庄道路":新型"集体化"的社会效应

从 1949 年至今 60 多年的时间里,郝庄发生了翻天覆地的变化,特别是其经济变革在某种程度上可以说是中国内陆省份经济变迁的一个缩影,亦是两个不同时代转型的一种真实写照。该村以半个多世纪的时间就实现了乡村经济的成功转型,前 30 年由一种国家完全主体性的集体化过渡到了后 30 年以乡村自治为主体的具有现代产权意义的"集体化"。这种从集体化到"集体化"的演变过程对郝庄产生了巨大影响,尤其是乡村经济结构发生了重大变革,并在城市化浪潮中走出一条独具特色的富强之路——新型"集体化"中的乡村经济合作道路。然而,这条道路的探寻及其所取得的成就除乡村集体自我努力之外离不开国家对乡村经济发展道路的苦苦摸索和精心设计。换言之,郝庄新型"集体化"的实现不仅反映了村庄自身的特征和发展内涵,且在某种意义上具有并反映着国内其他乡村在新型"集体化"过程中经济转型的一些共性问题,同时又在此基础上对当代乡村经济转轨提供了一些启示,即乡村走现代产权意义上的经济合作化道路仍不失为一条有效的致富之路。

正如前文所述,郝庄像中国其他众多村庄一样,集体化发生于 20 世纪 50 年代中期的合作化运动,暂时中断于 80 年代家庭联产承包责任制推行之后的"单干"潮,但其自始至终都与土地制度变迁密切相关。共产党建立政权后实行土改均分地权,实现了耕者有其田,然而地权均分或彻底分散化后随之而来的问题就显现了,土地在农户之间发生自发流转的现象且不能确保有田者确有收获,尤其土地在各农户之间的自发性转移导致土地出现重新集中于少数农户的趋向。此外,土地规模的狭小分散、农作技术的落后、土地投入的不足，难以使获得土地的贫雇农最终摆脱破产和饥寒的命运，甚或孤立、分散、守旧和落后的农业经济无法为工业起步提供更多的原始积累。① 鉴于农业经济的这种困境，为了早日带领农民实现共同富裕，亦为了快速推动工业化步伐并使农业服务于工业建设，国家于是做出再次变革土地所有权的决定——将土地个体所有制转变为集体所有制，计划通过集体协作劳动获取比单家独户经营更多的经济效益。土地所有权的这一变革先后经历了互助组、初级合作社向高级合作社再向人民公社的跳跃，而互助合作是个体私有制之间的自愿契约，但初级合作社的建立在很大程度上就有了被诱导性的集体制的意蕴，高级社和人民公社完全是建立在集体化的基础上，集体化则是一种公有制。正是由于这一特征使国家对乡村经济的控制得以实现，特别是农村集体既是一个行政单位又是一个经济组织，并且农村集体作为基层行政单位服务于国家政治的色彩较浓，代表集体经济利益的色彩较淡。因此，土地集体化和政社合一的结合使国家对农村的集体经济控制完全实现。然而，土地的集体所有制尽管从根本上避免了土地向少数人手中集中并造成贫富再分化的可能，但其完全否定了农民个人财产所有权存在的合理性。如入社章程曾规定，社员的土地、农具和物资作价入股，按股分红，但入社后基本上没有按入股分红的规定做，一切服务于国家建设，改用记工分、按劳分配进行，进而使集体经济表现出"一大二公"和"一平二调"的特征。这样做的直接后果是农民个人财产收益实际上接近于"无产"，而与此同时一切财产都归集体的过程"要求过急、速度过快、工作过粗"，使得农民与集体财产之间的内在联系没有得到很好解决，从而导致农民甚或村庄在当时政治压力下采取了消极配合甚或对立的做法。②

由于土地制度性的变化及此时国家贫弱和阶级斗争论的主导，使得合作和统购统销齐头并进，集体制得到巩固，村集体组织——生产大队成为国家行政的直接基层单位，承担了国家与农民关系的中介角色。然而其主要职能是对政府负责，失去了作为社员利益代表和利益主体的功能。虽然，在集体制时代生产大队曾根据社队企业政策陆续开办过一些非农工

① 参见曹锦清等《当代浙北乡村的社会文化变迁》，上海远东出版社1995年版，第47页。
② 参见折晓叶《村庄的再造——一个"超级村庄"的社会变迁》，中国社会科学出版社1997年版，第55—59页。

厂，如砖厂、砂厂和石灰厂等，当然亦曾违背国家政策偷偷办过一些工程建筑队等，并逐渐有了一些非农产业的经验和公共资金积累，但村办工厂大多受政治的干扰停办，直到人民公社体制结束之后才得到恢复和开拓。

人民公社制时期，虽是集体化，但国家是集体制的主人而非村集体，国家主导了农村社会集体财产权利的运营，结果全能主义意义上的国家作为农村集体财产权利的主体不仅直接参与了农业生产的组织和经营，还通过统购统销、计划经济体制和二元价格体系获得了农业生产的剩余收益。从这一层面来讲，人民公社时期国家不仅主导了集体性财产权利的制度安排，还直接成为集体性财产权利的最终所有权者，所谓的村集体只是国家任意支配的"生产工具"而已。① 这种严重束缚乡村生产力发展的集体制直到中共中央十一届三中全会后才有重大改观。随之，国家的战略重心发生转移，在土地集体所有制不变的基础上推行家庭联产承包责任制，弱化了国家对经济的直接干预，这样乡村集体化才渐渐有了"国退民进"的意蕴，国家主导性的集体化生产方式逐渐退出。而建立在农民作为农业生产经济利益主体基础上的包产到户及家庭联产承包责任制，对集体土地或附着在土地上的集体社队企业实行个体承包，占有使用权，致使村民不仅成为生产主体，还成为生产剩余的最大受益者，并最终直接占有对劳动生产收益剩余的索取权。

这种新型生产关系的建立，极大程度上调动了农民个体甚至村集体的生产积极性。在省会城市辐射区的便利条件及非农产业能够致富传统的影响下，郝庄农民采取集体行动，在村里举办非农产业，整体地实现了向非农转化。而且，村庄与外部社会体系的联系在逐步加强，其与村庄的内向聚合力和自主性的加强同时并存、互为因果和补充。如 20 世纪 80 年代郝庄村办砖厂工人月收入就达 500 多元，而国营单位工人月收入仅 100 元左右。显然，大社会可以提供给农民的收入极其有限，而城乡分割的二元体制对村民个体来讲寻求职业流动的机会成本较高。受比较机会成本的刺激，村民发现村办厂的较高收益机会之后便逐渐倾向于集体创办非农产业，农民就地由农业转向非农产业，乡村产业结构由农业转向非农业。

然而，在郝庄乡村集体工业化进程中，因受国家经济结构整体转型作

---

① 参见刘金海《产权与政治——国家、集体与农民关系视角下的村庄经验》，中国社会科学出版社 2006 年版，第 114 页。

用和市场化的冲击，村办企业往往不是倒闭即陷入发展困境。基于此，村集体利用本土优势在乡村实现集体流动的主动选择，在偶然的机遇中抓住了发展服装市场的第三产业，再次实现经济结构转型。可见，郝庄农民在村庄谋求发展的行动不是完全"不得已为之"，而是不断自我调适、自我设计和主动进取的，新的非农社会经济结构亦不是完全被社会大体系"制造"出来的而是农民不断"建构"的结果。这个非农社会经济结构是主流的宏观社会经济体系的边缘结构，不受国家财政支持和保护，具有农民自治的性质。它虽以村庄为基本社会边界，但经济的触角已伸展进社会的宏观体系，发展出了基本能够适应这个大体系的功能并参与其中的竞争。同时，它亦是一种具有凝聚力的非农经济和村庄实体，不但为本域内的村民提供了非农就业机会和有保障的好职业，又为进入其中的外来农民提供了充分的非农就业机会，并在此基础上造就了郝庄在山西乃至全国独一无二的经济转轨模式和致富道路，进而创造了极具典型意义的发展奇迹。①

不过，自改革开放以来很长一段时间里郝庄集体财产创造的社会收益并不为村集体每个成员所有，而是被少数人或某些集团垄断乃至独享了。此种集体所有制下的非集体占有阻碍着乡村经济的"连续升温"。直到21世纪前10年，随着乡村集体自治的发展和村民维权意识的增强，这一发展瓶颈才得到一定的缓解，进而实现了乡村经济的新型"集体化"。股份制改造和现代意义上的集体产权的建立是乡村新型"集体化"实现的重要路径。由于太原服装城集团的公司化改制，郝庄村的农民集体被改造成了整体式的人格化代表，这一人格化的代表在法律意义上成为现代公司的集体式股东，以郝庄村农民集体整体为公司股东的集体财产权利制度形成，而村民股东分红制度的确立则保障了新型"集体化"过程中村民对集体财产收益的索取权，进而实现了真正意义上的法律化、市场化、集体产权所有及集体共同享有收益的"集体化"。

上文尽管对郝庄从集体化到"集体化"的历史变迁脉络及其社会效应作了学理性阐述，并对两种集体化的内涵及其区分进行了某种程度的解读，但仍显简略或不够到位，须进一步澄清和概括。具体而言，可从以下

---

① 相关主题的研究结果或与本主题类似的理论阐释详见折晓叶《村庄的再造——一个"超级村庄"的社会变迁》，中国社会科学出版社1997年版，第4页。

四点进行探讨和考量。

第一，从产权意义上讲，二者均是集体所有制，在演变线路上具有一定的承继性。只是前者是国家直接控制下的集体所有制，政治主导一切；后者则是村自治控制下的所有制，属于现代法律意义上的集体所有制。现代意义上的集体产权是建立在对人民公社制时期集体财产权利的继承上，即集体产权在演进的过程中存在着演进方式的路径依赖，人民公社制时期的集体财产权利的属性和特征仍在发生作用。但与人民公社制时期的集体性财产权利相比，由于法律制度因素的介入导致集体性财产权利已经以一种全新面目出现，从现实来看即表现为乡村社会集体经济组织的法律化进程，而以往的政治效力却让位于法律效力。①

第二，合作行动不同。非农化过程中的合作行动显然异于中国农村以往的合作制和公社制时期"过密化"的剩余劳动力转移到非农产业，而不是以集体制的方式将他们固定在农村和农业上。新的合作行动，特别是以股份合作制为组织形式的合作行动产生的共同所有权，建立在既承认个人所有又强调法人成员共同占有的基础上，个人有权选择是否终止合作，这就完全避免了合作制时代因个人所有权不明确、"吃大锅饭"又不允许退社造成的普遍消极怠工。而且，合作行动的边界十分清晰，是法人成员之间的合作，合作产生的利益群体的排他性十分强烈，任何形式的利益"平调"或分沾均会引起合作成员的强劲反对。②

第三，集体财产收益权归属不同。土地资源的集体属性决定了郝庄乡村经济组织的集体属性，不论乡村企业经营内容如何均属集体所有，由集体统一进行经营和运作，并建立了两种管理制度，即负责人领导下的委员会制度和企业独立核算并参与村庄统一分配制度。当然，郝庄社会经济之所以能够发展到现今的繁盛程度主要得益于地理位置的优势和太原城市化扩张带来的机遇。不过，这一优势只是给郝庄城市化进程和发展提供了难得的契机，却并未赋予其在城市化和发展中享有什么集体"特权"。农民集体对土地的所有权决定了郝庄城市化进程中的利益分配格局，并由此奠定了其资本积累和重新走向"集体化"的基本路径，即农民集体既是集

---

① 参见刘金海《产权与政治——国家、集体与农民关系视角下的村庄经验》，中国社会科学出版社 2006 年版，第 162 页。

② 参见折晓叶《村庄的再造——一个"超级村庄"的社会变迁》，中国社会科学出版社 1997 年版，第 8 页。

体性土地的合法享受者又是集体土地所创造资本再次运营和积累的唯一合法享受者、农民集体既对乡村资本积累拥有控制权和决策权，又享有收益权和剩余索取权。

第四，合作组织发生显著变化。新的村社区形态和组织要素并不是完全被解构出来的而是不断被建构出来的，它们不是原有结构的重现和恢复，而是重建和创新。在乡村工业化和非农化过程中，最明显的莫过于村集体合作体系的重建，而农民的再合作亦不是一个纯粹的自组织过程，公社体制的遗产——村政组织和村集体经过市场化改造之后仍然是新的合作体制运作的支柱和内核。但新的合作体制绝非原有组织的翻版而是一种利用了原有组织框架、人力资本和社会资本①并具有创新意义的法人成员集体制，因为合作产生的共同所有权建立在既承认个人所有又强调法人成员共同占有的基础之上，与传统集体制有了本质上的差别。②

第二节　从集体化到"集体化"：国家政治与乡村经济关系之演变

纵观郝庄从集体化到"集体化"之演变历程，其反映的不仅仅是郝庄一个村庄的经济社会变革史，而更多地向世人呈现了国家政治结构发生的巨变及乡村经济社会变革与国家政治变迁的密切关系。就郝庄言之，前30年的乡村经济完全是在国家政治主导下的一种变革，后30年则是在国家政治一定程度指导下经乡村集体自我把握和自我设计的发展，然其仍离不开国家政治的作用，只是这一时期要远远逊于之前且发生了质的区别。

1949年以来，中国共产党作为一个动员型政党所建立的全能型人民政权在推动社会主义和共产主义革命的进程中继续对乡村进行全方位的改造，成功地实现了对乡村社会的控制。毫无疑问，中华人民共和国成立之

---

① 社会资本是指这样一种社会资源，它与人们之间多少制度化了的相互认知和认可的持续社会关系网络相联系，能够给拥有这种关系的人带来好处或便利，并且在特定条件下能够转化为经济资本或其他形式的资源。它在形式上表现为社会关系网络，但这是一种特殊的社会关系网络，具有人性"亲密性和排他性"特点，不同于人们一般所讲的可置换的社会关系，如生产关系、行政授权关系等。资源、信息、社会支持可以借助这个网络运动。参见李路路《社会资本与私营企业家——中国社会结构转型的特殊动力》，《社会学研究》1995年第6期。
② 参见折晓叶《村庄的再造——一个"超级村庄"的社会变迁》，中国社会科学出版社1997年版，第15—16页。

后国家权威进一步辐射到中国的广大地域，国家政治在乡村经济社会的演进中扮演着主导角色，以致长期以来乡村社会的任何发展或走向只能在国家设定的制度框架内选择。也就是说，中国转型期乡村社会制度变迁的模式主要是一种强制性制度供给，它不是行动者因制度不均衡引致的获利机会时所进行的自发性变迁，而是由政府的命令和法令引入的自上而下的变迁。① 乡村中的一些精英分子曾试图通过与国家政策相悖的做法来改变乡村贫穷的面貌，却大多数受到了国家政治的严厉打压和束缚，导致乡村内生性的发展思路暂时中断。

随着国家政治在全面阶级斗争运动中陷入困局，中国共产党最高领导层进行了自全国政权建立之后最重要的一次调整，新的领导层改变了国家原有的工作重心和工作思路。其中，以 1978 年中共中央十一届三中全会召开为契机，乡村体制改革发生了重大突破，即在承认集体土地所有制的基础上在农村大规模地推行家庭联产承包责任制。这一经济制度上的重大变革仍离不开国家政治自上而下的行政示范，但乡村经济的行政及利益主体发生了根本性转变——1982 年之前乡村经济的利益主体是国家而此后则是集体或某个家庭。

乡村经济领域的另一显著变化是长期以来被视为"走资本主义道路"和"投机倒把"的乡村工业或副业生产得到国家或政府肯定，并经实践证明乡镇企业的兴办有利于乡村脱贫致富并解决农业剩余劳动力。随着市场经济机制和乡村经济法律化进程的逐步完善，乡村经济结构发生变化，发展第二、第三产业成为乡村走向共同富裕的有效途径。特别是法律制度的规定使得乡村社会以两种不同的组织形式（自治组织的法律化和经济组织的市场化）强制性地进入国家管理的领域，同时法律制度下的格式化权力分配限制了国家权力的无限自主性，导致了国家治理基层社会方式的变革，并达成了国家与基层社会之间新的社会结构，基层社会的自主性开始上升。② 于是，这一时期国家政治的张力有了一定的界限，并逐渐让位于乡村市场经济的自我发展且在政策上得到了相关保护，然其不管对乡村的显性还是隐性作用乃至于对乡村自治的作用都自始至终存在。此在某

---

① 参见于建嵘《岳村整治——转型期中国乡村政治结构的变迁》，商务印书馆 2005 年版，第 439 页。

② 参见刘金海《产权与政治——国家、集体与农民关系视角下的村庄经验》，中国社会科学出版社 2006 年版，第 186 页。

种程度上又进一步说明，乡村经济的发展离不开国家政治，特别是在当今市场经济的高效运行中，国家政治尽管对经济的干涉趋于弱化，但实际情形是国家政治一直在影响着乡村经济的演变，唯对经济的干预及所采取的表现手段不像以前那么猛烈甚至专断而已。

第三节　郝庄的道路：未来将向何处去？

郝庄经过前后各30年不同经济运作模式的实验，成功实现了乡村经济结构转型和村民生活共同富裕，且经济合作组织在某种意义上向现代产权意义上的股份制发生演变，它虽改制晚一些，但不管怎么说在形式上实现了村集体股份制，从而摆脱了完全由个人或操控村委会的某些集团独享其利的境遇。最终使之在20世纪80年代以来中国乡村经济成功转轨中走在最前列，并令太原周边一些城中村乃至山西其他广大农村甚或全国经济仍很落后的乡村羡慕不已。然而，在这种繁荣和光耀表象的背后，其未来发展还是存在诸多令人担忧之处，到底郝庄将向何处去？不得不令人深思。具体而言，主要有以下几个方面。

其一，如何很好地处理国家、集体和个人之间的关系。国家在社会经济发展的大势面前虽继续将基本上尊重市场规律而不会干涉过多，但宏观调控这一看不见的"手"仍在发生作用，其作用大多时候是有利于集体经济发展的，然而难免有时未能完全掌握村集体经济的自身特点会做出不利于集体经济的决策和社会行为，致使国家和集体步调不一致，对集体经济产生不良后果。除此之外，村集体经济一直以来是居委会、社区党支部和企业三者合一的管理和经营模式，其限于自身特性又不可能完全离开村集体的代表——社区党支部和居委会的影响将合作组织真正推向市场。事实上，居委会或党支部的许多干部就是企业的法人或直接经营者。鉴于这样的现实环境，很可能会使集体合作组织的发展受到社区各种力量的限制。至于社区居民个人，由于郝庄刚刚经历了股份分红，对当前生活现状相对较为满意，但与华西村、万丰村等全国先进村比起来还差得很远。村里曾组织村干部去华西村做过实地考察，考察结果是村干部觉得与华西村不在同一起跑线上。如华西村的吴仁宝书记在1998年时仅接待费每人一天就达100元；村里的股份是滚动股份，红利分下去再交进来，留1/3进行再投资，本金越来越多，分的红利亦越来越多；管理思路超前，允许

"一村两制"，但不能"一家两制"，意思是一个家庭去其他村干可以，如"你在村里干，你妻子在外面干，这个就不允许。或者村里的经理带着别人去自己老婆饭店吃饭也不允许，因为这等于是给侵吞集体财产埋下伏笔。同时，一个家庭，当官者和经商者不能同时分割在两个体制里，以防止一家人官商结合，侵吞集体资产"①。

即使在上述顾虑完全打消的情形下，人们亦难免会进一步产生新的想法，即村民个体因受物欲和村庄自治的影响而对集体经济到底有多少信任感或这种信任关系能否持续？实际上，我们在访谈中就感受到村民对集体经济分红制度的生命力表现得疑虑重重。如村民陈某称："以前干部以种种理由推迟股金发放，现在虽发股金了，但能发多长时间，是不是真如村干部所讲的那样，保持长期稳定及增值。其实，我们老百姓的'郝庄梦'很简单，就是要保持股金分红不动摇，并能增值。"② 再者，还有一种隐性的威胁是村集体合作组织会不会像某些国企一样由集体埋单，并被一些强势个体转为私有。当然前文已述及，它正在步入法律化进程且具有法律效力，而与此相反的是有些人仍在钻法律空子。另外国家倡导的村庄自治尽管在逐步加强，但从当前践行的结果来看仍是受到怀疑的，郝庄的村选举就是一个典型例证。国家从 1998 年就推行村选举，而郝庄直到 2009 年才真正实现村选举，可见村民自治推进历程的漫长和艰辛，这亦表明以往村政权的惯性还很大且并非在短时间内就可实现完全意义上的村民自治。

其二，集体合作组织的活力能够保持多久。集团公司早已组建起来，但实际运作还是村办企业各自为政，只是在有事时几个企业老板才互相通气，协商处理，且处理原则仍要依赖于村委会的管理和决策。2010 年，郝庄实现了股份制，但股份制的推行是针对村民要求享受集体经济的收益权而被动做出的改制，并不是为了使集体合作组织能够真正适应市场而做的适应现代经济运行的努力。不过，村集体意识到了这一问题，改制的出现就是要走现代企业经营模式的一个良好表现，然而问题是仅有现代经营意识是不够的，对企业的管理能力到底如何还有待于以后在实践中进一步检验。

其三，市场化冲击。随着经济全球化的影响及中国市场经济的逐步成

---

① 被采访人为贾姓村民，男，被访时间 2010 年 9 月 11 日。
② 被采访人为陈姓村民，男，被访时间 2010 年 6 月 20 日。

形，郝庄服装市场面临的竞争越来越大，尤其是电子商务的压力较大。"网购"电子应运而生，许多商户现在不直接通过固定的服装市场批发服装而是直接在网上订购，通过物流公司接货。除商户群减少外，个体消费者亦在日益萎缩。当今，一般的个体消费者喜欢网购，他们在网上看好商品后直接到服装市场试衣，如试得合适就直接在网上购买，不经过实体的服装市场。这样，服装市场的大楼就等同于免费试衣间，日积月累的话就没有多少收入可言。不过，郝庄的合作经济组织已意识到了电子商务的巨大压力，他们正在积极探寻应对之策，然而能否找到合适的办法却不得而知。

其四，原有村落共同体的消亡和社会的严重分化正在蔓延。在太原城市化的日益扩张中，郝庄渐渐融入了城市体系并正在进行城中村改造，业已成为太原市政建设的重要组成部分。城中村改造的一项重要内容就是将村落居住环境位移，即村民由以前的街道小巷统一搬到整齐划一的高楼大厦中，这种社区化的后果会导致大多数村民每天在吃房租的优越心理下无事可做，隔绝在封闭的楼房中，渐渐断绝了与外界的交往和联系，特别是与本社区居民的交往越来越少，进而使得原有村落共同体逐步走向消亡。而且，随着贫富差距的拉大和村民之间社会交往的减少，导致乡村的小社会日益分化，将郝庄慢慢变成一个符号而不是一个有内聚力的村落。

主要参考文献

一　中文档案资料

（一）山西省档案馆馆藏档案

《关于太原市一般情况的调查报告》，档案号 A147—3—1。

《太原市郊区各项工作的总结报告》，档案号 A114—4—2。

《铁三局、太铁分局、郝庄、双塔大队等征用土地卷》，档案号 C15—
　　2—184。

《省财委关于山西、太原郊区地形位置图》，档案号 C2—1—48。

《太原市河西、南郊等单位中共党员、党组织统计年报表》，档案号 C56—
　　3024—85。

《太原市商业经济调查资料》，档案号 20.02.02—12。

《太原市社会经济调查汇编》（第一卷），档案号 19.01.05—5。

（二）太原市档案馆馆藏档案

《新城区郝庄乡 1955 年生产计划、股金、共分表》，档案号 A57—2—139。

《南城区政府党组、南城区人民委员会关于工农业生产及街道工作的方案
　　报告》，档案号 A50—1—733。

《山西省警察局外二分局郝庄派出所第十警勤一区户口簿》，档案号 J1—
　　2—285。

（三）小店区档案馆馆藏档案

《太原市南郊区郝庄公社管委一九五八年收支决算收益分配年报表》，档
　　案号 56—1—3。

《太原市南郊区郝庄公社一九五九年干部花名册及干部下放花名登记表》，
　　档案号 56—1—4。

《太原市南郊区郝庄公社各管区一九五九年基本情况及农作物全年生产情况登记表》，档案号56—1—5。

《太原市南郊区郝庄乡一九五九年各大队征用土地农作物补偿费》，档案号56—1—8。

《太原市南郊区郝庄公社一九六零年公社干部各管区书记及主任名单和社员代表大会文件汇集》，档案号56—1—10。

《太原市南郊区郝庄公社一九六零年关于贾温等十五人漏网地富登记表及李忠等十一人主案表》，档案号56—1—11。

《太原市南郊区郝庄公社一九六零年各生产队征用土地协议书及补偿册》，档案号56—1—12。

《太原市南郊区郝庄公社一九六零年各管区生产队农作物收入表及收益分配表》，档案号56—1—14。

《太原市南郊区郝庄公社一九六零年社员代表会议上的报告及财务管理办法草案》，档案号56—1—17。

《太原市南郊区郝庄公社农具厂一九六一年库存物资固定财产及清产核资摸底调查表》，档案号56—1—18。

《太原市南郊区郝庄公社一九六二年农村工作团一年来工作总结及更模印信的通知》，档案号56—1—19。

《太原市南郊区郝庄公社一九六二年整党积极分子登记表》，档案号56—1—22。

《中共太原市南郊区郝庄乡党委一九六二年整风整社计划安排及总结报告》，档案号56—1—23。

《中共太原市南郊区郝庄公社党委一九六二年各队整建党积极分子登记表》，档案号56—1—24。

《太原市南郊区郝庄公社党委一九六二年甄别工作及大队干部花名表》，档案号56—1—25。

《太原市南郊区郝庄公社一九五二年至一九六一年基本情况调查补充表及一九六一年年终收益分配财务决算报表》，档案号56—1—27。

《太原市南郊区郝庄公社一九六二年各大队粮食经济作物产量落实及分配表》，档案号56—1—28。

《太原市南郊区郝庄公社一九六二年劳模会评比条件名单及评模材料》，档案号56—1—29。

《中共太原市南郊区郝庄公社党委一九六三年干部党员基本情况表新党委成员请示报告三级干部会情况》，档案号56—1—32。

《太原市南郊区郝庄公社一九六三年关于农业生产林牧发展计划耕地面积土质情况调查、社办企业职工福利待遇规定、启用"太原市南郊区郝庄公社管委会"公章的通知》，档案号56—1—35。

《太原市南郊区郝庄公社一九六三年基本情况及水利劳力资源分配统计表》，档案号56—1—36。

《太原市南郊区郝庄公社一九六四年关于生产队在队进行"四清"运动的意见及"四清"运动总结》，档案号56—1—40。

《太原市南郊区郝庄公社一九六四年关于一九五二年至一九六二年基本资料汇编及一九六三年至一九七二年农业发展规划草案》，档案号56—1—42。

《太原市南郊区郝庄公社各大队一九六五年至一九七零年禁止日期规划及第三个五年旱涝保好稳产高产农田建设规划》，档案号56—1—44。

《太原市南郊区郝庄公社一九六四年主要农业生产机具设备拥有量及社基本情况统计表和各大队农业生产统计年报表》，档案号56—1—45。

《太原市南郊区郝庄公社一九六五年干部登记表及一九六四年基本资料汇编》，档案号56—1—51。

《太原市南郊区郝庄公社一九六六年各队贫下中农代表会代表审查表及贫协筹备会干部审批表》，档案号56—1—56。

《太原市南郊区郝庄公社一九六六年各大队四清工作总结》，档案号56—1—58。

《太原市南郊区郝庄公社一九六六年各大队政治工作经营管理财务管理制度》，档案号56—1—62。

《太原市南郊区郝庄公社一九六六年各队文化大革命上交战果登记表》，档案号56—1—73。

《太原市南郊区郝庄公社一九七零年各大队干部登记表、基本情况统计表、整建党前党团组织状况统计表》，档案号56—1—76。

《太原市南郊区郝庄公社一九七零年学毛著积代会发言稿及积极分子代表》，档案号56—1—77。

《太原市南郊区郝庄公社一九七零年争抓革命促生产安排意见和开展农业学大寨运动的决议》，档案号56—1—80。

《太原市南郊区郝庄公社一九七一年关于领导班子批林整风情况及开展学大寨经验交流会的报告》，档案号56—1—84。

《太原市南郊区郝庄公社一九七二年至一九七五年农业机械化统计年报》，档案号56—1—124。

《太原市南郊区郝庄公社革委会一九七五年各大队办企业情况统计表及一九七四年储备粮和三级经济情况统计表》，档案号56—1—125。

《太原市革命征地办一九七六年关于各单位征用太原市南郊区郝庄公社土地的批复》，档案号56—1—131。

《太原市南郊区郝庄公社一九七七年狄村、郝庄大队农业机械化规划表》，档案号56—1—151。

《太原市南郊区郝庄公社党委一九七八年整党整风安排及有关决定批复等》，档案号56—1—153。

《太原市革命征地办一九七八年关于国家征用土地通知书及补偿安置计划表》，档案号56—1—159。

《太原市南郊区郝庄公社企业办一九七九年工作总结、年报、及各类请示与批复》，档案号56—1—178。

《太原市南郊区郝庄公社一九八三年关于生产责任制的调查报告（一）》，档案号56—1—237。

《太原市南郊区郝庄公社一九八三年关于生产责任制的调查报告（二）》，档案号56—1—238。

《太原市南郊区郝庄公社一九八三年关于生产责任制的调查报告（三）》，档案号56—1—239。

《太原市南郊区郝庄乡一九八四年体制改革方案及村党支部村委会、联合社工作简则》，档案号56—1—264。

《太原市南郊区郝庄乡一九八四年关于清"三种人"调查的有关资料》，档案号56—1—269。

《太原市南郊区郝庄乡一九八四年村农企专业户、联合体、村办企业、个体企业登记表、农业统计报表》，档案号56—1—283。

《太原市南郊区郝庄乡一九八五年工、企业整顿验收细则、财务管理制度、通知等》，档案号56—1—310。

《太原市南郊区郝庄乡整党办一九八六年整党验收请示、总结》，档案号56—1—321。

《太原市南郊区郝庄乡王家峰、双塔、郝庄支部一九八六年整党对照检
　　查、总结》，档案号 56—1—324。

《太原市南郊区郝庄乡松庄、郝庄、山区联支一九八六年党员整党总结》，
　　档案号 56—1—328。

《太原市南郊区郝庄乡松庄、郝庄支部一九八六年中国共产党党员登记
　　表》，档案号 56—1—337。

《太原市南郊区郝庄乡郝庄村、狄村等五个村在建设文明现场会上的先进
　　经验、李海恒书记的讲话》，档案号 56—1—384。

《太原市南郊区郝庄乡政府关于健全工作制度、程序、确保两级领导集中
　　精力抓经济工作的规定、机关干部岗位责任制》，档案号 56—1—394。

《太原市南郊区郝庄乡政府关于一九八八年至一九九零年经济发展一九八
　　八年年度生产计划利润分配合同回访的通知、安排意见》，档案号 56—
　　1—395。

《太原市南郊区郝庄乡政府关于征收土地补偿、管理费、转发区政府〈关
　　于土地管理监督检查的若干规定〉的通知》，档案号 56—1—442。

《太原市南郊区郝庄乡政府一九九三年合同回访、利润分配、各业第三轮
　　承包的安排实施意见及工农业生产计划的通知》，档案号 56—1—466。

　　（四）郝庄村藏档案

《郝庄简史初稿》

《郝庄大队有问题人员名单》

《郝庄大队一部分底稿材料（1977、1978）》

《郝庄生产队四清果实》

《郝庄大队阶级成分登记表——第一生产队（1965—1967）、第二生产队
　　（1965）》

《郝庄管委郝庄大队一九八三年关于副业承包合同及合同兑现表》

《郝庄管委郝庄大队一九八一年关于干部补工、知青收支结算表、副业工
　　作会议记录、发言》

《郝庄大队开批判会的发言材料（1970—1972）》

《1983 年郝庄副业工作会议》

《郝庄大队公社工作简报先进材料（1972—1974）》

《郝庄大队公社的简报、通知等（1975—1978）》

《太原市南郊区郝庄乡郝庄村办公室关于整顿村级财务的实施方案、关于

扩建太原服装城的批复（1992）》

《郝庄公社郝庄生产大队收益分配表（1957—1961）》

《郝庄公社郝庄生产大队分配方案、工作简报、会议通知（1958—1965）》

《郝庄公社郝庄生产大队（1956—1965）没收地富财务及动员社员投资登记簿、分摊股份基金花名表、分摊股份基金说明、资产负债表、发放1965年布票花名册》

《郝庄公社郝庄生产大队地契及房契（1950—1962）》

《郝庄公社郝庄生产大队土地、房屋花名册（1949—1951）》

《郝庄公社郝庄生产大队干部职工登记表（1960）》

《郝庄乡村一级经济合作社章程（草案）》

《郝庄乡郝庄村委会农村集体经济现状调查报告（1996）》

《郝庄乡郝庄村依法治村试点工作实施方案（1991年10月）》

《郝庄生产队会计移交表》

《郝庄村党支部在村级整党中第二次检查对照》

《郝庄村治安管理办公室关于本地区治安管理及处罚的规定（1989）》

《郝庄村征地农转非工作总结（1989年8月29日）》

《郝庄村党支部党员议事会制度的实施意见》

《郝庄户口调查表（1996年3月8日）》

《郝庄支部整风材料（1982年9月1日）》

《郝委字〔88〕50号、郝政字〔88〕51号——关于乡村两级机关和干部廉洁的若干规定》

《并政发〔1988〕49号——关于促进集体工业经济发展若干问题的暂行规定》

《南郊委〔1988〕35号——关于印发〈太原市南郊区建设亿元乡、千万元村、百万元企业的发展规划〉通知》

《东城企业总公司基建办关于土地、宅基地、房屋使用暂行规定（1989）》

《东城企业总公司各项财务管理制度（1989）》

《关于建立乡、村两级农村合同管理服务体系意见（讨论稿）（1988）》

《太原市东城企业总公司改制为太原市东城企业集团有限责任公司改制方案（草案）（1998）》

《1985年社员简历登记表》

《太原市南郊区郝庄乡郝庄村委会年度各种统计报表（1986—2001）》

《迎泽区郝庄乡郝庄村委会事业单位简介》

《太原东城企业总公司关于工资定级方案（讨论稿）、（第二次讨论稿）》

《东城企业总公司各项财务管理制度》

《南郊区郝庄公社一九七七年养猪生产任务表》

二　中文资料汇编

国家农业委员会办公厅编《农业集体化重要文献选编》，中共中央党校出
　　版社 1981 年版。

黄道霞等主编《建国以来农业合作化史料汇编》，中共党史出版社 1992
　　年版。

国家统计局编《中国统计年鉴》，中国统计出版社 1983 年版。

中共中央文献研究室编《毛泽东年谱（1893—1949）》，人民出版社 1993
　　年版。

中共中央文献研究室编《建国以来重要文献选编》，中央文献出版社 1993
　　年版。

中国社会科学院、中央档案馆编《中华人民共和国经济档案资料选编
　　1953—1957》农业卷，中国物价出版社 1998 年版。

山西农业合作史编辑委员会编《山西农业合作史互助组卷》，山西人民出
　　版社 1996 年版。

山西省史志研究院编《当代山西重要会议》（上），中央文献出版社 2002
　　年版。

山西省史志研究院编《山西农业合作化》，山西人民出版社 2001 年版。

山西省史志研究院、山西省档案馆编《当代山西重要文献选编》第一册，
　　中央文献出版社 2004 年版。

山西省史志研究院、山西省档案馆编《当代山西重要文献选编》第二册，
　　中央文献出版社 2005 年版。

山西省史志研究院、山西省档案馆编《当代山西重要文献选编》第三册，
　　中央文献出版社 2008 年版。

山西省史志研究院、山西省档案馆编《当代山西重要文献选编》第四册，
　　中央文献出版社 2010 年版。

三　外文译著

［德］贡德·弗兰克:《白银资本——重视经济全球化中的东方》,刘北成译,中央编译出版社 2000 年版。

［加］伊莎贝尔·柯鲁克、［英］大卫·柯鲁克:《十里店——中国一个村庄的群众运动》,安强、高建译,北京出版社 1982 年版。

［美］奥尔森:《集体行动的逻辑》,陈郁等译,上海人民出版社 1995 年版。

［美］德·希·铂金斯:《中国农业的发展 (1368—1968)》,宋海文等译,上海译文出版社 1984 年版。

［美］杜赞奇:《文化、权力与国家——1900—1942 年的华北农村》,王福明译,江苏人民出版社 2010 年版。

［美］弗里曼、毕克伟、赛尔登:《中国乡村,社会主义国家》,陶鹤山译,社会科学文献出版社 2002 年版。

［美］盖尔·约翰逊:《经济发展中的农业、农村和农民问题》,林毅夫等译,商务印书馆 2004 年版。

［美］黄宗智:《华北的小农经济与社会变迁》,中华书局 2000 年版。

［美］黄宗智:《长江三角洲的小农家庭与乡村发展》,中华书局 2000 年版。

［美］李怀印:《华北村治——晚清和民国时期的国家与乡村》,岁有生、王士皓译,中华书局 2008 年版。

［美］马若孟:《中国农民经济——河北和山东的农业发展,1890—1949》,史建云译,江苏人民出版社 1999 年版。

［美］彭慕兰:《大分流——欧洲、中国及现代世界经济的发展》,史建云译,江苏人民出版社 2003 年版。

［美］施坚雅编:《中国农村的市场与社会结构》,史建云、徐秀丽译,中国社会科学出版社 1998 年版。

［美］王国斌:《转变的中国——历史变迁与欧洲经验的局限》,李伯重、连玲玲译,江苏人民出版社 2000 年版。

［美］詹姆斯·C. 斯科特:《农民的道义经济学——东南亚的反叛与生存》,程立显、刘建等译,译林出版社 2001 年版。

［美］张信:《20 世纪初期中国社会之演变——国家与河南地方精英,

1900—1937》，岳谦厚、张玮译，中华书局 2004 年版。

［美］詹姆斯·C. 斯科特：《国家的视角：那些试图改善人类状况的项目
　　是如何失败的》，王晓毅译，社会科学文献出版社 2012 年版。

四　中文著作

陈吉元：《中国农村社会经济变迁（1949—1989）》，山西经济出版社 1993
　　年版。

陈锡文：《中国农村社会制度变迁 60 年》，人民出版社 2009 年版。

楚立雄：《市场化与中国农村制度变迁》，社会科学文献出版社 2009 年版。

丁长清、慈鸿飞：《中国农业现代化之路》，商务印书馆 2000 年版。

杜润生：《杜润生自述——中国农村体制变革重大决策纪实》，人民出版
　　社 2007 年版。

费孝通：《江村经济——中国农民的生活》，商务印书馆 2003 年版。

傅衣凌：《明清社会经济变迁论》，中华书局 2007 年版。

辜胜阻主编：《中国跨世纪的改革与发展》，武汉大学出版社 1996 年版。

郭正林：《中国农村权力结构》，中国社会科学出版社 2005 年版。

韩敏：《回应革命与改革——皖北李村的社会变迁与延续》，江苏人民出
　　版社 2007 年版。

胡必亮：《城镇化与新农村——浙江项东村个案研究》，重庆出版社 2008
　　年版。

胡必亮：《工业化与新农村——山西屯瓦村个案研究》，山西经济出版社
　　1996 年版。

黄荣华：《农村地权研究：1949—1983（以湖北省新洲县为个案）》，上海
　　社会科学院出版社 2006 年版。

黄树民：《林村的故事——1949 年后的中国农村改革》，三联书店 2002
　　年版。

李友梅等：《社会的生产——1978 年以来的中国社会变迁》，上海人民出
　　版社 2008 年版。

梁漱溟：《乡村建设理论》，上海人民出版社 2006 年版。

林耀华：《金翼——中国家族制度的研究》，三联书店 1989 年版。

刘金海：《产权与政治——国家、集体与农民关系视角下的村庄经验》，
　　中国社会科学出版社 2006 年版。

刘青峰、关小春：《90 年代中国农村状况：机遇与困境》，香港中文大学出版社 1998 年版。

陆学艺：《改革中的农村与农民——对大寨、刘庄、华西等 13 个村庄的实证研究》，中共中央党校出版社 1992 年版。

潘光旦、全祖慰：《苏南土地改革访问记》，三联书店 1952 年版。

庞松：《毛泽东时代的中国》第一卷，中共党史出版社 2003 年版。

逄先知、金冲及：《毛泽东传（1949—1976）》，中央文献出版社 2003 年版。

孙立平：《断裂：20 世纪 90 年代以来的中国社会》，社会科学文献出版社 2003 年版。

王梦奎、冯并、谢伏瞻主编：《中国特色城镇化道路》，中国发展出版社 2004 年版。

吴敬琏等主编：《中国经济 50 人看三十年：回顾与分析》，中国经济出版社 2008 年版。

吴毅：《村治变迁中的权威与秩序——20 世纪川东双村的表达》，中国社会科学出版社 2002 年版。

徐勇主编：《中国农村研究 2003 年卷》，中国社会科学出版社 2005 年版。

许倬云：《万古江河——中国历史文化的转折与开展》，上海文艺出版社 2006 年版。

杨懋春：《一个村庄——山东台头》，江苏人民出版社 2001 年版。

于建嵘：《岳村政治——转型期中国乡村政治结构的变迁》，商务印书馆 2001 年版。

岳谦厚、张玮：《黄土、革命与日本入侵——20 世纪三四十年代的晋西北农村社会》，书海出版社 2005 年版。

岳谦厚、张玮：《20 世纪三四十年代的晋陕农村社会——以张闻天晋陕农村调查资料为中心的研究》，中国社会科学出版社 2010 年版。

张玮：《战争、革命与乡村社会——晋西北租佃制度与借贷关系之研究》，中国社会科学出版社 2008 年版。

张厚安、白益华主编：《中国农村基层建制的历史演变》，四川人民出版社 1992 年版。

张厚安、徐勇、项继权等：《中国农村村级治理——22 个村的调查与比较》，华中师范大学出版社 2000 年版。

张静：《基层政权——乡村制度诸问题》，浙江人民出版社 2000 年版。

张鸣：《乡村社会权力与文化结构的变迁（1903—1953）》，广西人民出版社 2001 年版。

折晓叶：《村庄的再造——一个"超级村庄"的社会变迁》，中国社会科学出版社 1997 年版。

周晓虹：《传统与变迁——江浙农民的社会心理及其近代以来的嬗变》，三联书店 1998 年版。

五 中文期刊论文

蔡昉：《中国农村改革三十年——制度经济学的分析》，《中国社会科学》2008 年第 6 期。

曹彦鹏：《现代化背景中农民与国家的关系——基于豫南陈寨集体化运动中农民政治动员的田野考察》，《社会科学辑刊》2010 年第 6 期。

陈锡文：《农村改革与制度变迁》，载吴敬琏等主编《中国经济 50 人看三十年：回顾与分析》，中国经济出版社 2008 年版。

陈映芳：《传统中国再认识——乡土中国、城镇中国及城乡关系》，《开放时代》2007 年第 6 期。

方辉振：《城郊工业化城市化与乡村工业化城镇化比较研究》，《江淮论坛》2006 年第 1 期。

方旭红、王国平：《论 20 世纪 20、30 年代吴江城镇化趋势》，《江苏社会科学》2004 年第 4 期。

冯仕政：《国家、市场与制度变迁——1981—2000 年南街村的集体化与政治化》，《社会学研究》2007 年第 2 期。

冯贤亮：《明清时期中国的城乡关系——一种学术史理路的考察》，《华东师范大学学报》2005 年第 3 期。

葛玲：《集体化时期广东省农村工业的起步（1952—1984）》，《当代中国史研究》2011 年第 1 期。

辜胜阻、成德宁：《农村城镇化的战略意义与战略选择》，《中国人口科学》1999 年第 3 期。

辜胜阻、李正友：《中国自下而上城镇化的制度分析》，《中国社会科学》1998 年第 2 期。

郭于华：《心灵的集体化——陕北骥村农业合作化的女性记忆》，《中国社会科学》2003 年第 4 期。

何燕：《集体化时期山东淄博沈家村宅基地的演变与思考》，《史学月刊》
　2013 年第 6 期。

何一鸣、罗必良：《产权管制、制度行为与经济绩效——来自中国农业经
　济体制转轨的证据（1958—2005 年）》，《中国农村经济》2010 年第
　10 期。

黄英伟、李军、王秀清：《集体化末期农户劳动力投入的性别差异——一
　个村庄（北台子）的研究》，《中国经济史研究》2010 年第 2 期。

惠锡清：《探索独特的中国乡村城市化之路》，《农业经济问题》1999 年
　第 9 期。

李海金：《集体化时期农民政治身份及其影响的变迁研究》，《中共党史研
　究》2011 年第 12 期。

李里峰：《土改结束后的乡村社会变动——兼论从土地改革到集体化的转
　化机制》，《江海学刊》2009 年第 2 期。

梁敬明：《集体化及其困境——一种区域史的分析思路》，《浙江社会科
　学》2004 年第 1 期。

龙花楼、邹健：《我国快速城镇化进程中的乡村转型发展》，《苏州大学学
　报》2011 年第 4 期。

卢晖临：《集体化与农民平均主义心态的形成——关于房屋的故事》，《社
　会学研究》2006 年第 6 期。

卢晖临、李雪：《如何走出个案——从个案研究到扩展个案研究》，《中国
　社会科学》2007 年第 1 期。

罗平汉：《关于第一个人民公社的几点考辨》，《党史研究与教学》2008
　年第 6 期。

罗兴佐：《农民行动单位与村庄类型》，《中国农村观察》2006 年第 3 期。

吕德文：《村庄传统——理解中国乡村社会性质的一个视角》，《人文杂
　志》2008 年第 1 期。

满永：《生活中的革命日常化——1950 年代乡村集体化进程中的社会政治
　化研究》，《江苏社会科学》2008 年第 4 期。

孟庆延：《"生存伦理"与集体逻辑——农业集体化时期"倒欠户"现象
　的社会学考察》，《社会学研究》2012 年第 6 期。

沈关宝：《我国人口城镇化的特点及其成因探析》，《江苏社会科学》2005

年第 5 期。

苏少之、陈春华、王军：《关于 20 世纪 50 年代农业集体化几个问题的反思》，《中国经济史研究》2009 年第 1 期。

田锡全：《1953 年粮食危机与统购统销政策的出台》，《华东师范大学学报》2007 年第 5 期。

王珏：《科学共同体的集体化模式及其伦理难题》，《学海》2004 年第 5 期。

王明黔：《乡村城镇化——中国走向现代化的必然选择》，《农村经济与技术》1999 年第 10 期。

吴业苗：《农村城镇化、农民居住集中化与农民非农化——居村农民市民化路径探析》，《中州学刊》2010 年第 4 期。

项继权：《乡村集体化与民主化——若干乡村的实证分析》，《中国农村观察》1999 年第 2 期。

肖唐镖：《二十余年大陆的乡村建设与治理——观察与反思》，《二十一世纪》2003 年第 4 期。

肖唐镖：《转型中的乡村建设——过程、机制与政策分析》，《中国农村观察》2003 年第 6 期。

徐勇：《由能人到法治——中国农村基层治理模式转换》，《华中师范大学学报》1996 年第 4 期。

徐勇、徐增阳：《中国农村和农民问题研究的百年回顾》，《华中师范大学学报》1999 年第 6 期。

严闻广：《国有化和集体化互转的途径与方法》，《学术研究》1991 年第 6 期。

杨宏翔：《弱二元结构与中国农村经济发展——来自浙江省的经验》，《甘肃社会科学》2008 年第 2 期。

杨云彦、陈浩、陈金永：《乡村工业嬗变与"自下而上"城镇化》，《广东社会科学》2000 年第 1 期。

叶扬兵：《美好的远景和过高的预期——农业合作化高潮形成的原因之一》，《当代中国史研究》2006 年第 1 期。

游海华：《集体化时期农村人口流动剖析——以赣闽粤边区为例》，《当代中国史研究》2003 年第 3 期。

于志勇：《对农村城镇化与政府职能定位的聚焦与探究》，《农村经济》

2012 年第 3 期。

袁方成：《提升与扩展——20 世纪 90 年代以来的当代海外中国农村研究述评》，《中国农村观察》2008 年第 2 期。

岳谦厚、张基辉：《中共重构下的晋西北乡村领袖——以"张初元模式"为个案研究》，《中共党史研究》2007 年第 6 期。

岳谦厚、黄欣：《"郭四颗事件"与"反封先锋"的构建——关于汾西县霍家坪土改中贫农致死一案的考察》，《中国乡村研究》2010 年第 7 辑。

岳谦厚、范艳华：《山西农业生产合作社之闹社风潮》，《中共党史研究》2010 年第 4 期。

岳谦厚、吕轶芳：《"人人过关"——土改在晋蒙交界偏关县的经历》，《中国乡村研究》2012 年第 9 辑。

张厚安：《社会主义中国农村走向何方？——建国后农村社会改革的实践与反思》，载徐勇主编《中国农村研究（2004 年卷）》，中国社会科学出版社 2005 年版。

张鸣：《华北地区土地改革运动的运作（1946—1949）》，《二十一世纪》2003 年第 2 期。

张寿春：《人民公社化运动及人民公社问题研究综述》，《当代中国史研究》1996 年第 3 期。

张雪敏、邵明辉：《从集体化到合作化——中国农民组织的演变与趋势》，《中州学刊》2009 年第 5 期。

赵凌云：《1949—1956 年间中国经济体制中市场因素消亡过程的历史考察与启示》，《中国经济史研究》1994 年第 2 期。

郑卫东：《集体化时期的分配制度与人口生育——以日照市东村为中心》，《开放时代》2010 年第 5 期。

钟逢干：《广东乡村城市化与可持续发展》，《中山大学学报》1999 年第 1 期。

钟霞：《集体化时期基层社队农业经济效益分析——对山东日照东邵疃村的考察》，《社会科学研究》2009 年第 4 期。

周晓虹：《当代中国研究的历史与现状》，《南京大学学报》2002 年第 3 期。

周作翰、张英洪：《改革以来中国乡村与农民研究的回顾》，《当代世界与社会主义》2007 年第 3 期。

朱金鹏:《农业合作化和集体化时期自留地制度的演变》,《当代中国史研
　　究》2009 年第 3 期。

后　记

　　本书系教育部人文社会科学研究规划基金项目《回到"集体化"：太原城中村郝庄经济社会变革的道路选择》（项目编号11YJA770064）之最终成果，并在研究过程中又得到了山西省软科学研究计划基金（项目编号2013041056－02）支持。课题从2009年11月着手准备到2011年9月获教育部立项资助，再到如今展示于读者面前的这个文本，历时将近6年时间。由于所选研究对象自1949年以来经历了多次冷暖易替且又难以预测的社会政治变革，村庄的内部组织结构和外部生态环境处于持续裂变之中，其经济社会纠葛越来越多、人际关系网络越来越复杂，以致获取可供研究的第一手资料的难度倍增，甚至口述资料的收集有时亦无法在村庄现场进行而不得不转移相对僻静的别处。基于此故，课题组曾数次专门讨论过是否申请撤项或暂时将之搁置而留待条件成熟时再行研究的问题。不过，现在总算勉力完成了，尽管与初始预期的目标相去甚远。进一步说，本书毫无疑义地存在诸多纰漏乃至错误之处，谨请各位方家不吝批评并予以指正！

　　本书初稿由李卫平博士撰写，最后经我补充、修改和完善之后定稿。课题研究过程中，山西大学近代中国研究所的张文俊副教授、太原理工大学马克思主义学院的张玮教授以及其间随我攻读博士或硕士学位的研究生董春燕、吕轶芳、范艳华、李鑫、王皓、李俊宝、郝正春、韩晋成、张婧同学在资料收集特别是口述史采集方面做出了重要贡献，在读研究生张宏华、贺福中、乔傲龙、郝东升、王亚莉、吕戎念、刘惠瑾、张国华、王星月、赵智荣、段少君、范璐、蔡嘉颖、原汇蕾等同学在文本征引资料核对方面出力不少。中国社会科学出版社的孔继萍女士早前已负责过本人多部著作的审稿和编校事宜，此次更是认真有加，尤其在口述史所涉及的关系人处理上提出了具有"中国哲学"特色的建设性意见。一并志此，申明谢意！同时，亦对那些于此处不便胪列姓名的受访村民和辖区管理干部表示诚挚的感谢！

岳谦厚

2015 年 11 月 3 日于龙城太原寓所